U0606524

The History of
Western Philosophy

西方哲学史

第 五 卷
德国古典哲学

冯 俊◎主编

人民出版社

目　录

（第五卷）

―――――✦―――――

德国古典哲学编

―――――✦―――――

德国古典哲学编

35
引　言

冯　俊

德国古典哲学,是在马克思主义哲学诞生之前西方哲学发展的最完善的哲学形态。说它是古典哲学,一方面是因为它继承了西方古典传统,研究的是古典哲学问题,继承和发展了古希腊哲学和中世纪哲学中的形而上学或本体论,在18世纪唯物主义极力批判形而上学传统之后,又将形而上学哲学发展到极致;另一方面是因为它哲学体系的完整性、系统性,哲学理论的精密性、完善性,都是前所未有的,是哲学体系和哲学理论的典范。德国古典哲学的主要代表人物有康德、费希特、谢林、黑格尔和费尔巴哈。德国古典哲学是马克思哲学的直接理论来源,是马克思主义的三个重要理论来源(英国古典经济学,德国古典哲学,法国空想社会主义)之一。如果把马克思主义哲学的诞生作为一个分界线,马克思主义哲学诞生以前的哲学被称作"西方哲学史",马克思主义哲学诞生以后的哲学被称作"现代西方哲学",德国古典哲学就是集西方哲学之大成,是西方哲学史发展的最高峰。

在17世纪中后期英国就完成了资产阶级革命,18世纪的英国大规模地开展了工业革命,成为当时最发达的资本主义国家。法国1789年进行了最彻底的资产阶级革命,为法国的快速发展创造了理论条件和制度环境,法国革命的影响冲击着整个欧洲、其政治理念和意识形态传播和影响到美洲。然而,18世纪末至19世纪初的德国仍然是一个经济落后、四分五裂的国家,政治上是许多封建诸侯专制王国分而治之的割据状态,"德意志"不过是大大小小360多个诸侯专制的独立邦国的地理名词,没有形成统一的德意志民族国家,资本主义的生产关系刚刚萌芽,未能形成强大的资产阶级,当时的社会是一个半封建的小资产阶级性的社会。18世纪末至19世纪初的德国古典哲学吸收了英国哲学和法国哲学的理论成果,分享着法国大革命反对封建主义的精神,唤醒民族意识,鼓吹民族统一,为以后建立资本主义新秩序做好精神上理论上的准备,为德国资产阶级反封建的斗争提供世界观和方法论。正像18世纪的启蒙运动和唯物主义哲学是法国大革命的思想先导一样,18世纪末至19世纪40年代的德国古典哲学是1848年资产阶级政治革命的哲学先导。

恩格斯说过,"每一个时代的哲学作为分工的一个特定的领域,都具有由它的先驱者传给它而它便由以出发的特定的思想资料作为前提。因此,经济上落后的国家在哲学上仍然能够演奏第一提琴:18世纪的法国对英国(而英国哲学是法国人引为依据的)来说是如此,后来的德国对英法两国来说也是如此。"①尽管在经济上政治上德国落后于英国和法国,但是在哲学上德国古典哲学却是扮演着西方哲学第一提琴手的角色。这里体现出了哲学理论发展的继承性和意识形态对于经济基础的相对独立性。

法国哲学的启蒙精神和反封建精神、理性和自由的精神,是德国古典哲学所憧憬的,卢梭是康德和黑格尔共同景仰的哲学家。据说康德为了阅读卢梭的著作,他甚至打破了多年养成的下午准时散步的生活规律,而且在自己的书房里挂上了卢梭的肖像。黑格尔在图宾根神学院学习的时候就开始注意卢梭的著作,热情宣传卢梭的自由平等思想。他和同窗好友荷尔德林、谢林都是法国革命的热忱拥护者,据说法国革命爆发的消息

---

① 《马克思恩格斯选集》第4卷,北京:人民出版社1995年版,第703页。

传来,他们去图宾根市中心广场按照法国的方式栽种"自由树"。

法国哲学的启蒙精神对于德国的影响主要体现在德国"浪漫主义"上,可以说德国"浪漫主义"是与法国启蒙运动相呼应的"德国启蒙运动"。歌德、席勒、荷尔德林、费希特、谢林、赫尔德、威廉·冯·洪堡,施莱尔马赫等是这场运动的主要代表人物。"浪漫主义"是席卷欧洲的在哲学、文学、艺术及宗教等领域扩散开来一场创造性运动,是在18世纪末和19世纪初其中心转向了德国,它不是一个统一的学派,是一场具有共同哲学倾向、思想风格和语言表达方式的文化运动或社会文化思潮。但是在英国、苏格兰、法国、意大利和德国又具有不同的民族文化特征,浪漫主义的每一个代表人物又具有鲜明的个性特点。可以说,浪漫主义是在启蒙运动中孕育和发展起来的,它是启蒙运动的内在成分发展的结果,它丰富和补充了启蒙运动的思想内容,同时又补充了启蒙运动的缺陷和不足。例如,它发展和凸显了卢梭所提倡的自然主义和对于文化的批判的思想,同肯定理性的权威及其知识成果的启蒙思想相反,浪漫主义主张回到自然,歌颂情感和意志,重视神秘的宗教因素,崇尚个人才华,赞扬个别性、特殊性和原创性。浪漫主义在政治态度、语言观、历史哲学、美学和解释学等方面都有独特的建树。德国浪漫主义成为德国古典哲学的重要文化背景和思想来源。

17—18世纪的自然科学,除了数学和力学而外,其他各门自然科学例如动物学、植物学、矿物学、生理学、解剖学等还处在分门别类地收集整理材料阶段,科学中运用的最多的还是归纳和演绎、分析和综合等方法,与自然科学的这种状况相适应,哲学上的占主导地位的还是孤立地、静止地、片面地看待世界及其事物和现象的形而上学的思维方式。到18世纪末和19世纪上半叶,各门自然科学特别是物理学、化学、生物学、地质学、地理学、胚胎学等得到了长足的进步,提供了大量关于自然界个别领域内各种现象和过程之间的联系以及各领域之间的联系的材料。居维叶古生物化石与地层之间联系的学说,拉普拉斯和康德的天体形成的星云假说,康德的潮汐运动与地球自转之间联系的学说等让我们看到世界运动变化和发展的辩证联系。尤其是细胞学说、能量守恒与转化定律和达尔文的进化论这三大发现,彻底地改变了人类对于世界的认识和思维方式。正如恩格斯所说,随着自然科学的每一次重大的发现,哲学也在改变着自己的形态。① 以黑格尔为代表的唯心主义辩证法就是在这个科学基础上诞生的。费尔巴哈继承和发展了 18 世纪唯物主义,批判了黑格尔的唯心主义,但是同时也抛弃了黑格尔被唯心主义体系遮蔽了的辩证法,费尔巴哈在自然领域坚持了唯物主义,在社会历史领域仍然是唯心主义,因此他是半截子的唯物主义。只有马克思、恩格斯吸收了黑格尔唯心主义辩证法的合理内核,把它置于唯物主义的基础之上,创立了马克思的辩证法唯物主义,同时运用辩证唯物主义的观点立场方法取分析人类社会历史进程及其矛盾运动,揭示了资本主义社会的内在矛盾和特殊的社会规律,发现了剩余价值产生的秘密,创立了历史唯物主义。辩证唯物主义和历史唯物主义构成了马克思主义哲学完整的理论体系,这一体系是在批判和扬弃德国古典哲学的基础上产生的。

德国古典哲学面临的第一个哲学问题就是经验和理性的矛盾。经验主义和理性主义提出来但是未能很好解决的自然科学知识的普遍必然性问题。经验主义哲学认为一切知识又来源于经验,培根坚持了经验主义的原则,洛克将这一原则贯彻到底,发展到休谟就走向了怀疑论,认为人类的知识分为两类,一类是关于观念的关系的知识,这类知识观念之间的符合,与外部世界没有任何关系;另一类是关于实际的事情的知识,这类知识是来源于经验的,经验只能告诉我们未来和过去相似,过去发生的事情将来还会发生,我们只是按照习惯来行事,习惯是人生的指南。经验不能告诉我们必然联系,因果必然联系只是习惯性的心理联想,因此,自然科学知识的普遍必然性是不可能的,它们都是或然的。理性主义坚持认

① 《马克思恩格斯选集》第 4 卷,北京:人民出版社 1995 年版,第 234 页。

为,经验只能给我们提供感觉材料,来自感觉经验的东西是不可靠的,只有理性本身所具有的天赋观念或者一些天赋的内在原则或永恒法则才具有普遍必然性。莱布尼茨认为有两种真理,一种是推论的真理或必然的真理,它服从逻辑的矛盾原则或不矛盾律,即包含矛盾为假,不矛盾者为真。这类真理是同义语反复,逻辑的重言式,不对外界事实作出任何断定。另一类真理是事实的真理或偶然的真理,这类真理服从充足理由原则或充足理由律,任何一件事情如果是真实的或实在的,任何一个陈述如果是真的,就必须有为什么这样而不是那样的充足理由,实际上也就是说关于事实的真理没有理性本身的天赋观念或天赋原则作保证,也是不具有普遍必然性的。因此理性主义和经验主义开始是各执一端,最终二者都陷入了两难境地,如果知识建立在经验基础之上就没有普遍必然性,如果知识有普遍必然性就不能建立在经验基础之上、只能是先天的。理性主义和经验主义是两极相通、殊途同归,都否认了自然科学关于外部世界知识的普遍必然性。康德一方面反对休谟的怀疑论,另一方面也反对理性主义的独断论,主张"调和"经验主义和理性主义。他认为这两种观点的一个共同特点就是对于人类理性及其认识能力的限度没有进行批判性的考察,或者是怀疑其认识能力,或者是对于理性的能力过分自信、任意地超出其能力范围,独断地提出各种不受经验检验的原理。康德的批判哲学就是要在就是把对于认识能力的批判作为出发点,即在认识之前对人类理性即认识能力先做一番"批判的"考察,要弄清认识能力的限度,什么是它能认识的,什么是它不能认识的,能清楚认识能力究竟有哪些知识的形式,这些形式在什么条件、范围和限度内才能向我们提供具有普遍性和必然性的科学知识。康德主张,我们的知识必须以经验为基础,但是我们认识主体还具有一整套先天的认识形式,它们在经验之先并作为认识的条件,先天的形式使知识具有普遍必然性。经验为知识提供材料,认识主体则为知识提供对材料进行加工整理的形式。知识的内容是经验的,知识的形式是先天的,二者的结合,使科学知识具有了普遍必然性。

康德在这里回答了自然科学知识到底有没有普遍必然性、普遍必然性是从哪里来的问题？他不是让知识去与客观对象相符合，而是让对象与知识的先天形式相符合，就像天文学领域，不是托勒密让太阳围绕着地球转的"地心说"，而是哥白尼让地球围绕着太阳转的"日心说"，所以，康德的这种观点被人们称作是认识问题上的"哥白尼式革命"。

德国古典哲学面临的第二个问题就是理性和自由的矛盾。这一矛盾在笛卡尔那里就开始显露出来了。笛卡尔认为，自然界的一切事物都服从机械运动规律，自然因果律具有普遍必然性，放之四海而皆准，人的肉体和动物一样，也服从机械运动规律和自然因果律。但是人则是万物之灵，人有理性，人的理性具有自我意识和意志自由。人的肉体是必然的，人的精神是自由的，笛卡尔那里必然和自由的矛盾是通过二元论表现出来的。18世纪法国唯物主义认为世界万物都服从机械运动的规律，拉美特利认为人也是一台机器，人的大脑不过是有更精密的齿轮和弹簧而已，人的思想和意识就是大脑这种更精密的机器运动的结果，和人和自然物没有区别，一切都是必然的，霍尔巴赫完全否认了偶然性，这就走向了决定论和宿命论，完全否定了自由。否定了自由就否定了人的独特价值，否定人的尊严和地位。而卢梭则从另外一个角度揭露了理性和自由的矛盾，即将理性主义原则贯穿到科学知识和社会政治、历史发展的各个领域，结果不但不能使我们越来越走向自由，反而是与自由背道而驰，科学艺术越是发展，理性和文明越是进步，人类越来越不平等不自由，道德和风尚越来越败坏，卢梭揭示出的是现代性的内在矛盾。康德哲学也力图"调和"理性和自由的矛盾或必然与自由的矛盾，康德划分了理论理性和实践理性，科学的领域和形而上学的领域。理论理性解决的是科学知识的普遍必然性问题，因果必然性在这里起作用；形而上学产生于人类理性超越自身的有限性而去追求自由之境界，这就超越了知识的范围而进入道德实践的领域，是实践理性的范围，形而上学在道德领域、在实践理性范围内来解决自由问题。康德通过理论理性和实践理性来调和了理性和自由的矛盾,通过限制知识而为自由和道德保留了一片天地。但是,在康德这里陷入了哲学的二元论。黑格尔则是通过他的辩证法来解决理性和自由的矛盾,他批判将必然和自由割裂开来的形而上学的观点,坚信理性能认识真理,理性原则能变成现实,所谓现实并不等于现存的一切东西,现实是具有必然性的、能前进发展的东西,"凡是合乎理性的东西都是现实的,凡是现实的东西都是合乎理性的。"①自由和必然也并不排斥,必然性只有在它尚未被理解时才是盲目的,而被理解了必然就是自由,自由是对必然的认识。德国古典哲学中的费希特哲学、谢林哲学和黑格尔哲学都是为了解决康德哲学所面临的这一问题而展开的。

德国古典哲学面临的第三个问题就是思维和存在的关系问题。恩格斯说过,"全部哲学,特别是近代哲学的重大的基本问题,是思维和存在的关系问题。"②思维对存在、精神对自然界的关系问题,全部哲学的最高问题,哲学家依据他们如何回答这个问题分成了两大阵营。凡是断定精神对于自然界来说是本原的,从而归根到底承认某种创世说的人,组成唯心主义阵营,凡是认为自然界是本原的,则属于唯物主义的各种学派。这就是我们通常所说的,承认物质第一性还是承认精神第一性是划分唯物主义和唯心主义的标准,唯物主义认为物质是第一性的,或者说物质是精神的本原;唯心主义认为精神第一性,或者说精神是物质的本原。恩格斯是哲学史上第一次明确提出哲学基本问题和唯物主义和唯心主义划界标准的,按照这种标准,几位德国古典哲学家分别属于不同的阵营,康德认为我们只能认识现象,而不能认识现象背后的"物本身"或"物自体",因而他是不可知论和二元论;费希特一般是被人划归为主观唯心主义者;谢林和黑格尔是客观唯心主义者;费尔巴哈是唯物主义者。

思维和存在的关系问题还有另一个方面:我们关于我们周围世界的

---

①　黑格尔:《法哲学原理》,商务印书馆 1961 年版,第 11 页。
②　恩格斯:《路德维希·费尔巴哈和德国古典哲学的终结》,北京:人民出版社 2018 年版,第 17 页。

思想对于这个世界本身的关系问题,我们的思维能不能认识现实世界,这就是思维和存在的同一性问题。可以说德国古典哲学就是围绕着解决思维和存在的问题而步步推进、不断展开的。黑格尔敏锐地看到这一点,康德首先提出了并且通过主体的能动性去解决思维和存在的同一性问题,但是因为他陷入了不可知论和二元论,最终未能解决这个问题。黑格尔认为费希特发挥了康德的主体性原则,通过自我设定自身、自我设定非我、最终达到自我和非我的统一,但是费希特仍然停留在自我原则的主观形式上,仍然没有实现思维和存在的统一。黑格尔肯定谢林在"绝对理念"基础上实现思维和存在统一的企图,但是谢林的统一是"理智直观"和无差别的统一,而不是辩证的统一。黑格尔则通过他的客观唯心主义和辩证法来解决思维和存在的关系问题。黑格尔从"实体即主体"的基本原则出发,认为思想不仅是思想的实体,也是存在的实体,这种思想就是"客观思想"。在黑格尔那里,思维与存在的同一性首先是本体论意义上的同一性,思想、概念是事物的本质,一个事物成其为事物就在于它与自己的概念相符合,事物只有与蕴含于自身的概念相符合才具有实在性。其次,思维与存在的同一性是认识论意义上的同一性,即我们的思想能够把握或认识存在事物中的本质,即我们的思想能够认识存在于事物中的思想、概念、客观思想。绝对精神在辩证运动中不断地外化、展开、实现自己,展现为外部自然界、人类精神和社会历史等等,当绝对精神将自己外化、展开为人类精神时,通过人类精神来认识事物的本质即认识存在于事物中的思想、概念、客观思想,从而实现思维和存在的同一性。

德国古典哲学的一个突出特点是,继承了古希腊哲学重理性、尚思辨的传统,注重概念抽象和逻辑推演,康德运用逻辑的概念、范畴、判断和推理来表达他的哲学理路,黑格尔则是运用无数个正、反、合的推演来构建他的哲学体系,无论是康德的著作还是黑格尔的著作都很艰深晦涩,成为西方哲学史上最难读懂的书籍的代表。

36

康 德 哲 学

李 秋 零

我不得不扬弃知识,以便为信念腾出地盘。

——李秋零主编:《康德著作全集》第 3 卷

要只按照你同时能够愿意它成为一个普遍法则的那个准则去行动。

——李秋零主编:《康德著作全集》第 4 卷

有两样东西,越是经常而持久地对它们进行反复思考,它们就越是使心灵充满常新而日益增长的惊赞和敬畏:我头上的星空和我心中的道德法则。

——李秋零主编:《康德著作全集》第 5 卷

要有勇气使用你自己的理智!这就是启蒙的格言。

——李秋零主编:《康德著作全集》第 8 卷

作为德国古典哲学的开创者,康德在彻底清算西方近代哲学的基础上,通过对人的认识、欲求和情感能力的批判,回答了他为自己的哲学提出的"我能够知道什么"、"我应当做什么"和"我可以希望什么"这三个问题。在对"我能够知道什么"这个问题的回答中,他一改"认识必须遵照对象"的传统,提出"对象必须遵照认识",也就是"知性为自然立法",从而在认识论领域完成了一场"哥白尼式革命"。在康德看来,认识就是主体将后天感知的经验杂多纳入其先天具有的纯粹认识形式以形成知识的过程。先天的认识形式保证了知识的普遍必然性,而后天的经验材料则保证了知识的扩展,但也因此而把知识限制在显象的范围之内。因而康德必须"扬弃"知识,以便为信念腾出地盘,自由、上帝等成为信念的对象。康德在对"我应当做什么"这个问题的回答中,视意志自由为道德存在的唯一根据,反对道德领域的一切"他律",把"理性为自己立法"的"自律"视为一切道德法则和符合这些法则的义务的唯一原则,这种"自律"同时也是一种自己强制自己的、无条件的"定言命令式"。在这种意义上,道德为了自身起见绝对不需要宗教。然而,人在使自己成为一个有德之人的同时,必然提出"我可以希望什么"的问题,而一切希望都指向"幸福",唯有德与福的结合才能构成"至善"。为了保障德与福的结合,康德最终提出了实践理性的三大"公设":意志自由、灵魂不死、上帝存在,从而道德必然导致了宗教,但这种宗教是一种纯粹理性的宗教。为了克服理论理性和实践理性的划分而在自然和自由之间出现的鸿沟,康德最终转向了判断力的批判,在此基础上提出了目的论的原则。形式的合目的性解释了美感和崇高感的产生和实质,而客观的合目的性则使我们能够把自然视为一个目的系统,而人的道德则是这个目的系统的终极目的。至此,康德完成了自己的批判工作,建立起一个被称为"批判哲学"的庞大哲学体系。康德的哲学对后世哲学的发展产生了极为深远的影响。

在此,我们应该注意如下几点:

一、重温西方近代哲学的产生和发展,重点把握理性论和经验论之间的争论及其分别走入困境的原因,并由此认识康德的"哥白尼式革命"的重要性。

二、紧扣康德的"先天综合判断是如何可能的"这个问题,深入把握康德在"先验感性论"、"先验分析论"和"先验辩证论"中的基本哲学观点,并分析其得失。

三、以自由和自律的关系为主线,结合启蒙运动的自由诉求,把握康德与启蒙思想的关系,并关注其动机论的伦理学倾向及对后世的可能影响。

四、以"道德绝对不需要宗教"和"道德必然导致宗教"这两个命题为出发点,审视康德关于神学道德和道德神学的理论。

五、关注合目的性原则在哲学中的运用,思考如何在整体上看待世界的问题。

康德;批判;哥白尼式革命;先验哲学;先天综合判断;显象;物自身;时间;空间;范畴;理念;二论背反;建构性;范导性;意志自由;道德法则;自律;定言命令式;至善;公设;灵魂不死;上帝存在;道德神学;合目的性;美;崇高;目的论原则;终极目的

伊曼努尔·康德(Immanuel Kant,1724—1804)是德国古典哲学的开创者,他以深邃的哲学思维对西方近代哲学进行了彻底的清理,把启蒙哲学提高到一个新的理论高度,成为继柏拉图、亚里士多德之后最伟大的西方哲学家,对后世的哲学与文化产生了深远的影响。

康德出生于德国东普鲁士的边陲城市哥尼斯贝格的一个马鞍匠家庭,父母均是新教虔敬派的信徒。该派反对教会过于重视教义、仪式及制度,主张宗教生活的虔敬和伦理生活的纯洁,对康德的人格和哲学思想产生了不可磨灭的影响。1740年,康德进入哥尼斯贝格大学,在大学里学习了数学、自然科学、哲学、神学和古典语言学等课程。但由于家境贫寒,他未能完成学业就离开家乡当家庭教师,直到1755年才以论文《论火》获得硕士学位,并于同年以论文《形而上学认识各首要原则的新说明》获得大学授课资格,成为哥尼斯贝格大学哲学系的一位没有薪俸的编外讲师。康德先后讲授过数学、物理学、自然地理学、逻辑学、人类学、伦理学、形而上学等课程。1770年,康德被任命为逻辑学与形而上学教授,并发表了教授就职论文《论可感世界与理知世界的形式及其原则》。

至此,康德哲学思维的旨趣是广泛且又飘移不定的,但总的来说集中在自然哲学方面。其中最大的成就是在《一般自然史与天体理论》这部著作中,依据牛顿力学的原理来研究太阳系的起源,首次提出了天体演化的星云假说,即后人所称的"康德—拉普拉斯理论",被恩格斯誉为从哥白尼以来天文学取得的最大进步,在形而上学思维方式的观念上打开了第一个缺口。此外,在《证明上帝存在唯一可能的证据》、《关于美感和崇高感的考察》、《关于自然神学与道德的原则之明晰性的研究》等文章中,康德也提出了一些预示着他日后的批判哲学的思想。

但在此期,有两个人物的思想深刻地影响了康德的哲学思维。

首先是休谟的怀疑论。康德后来坦率地承认:"正是大卫·休谟的提醒,在多年以前首先打破了我的独断论迷梦,并且给予我在思辨哲学领域的研究以一个完全不同的方向。"然而,康德虽然欣赏休谟对独断论的批判,但却不赞同休谟的结论。在康德看来,休谟之所以陷入怀疑论,"只不过是由于他未在整体上来设想自己的问题,而是仅仅着眼于它的一个部分,而如果不考虑整体,一个部分是不能说明任何东西的。"康德力图"凭借进一步的反复思考,比这位思想敏锐的人物走得更远"。① 由此,康德开始走上了批判哲学之路。

其次是卢梭对启蒙主义的反思,它使康德意识到科学知识的局限和自由问题的重要意义。为了阅读卢梭的《爱弥尔》,康德竟打破多年的严格生活规律,放弃了一向准时得足以让人们据以对表的下午散步,而且从此在康德的书房里增加了一幅卢梭的肖像。

《论可感世界与理知世界的形式及其原则》可以被视为康德的批判哲学的最初宣言。在这篇论文中,康德严格地区分了感性和知性,把感性确定为主体的接受能力,而把知性确定为主体的思维能力,同时把时间和空间视为主体的感知形式。在此之后,尽管康德一次次地预告自己的新著作,尽管康德的朋友和学生们一次次地敦促,康德却始终保持沉默。他在苦苦思索自己的批判哲学体系。从康德与友人的通信可以得知,他最初的设想是写一部名为《感性和理性的界限》的著作,它应当包括一个理论部分和一个实践部分。但几经反复,康德最终在历时 11 年的沉寂之后,用四五个月的时间赶写出了其中的理论部分,于 1781 年出版了《纯粹理性批判》的第一版。从此,康德进入了自己创作的爆发期,不仅为了方便读者理解《纯粹理性批判》而撰写了《未来形而上学导论》(1783 年),并对《纯粹理性批判》做了重要的修订,于 1787 年出版了第二版,而且迅速地完成了《道德形而上学的奠基》(1785 年)、《自然科学的形而上学初始根据》(1786 年)、《实践理性批判》(1785 年)、《判断力批判》(1790 年)。此时的康德,已是 66 岁的老人了。

晚年的康德,把更多的精力转向了伦理、宗教、政治、法学等领域,先后出版了《纯然理性界限内的宗教》(1793 年)、《道德形而上学》(1797 年)、《学科之争》(1798 年)、《实用人类学》(1798 年)等著作。此外,康德还在政治哲学、历史哲学、宗教哲学领域发表了《关于一种世界公民观

---

① 李秋零主编:《康德著作全集》第 4 卷,北京:中国人民大学出版社 2005 年版,第 261 页。

点的普遍历史的理念》(1784 年)、《回答这个问题:什么是启蒙?》(1784
年)、《论神义论中一切哲学尝试的失败》(1791 年)、《论永久和平》(1796
年)等一系列重要的论文。

在《纯粹理性批判》一书中,康德曾披露自己的批判哲学体系的整体
规划:"我的理性的全部旨趣(既有思辨的旨趣,也有实践的旨趣)汇合为
以下三个问题:1. 我能够知道什么? 2. 我应当做什么? 3. 我可以希望什
么?"①1793 年,康德在给友人的信中再次重申对自己哲学的这种划分,
把这三个问题分别归结为形而上学、道德和宗教,并提出了第四个也是最
后一个问题:人是什么? 这是应由人类学来回答的问题。② 而在晚年由
学生编辑出版的《逻辑学》讲义中,康德更为明确地说:"但在根本上,人
们可以把所有这一切都归给人类学,因为前三个问题都与最后一个问题
相关"。③ 可见,这种划分绝不是康德的一时心血来潮,而是他毕生坚持
的一个原则,人的问题是康德用毕生精力在回答的一个问题。不过,康德
只有一部《实用人类学》的著作,而不曾像在其他领域那样有一部先验人
类学的著作。依据康德的上述说明,既然前三个问题都可以归给人类学,
那么,对前三个问题的回答同时也就已经是对第四个问题的回答了。

一、我能够知道什么?

康德指出,这个问题是纯然思辨的,是由形而上学来回答的。康德用
来回答这个问题的,是他的批判哲学的第一部代表作《纯粹理性批判》和
后来的《未来形而上学导论》。正是通过这两部著作,康德在形而上学领
域完成了一场"哥白尼式革命"。

---

① 李秋零主编:《康德著作全集》第 3 卷,北京:中国人民大学出版社 2004 年版,第
514 页。
② 李秋零编译:《康德书信百封》,上海:上海人民出版社 2006 年版,第 199 页。
③ 李秋零主编:《康德著作全集》第 9 卷,北京:中国人民大学出版社 2010 年版,第
24 页。

1. 批判哲学与"哥白尼式革命"

《纯粹理性批判》所说的"纯粹理性",康德亦称之为"纯粹思辨理性"或者"纯粹理论理性"。而关于"批判",康德做出了明确的解释:"我所理解的批判,并不是对某些书和体系的批判,而是就它独立于一切经验能够追求的一切知识而言对一般理性能力的批判,因而是对一般形而上学的可能性或者不可能性的裁决,对它的起源、范围和界限加以规定,但这一切都是出自原则"。①

康德对批判的这种规定可以视为其批判哲学的总纲。显而易见,批判的对象或者内容是"一般理性能力",而其目的则是对"一般形而上学的可能性或者不可能性"作出裁决。康德在这里所说的"形而上学"当然不是历史上出现过的林林总总的形而上学体系,而是如他后来的著作标题所指,是"一种能够作为科学出现的未来形而上学"。形而上学直到康德的时代之所以还不是科学,原因就在于人类理性的本性。人类理性给自己提出了种种无法摆脱的问题,并凭借通过经验得到证明的原理越升越高,却仍然无法回答这些问题,于是就不得不求助于一些超越一切可能的经验应用的原理,最终跌入了黑暗与矛盾,这就是标榜理性的形而上学所陷入的无休无止的争吵的战场。形而上学无论是以专制的独断论的面目出现,还是以经验论的面目出现,又或者是以游牧民的怀疑论的面目出现,都无法摆脱混乱和冲突,最终导致人们对形而上学的厌倦和冷漠。

然而,康德发现,并不是所有的人类知识都像形而上学那样,来回摸索而始终无法踏上科学的可靠道路。数学和物理学就是成功的范例,在它们里面,都曾发生一种思维方式的革命,从而在人们心中"升起了一道光明"。数学家发现,不必探究自己在图形中看到的东西,或者也不必探究图形的纯然概念,仿佛从中学到它的属性似的,而是必须通过他根据概

---

① 李秋零主编:《康德著作全集》第4卷,北京:中国人民大学出版社2005年版,第7页。

念自身先天地设想进去并加以表现的东西（通过构图）来产生，而且为了可靠地先天知道某种东西，除了从他根据自己的概念自己置于事物之中的东西必然得出的结果之外，不必给事物附加任何东西。而自然研究者也理解到，理性只洞察它自己根据自己的规划产生的东西，它必须以自己按照不变的规律进行判断的原则走在前面，强迫自然回答自己的问题，必须不让自己仿佛是被自然独自用襻带牵着走；甚至物理学也应当把它的思维方式的这场如此有益的革命归功于这样一个灵感，即依照理性自己置入自然之中的东西在自然中寻找（而不是为自然捏造）它必须从自然学习、而且它本来可能一无所知的东西。数学和自然科学的成功之处都在于：只要在这些科学中应当有理性，那么，在其中就必定有某种东西被先天地认识。形而上学若要想成为科学，就必须至少仿效数学和自然科学。

沿着这条思路，康德设想："迄今为止，人们假定，我们的一切知识都必须遵照对象；但是，关于对象先天地通过概念来澄清某种东西以扩展我们的知识的一切尝试，在这一预设下都归于失败了。因此，人们可以尝试一下，如果我们假定对象必须遵照我们的认识，我们在形而上学的任务中是否会有更好的进展。这种假定已经与对象的一种在对象被给予我们之前就应当有所断定的先天知识所要求的可能性有更好的一致"。[1] 康德认为，这种设想与哥白尼当初的设想有共同之处。哥白尼在如果假定整个星群都围绕观察者旋转，对天体运动的解释就无法顺利进行之后，尝试如果让观察者旋转而星体静止，是否可以更为成功。哥白尼由此提出了著名的"日心说"理论，而康德认为他在形而上学领域发动了一场类似的革命，因此后人把他的批判哲学称为"哥白尼式革命"。这场革命的实质内容在于："因为经验自身就是知性所要求的一种认识方式，我必须早在对象被给予我之前，从而是先天地就在我里面将知性的规则作为前提，它

---

[1] 李秋零主编：《康德著作全集》第 3 卷，北京：中国人民大学出版社 2004 年版，第 10—11 页。

在先天概念中得到表述,因而经验的所有对象都必然地遵照这些概念,而且必须与它们一致"。① 这也就意味着,我们的知识是建立在经验基础上的,但作为认识的主体,我们心中却先天地具有一种知性的规则,它表现为先天的概念,经验的所有对象都与先天概念一致,因而知识就具有了先天性或者普遍必然性。

康德的"哥白尼式革命""向形而上学许诺了一门科学的可靠道路"。但另一方面,它又得出了一个对于形而上学的整个目的"就一切迹象来看非常不利的结果,即我们不能凭借这种能力超越可能经验的对象,而这恰恰是这门科学最本质的事务"。② 既然不是我们的认识遵照对象,而是对象遵照我们的认识,那么,我们所认识的,就只是事物显现给我们的样子,即显象,而不是事物就自身而言所是的样子,即物自身。在显象界,是人为作为显象之总和的自然立法,而超出显象界,则是一个广袤的不可知领域,自由、世界的统一、无条件者等都被排斥在知识领域之外。康德的"哥白尼式革命"一方面突出了主体在认识中的地位、作用和能动性,以其独特的方式证明了科学知识的普遍必然性,回答了人能够知道什么的问题,但另一方面也把认识限制在显象界,实质上提出并回答了人不能知道什么的问题。在这种意义上,康德认为《纯粹理性批判》的第一个用处是"消极的",即"永远不要冒险凭借思辨理性去超越经验的界限"。

然而,康德认为,对纯粹理性的这种消极的限制同时也有一种积极的用处。思辨理性冒险超越经验领域所凭借的那些原理,与其说扩展了理性的应用,倒不如说是缩小了它的应用。因为它们实际上是把自己所适用的感性的界限扩展到无所不包,从而完全排斥理性的实践应用。也就是说,如果一切都成为普遍必然的知识的对象,因果性原理、自然机械性等等绝对必然地适用于一切一般地作为作用因的物,那么,作为实践理性

---

① 李秋零主编:《康德著作全集》第 3 卷,北京:中国人民大学出版社 2004 年版,第 11 页。

② 同上书,第 12 页。

应用之前提条件的自由就没有存身之地了。因为就人的灵魂而言,我们不能一方面说它的意志是自由的,另一方面又说它是服从自然必然性、从而是不自由的。但是,既然我们现在是在两种不同的意义上来对待客体,即作为显象,或者作为物自身,那么,同一个意志就可以在显象(可见的行动)中被设想为必然遵循自然必然性的,就此而言是不自由的,但在另一方面又是属于一个物自身的,从而是不服从自然必然性的,是自由的。这样,道德性的学说就保住了它自己的地盘。康德认为,批判原理的积极用处也同样可以在上帝和我们灵魂的单纯本性的概念上表现出来。自由、上帝存在、灵魂不死等等既然不可以成为认识的对象,它们就成为信念的对象。"因此,如果不同时取消思辨理性越界洞察的僭妄,我就连为了我的理性必要的实践应用而假定上帝、自由和不死也不能,因为思辨理性为了达到这些洞识就必须利用这样一些原理,这些原理由于事实上只及于可能经验的对象,如果它尽管如此仍然被运用于不能是经验对象的东西,实际上就总是会把这东西转化为显象,这样就把纯粹理性的所有实践的扩展都宣布为不可能的。因此,我不得不扬弃知识,以便为信念腾出地盘。"①

知识贸然侵入了本不属于自己的地盘,不仅损害了信念,而且也使自己颜面扫地,所以必须扬而弃之。扬弃知识的结果,不仅保证了知识的普遍必然性,而且也维护了自由和道德信念的尊严。批判哲学作为一把双刃剑,所肩负的就是这种双重的任务。

2. 纯粹理性批判的首要问题:先天综合判断是如何可能的?

康德的理性批判是从分析知识开始的,而知识的基本单位是判断,因为单个概念不能构成知识。要构成知识,人们必须把两个以上的表象或者概念联结起来以形成判断。康德首先把判断分成两大类,即分析判断

---

① 李秋零主编:《康德著作全集》第 3 卷,北京:中国人民大学出版社 2004 年版,第 18 页。

和综合判断。所谓分析判断,是指谓词属于主词或者谓词被包含在主词之中的判断,形成这样的判断就是把谓词从主词中抽出来。例如,"一切物体都有广延"就是一个分析判断,因为在康德时代,人们正是用"广延"来定义"物体"的,因此"广延"就包含在"物体"的概念之中,这个判断所做的就是把"广延"概念从"物体"概念分析出来。显然,这样的判断具有普遍必然性,而且形成它无须借助于经验,所以是先天的,不存在后天的分析判断。但这样的判断只是一种"解释判断",并不是严格意义上的知识,因为它没有给我们的知识添加任何新的内容。而所谓综合判断,指的是谓词并不包含在主词之中,而是增添给主词的判断。例如,"一切物体都有重量"就是一个综合判断,因为"重量"并不包含在"物体"概念之中,而是增添给"物体"概念的。通过这种增添,"物体"概念得到了扩展,我们的知识增添了新的内容,因此唯有综合判断才是真正意义上的知识。然而,并非所有的综合判断都能够是科学知识,因为科学知识不仅需要有经验所增添的新内容,而且还要具有普遍必然性。来自经验的后天综合判断不能保证这种普遍必然性,休谟正是从这一点出发提出他的怀疑论的。然而,与分析判断只是先天判断不同,综合判断还有并非来自经验的先天综合判断,纯粹数学和纯粹自然科学就是由这类判断组成的。在纯粹数学中,所有的命题都既是综合的又是先天的。它们之所以是综合的,乃是因为它们是借助于直观的;它们之所以是先天的,乃是因为它们具有无法从经验中获得的必然性。纯粹自然科学的情况也是如此。形而上学要想成为科学,也应当由先天综合判断构成。而现在的问题是:先天综合判断是如何可能的?

康德认为,在先天综合判断这里,我们同样需要为主词增添新的内容,但我们却不再具备在后天综合判断那里可以使用的辅助手段,即经验。例如"凡是发生的事情,都有其原因"这个命题,"原因"的概念完全在"发生的事情"的概念之外,我们使得前者属于后者,并且是必然属于后者,知性所依据的"未知之物"是什么呢?既然它不是经验,那它就只能是知识发生之前我们就已经先天具有的纯粹认识形式。这种先天的认识形式是认识主体在一切经验之前就具有的,同时又用之于来自经验的质料,使得因此而可能的知识具有普遍必然性。因此,要说明科学知识的普遍必然性,要使得形而上学成为科学,就必须说明先天综合判断是如何可能的,而这又必须说明人的理性具有先天的认识形式以及它们如何用之于经验。康德把这样的理论成为"先验哲学"。所谓"先验的"(transzendental),是康德独创的一个形容词,它一方面因虽独立于经验却又使经验得以成立而与绝对超越经验的"超验的"(transzendent)相对,另一方面因只关乎纯粹的认识形式而与"经验性的"(empirisch)相对。

"先天综合判断如何可能"的问题又具体地划分为"纯粹数学是如何可能的"、"纯粹自然科学是如何可能的"、"作为自然禀赋的形而上学是如何可能的"和"作为科学的形而上学是如何可能的"这些问题。它们分别对应的是人的感性、知性、理性认识能力。相应地,《纯粹理性批判》一书的主要部分也就是讨论感性的先天认识形式的"先验感性论"、讨论知性范畴对于经验的立法作用的"先验分析论"和讨论理性理念超越经验界限所造成的先验幻相的"先验辩证论"。

3. 先验感性论

康德认为,人类知识有两个主干,它们也许出自一个共同的但不为我们所知的根源,这两个主干就是感性和知性,对象通过前者被给予我们,但通过后者被思维。对象被给予我们所凭借的是直观,对象被思维所凭借的是概念。直观和概念各司其职,对于知识的形成来说都是不可或缺的。我们的一切知识都是从感觉经验开始的。感觉经验是经验性直观,但却有其先天的形式。先验感性论所研究的就是感性能力的先天形式,即纯直观。康德通过把经验性直观中所有属于感觉的东西排除出去,最终获得了两种纯直观,即空间和时间。

在康德的时代,关于空间和时间是什么的问题,有两种典型的观点,分别以牛顿和莱布尼茨为代表。牛顿认为时空是实在的东西,是事物自身的存在方式,而莱布尼茨则认为时空是事物的属性或者事物之间的关系,即便事物不被直观也仍然属于事物。康德独辟蹊径,把空间和时间看做是主体自身固有的认识形式,是某种主观的东西。空间是我们外感官的先天形式,我们凭借空间感知所有外部显象,获得关于外部事物的经验。时间是我们内感官的先天形式,我们凭借时间感知所有内心状态,获得关于内心状态的经验。对此,康德从"形而上学阐明"和"先验阐明"两个方面给予了证明。这里仅以空间为例。

所谓"形而上学阐明",要说明的是:空间不是经验的物理学概念,而是先天的直观形式。其内容为:第一,空间不是一个从外部经验抽象得来的经验性概念。因为要对我们之外的事物及其相互关系有所感觉,我们必须已经以空间的表象为前提。第二,空间是作为一切外部直观的基础的一个必不可少的先天表象。因为我们可以设想一个空无一物的空间,却不能形成一个没有空间存在的表象。因此,空间被视为显象可能性的条件,而不是一个依赖于显象的规定。第三,空间不是普遍概念,而是一个纯直观。因为概念是众多具有共同性质的事物的抽象,而空间却只有一个。人们所说的众多空间,只是这个唯一的空间的各个部分。第四,空间是一个无限的被给予的大小。任何概念都不能把无限多的表象包含在自身当中,而空间就能够做到这一点。

前两个阐明说的是空间不是经验性的而是先天的,后两个阐明说的是空间不是概念而是直观。空间是先天的直观或曰纯直观。

所谓"先验阐明",要说明的是空间是一个原则,从它出发就能够看出其他先天综合知识,亦即几何学的可能性。几何学是一门综合地却又先天地规定空间属性的科学。为此,首先,空间的表象必须源始就是直观,唯其如此才能使几何学知识是综合的;其次,它必须是纯直观,唯其如此才能使几何学的定理全都是无可争议的;最后,它必须是外感官的一般形式,唯其如此才能为主体的心灵所固有。因此,正是作为主体所固有的先天直观形式,空间使几何学能够成为一门先天综合的科学。

时间的"形而上学阐明"和"先验阐明"亦大体如此。

经过以上阐明,康德得出的结论是:空间和时间不是物自身的存在方式,也不是事物的相互关系,而是感官的一切显象的形式,是感性的主观条件。空间和时间具有"经验性的实在性"和"先验的观念性",也就是说,它们是经验的先天条件,因而对于经验来说具有实在性,但这种实在性源于观念,而不是事物自身。

但是,相对于空间来说,时间处于优先的地位,因为空间仅仅是外部显象的先天形式,而时间则是一切显象的先天形式,因为不仅是内部状态,而且所有的表象,包括外部表象,最终也作为心灵的规定而属于内部状态,隶属于内直观的形式条件亦即时间之下。"所以,时间是所有一般显象的先天条件,进而是内部的(我们灵魂的)显象的直接条件,正因为此间接地也是外部显象的条件。如果我能够先天地说:一切外部显象都在空间中并按照空间的关系被规定,那么,我也可以从内感官的原则出发完全普遍地说:所有一般显象,即感官的所有对象,都处在时间中,并以必然的方式处在时间的各种关系中"。①

通过把空间和时间规定为先天直观形式,康德回答了"纯粹数学是如何可能的"这一问题。"据此,时间和空间是可以从中先天地汲取各种综合知识的两个知识来源,尤其是纯粹数学,在空间及其关系的知识方面提供了一个光辉的范例。也就是说,空间和时间合起来是所有感性直观的纯形式,并由此而使先天综合命题成为可能"。② 几何学是空间的科学,而算术是时间的科学,唯有将空间和时间视为先天直观形式,才能说明它们作为先天综合判断的可能性。反过来,既然几何学和算术都是先天综合判断,也就说明了空间和时间是先天直观形式。"但是,这两个先

---

① 李秋零主编:《康德著作全集》第 3 卷,北京:中国人民大学出版社 2004 年版,第 55 页。

② 同上书,第 58 页。

天的知识来源正由于此(即它们只是感性的条件)为自己规定了界限,也就是说,它们仅仅涉及作为显象来考察的对象,但并不表现物自身。唯有前者才是它们的有效性的领域,如果超出这个领域,就不再有它们的客观应用了"。① 空间和时间作为先天直观形式,一方面保证了纯粹数学知识的普遍必然性,另一方面也把我们的知识限制在显象界,即事物按照感性的先天直观形式亦即空间和时间显现出来的样子。物自身被排除在知识之外。

4. 先验分析论

所谓"先验分析论",是康德研究知性的先天认识形式的理论。康德认为:"我们的知识产生自心灵的两个基本来源,其中第一个是接受表象的能力(印象的感受性),第二个是通过这些表象认识一个对象的能力(概念的自发性);通过前者,一个对象被给予我们,通过后者,该对象在与那个(仅仅作为心灵的规定的)表象的关系中被思维。因此,直观和概念构成了我们一切知识的要素,以至于无论是概念没有以某些方式与它们相应的直观、还是直观没有概念,都不能提供知识"。运用概念思维对象的能力就是知性。"无感性就不会有对象被给予我们,无知性就不会有对象被思维。思想无内容则空,直观无概念则盲"。② 与直观一样,概念也要么是经验性的,要么是纯粹的,纯概念只包含思维一个对象的一般形式,而不包含其内容。

"先验分析论"是"先验逻辑论"的一个部分。所谓"先验逻辑",是相对于"形式逻辑"而言的。形式逻辑作为一种"普遍而又纯粹的逻辑",抽掉了知识的一切内容,抽掉了知识与客体的一切关系,仅仅在知识的相互关系中考察一般的思维形式。而先验逻辑是一种不抽掉知识的所有内

---

① 李秋零主编:《康德著作全集》第3卷,北京:中国人民大学出版社2004年版,第58页。

② 同上书,第69—70页。

容的逻辑,它还将涉及我们关于对象的知识的起源,亦即"先验的知识"。先验的知识并不完全等同于先天的知识。"并非任何一种先天知识、而是唯有使我们认识到某些表象(直观或者概念)仅仅先天地被应用或者仅仅先天地可能以及何以如此的知识,才必须被称为先验的(即知识的先天可能性或者知识的先天应用)"。① 这样一门规定这样一些知识的起源、范围和客观有效性的科学,就是先验逻辑。先验逻辑论划分为先验分析论和先验辩证论。前者讨论纯粹的知性概念(范畴)以及这些概念的形式原则(原理)及其在经验中的应用。而这些概念和形式原则的应用一旦越出经验的范围,就会产生幻相,先验辩证论就是对这些幻相的批判。

"先验分析论"的任务是"把我们全部的先天知识分解成为纯粹知性知识的各种要素。这里重要的是以下几点:1. 概念是纯粹的概念,不是经验性的概念。2. 这些概念不属于直观,不属于感性,而是属于思维和知性。3. 这些概念都是基本概念,与派生的或者由它们复合的概念明显有别。4. 概念表是完备的,完全显示出纯粹知性的整个领域。② 康德认为,先验哲学有便利、但也有义务从一个原则出发来探求其概念,因为这些概念必须是纯粹地、不混杂地从作为绝对统一体的知性产生,因而本身是按照一个概念或者理念而彼此联系的。知性是凭借概念来思维的,但它除了借助概念作出判断之外,对概念不可能有别的应用,所以知性就是一种判断的能力。如果我们抽掉一个一般判断的所有内容,只关注其中的纯然知性形式,那么我们将发现,思维在判断中的功能可以归于四个标题之下,其中每一个又包含三个环节。于是,康德就得出了如下的判断表:

---

① 李秋零主编:《康德著作全集》第 3 卷,北京:中国人民大学出版社 2004 年版,第 72 页。

② 同上书,第 78 页。

1　**判断的量**

全称的

特称的

单称的

2　**判断的质**

肯定的

否定的

无限的

3　**判断的关系**

定言的

假言的

选言的

4　**判断的模态**

或然的

实然的

必然的

所有这些判断,作为先天综合判断,其中都是纯粹知性概念在起综合作用。因此,纯粹知性概念就与前表中所有可能判断中的逻辑功能一样多。康德依据亚里士多德把这些概念称为范畴,由此就产生了他的范畴表:

1　**量的范畴**

单一性

复多性

全体性

2 质的范畴

实在性

否定性

限定性

3 关系的范畴

依存性与自存性(实体与偶性)

因果性与隶属性(原因与结果)

共联性(行动者与承受者之间的交互作用)

4 模态的范畴

可能性——不可能性

存在——不存在

必然性——偶然性

　　康德指出,以上四组范畴可以分为两类,量的范畴和质的范畴针对直观的对象,叫做数学性的范畴,关系的范畴和模态的范畴针对这些对象的实存,叫做力学性的范畴。每一组范畴都是三个,第三个范畴都是由前两个结合产生的,例如全体性就是作为单一性的复多性,限定性就是与否定性相结合的实在性,共联性则是一个实体在与另一个实体的交互规定中的因果性,必然性就是通过可能性本身被给予的实存性。但是,这种结合并不是派生,因为范畴不能是派生概念,而是基本概念。康德认为,亚里士多德的范畴表的缺陷就在于混杂了纯粹感性的样式、经验性的样式和派生的概念。

就像在先验感性论中必须阐明空间和时间如何独立于经验而又使经验得以可能一样,康德在先验分析论中也必须阐明范畴用于经验的客观有效性,他把完成这一工作的部分称为"先验演绎"。所谓"演绎",是康德从法学借来的一个术语。在法律上,人们把有关权利的问题与涉及事实的问题区分开来,事实上的占有并不意味着有合法的权利占有,而对占有权利的证明就叫做"演绎"。我们使用范畴的权利也同样需要"演绎"。康德"把对先天概念能够与对象发生关系的方式的解释称为先验演绎,并把它与经验性的演绎区别开来,后者表明的是通过经验和对经验的反思获得一个概念的方式,因而不涉及拥有得以产生的合法性,而是涉及其事实"。① 洛克对于我们的认识能力从个别的知觉上升到普遍的概念所做的探索就是这种经验性的演绎。但这种演绎并不适用于纯粹先天概念,这些概念"必须出示一个与出身自经验截然不同的出生证",因而对它们只能有一种先验的演绎。

然而,对于空间和时间来说,康德可以轻而易举地凭借一种先验演绎把它们的概念一直追踪到其起源,并解释和规定它们先天的客观有效性。因为既然只有凭借感性的这样一些纯形式,一个对象才能够向我们显现,也就是说,才能够成为经验性直观的一个客体,所以空间和时间是先天地包含着作为显象的对象之可能性的条件的纯直观,而且在它们里面的综合具有客观有效性。而对于范畴来说,就出现了一种在感性的领域里不曾遇到的困难。因为知性的范畴根本不向我们表现出使对象在直观中被给予的那些条件,因而对象当然也就能够无须与知性的功能必然发生关系就向我们显现,所以知性并不先天地包含这些对象的条件。那么,思维的主观条件究竟是如何应当具有客观有效性,也就是说,提供对象的所有知识之可能性的条件呢? 例如原因概念,它是一种特殊的综合方式,这里在 A 之上按照一种规则设定了截然不同的 B,或者说,某物 A 必然地并

① 李秋零主编:《康德著作全集》第 3 卷,北京:中国人民大学出版社 2004 年版,第 95 页。

且按照一条绝对的规则从它里面得出另一个某物 B。对此,根本不能经验性地予以表达,休谟恰恰是在这一点上对经验提出了质疑。而康德的先验演绎,也正是在这一点上要超越休谟。先验演绎的根本之处就在于:"范畴作为先天概念的客观有效性的依据是:唯有通过它们,经验(就思维的形式而言)才是可能的。在这种情况下,范畴就以必然的方式并且先天地与经验的对象相关,因为一般而言只有凭借范畴,经验的某个对象才能够被思维。因此,一切先天概念的先验演绎有一个全部研究都必须遵循的原则,这个原则就是:它们必须被当做经验的可能性(无论是在其中遇到的直观的可能性,还是思维的可能性)的先天条件来认识。提供经验之可能性的客观基础的概念,正因为如此而是必然的"。①

在《纯粹理性批判》的第一版中,康德把"先验演绎"划分为"主观演绎"和"客观演绎"。所谓"主观演绎",意在说明形成知识的主观条件,进一步揭示知识的先天条件,或者换句话说,说明纯粹知性概念是如何可能的。"如果要知道纯粹概念是如何可能的,人们就必须研究经验的可能性所取决的、即使人们抽掉显象的一切经验性的东西也依然是经验之基础的先天条件。一个普遍且充分地表述经验的这种形式的和客观的条件的概念,就可以叫做一个纯粹的知性概念"。为此,"我们必须事先考虑构成经验之可能性的先天基础的种种主观来源,不是根据其经验性的性状,而是根据其先验的性状"。②

康德认为,个别的表象如果不与其他表象发生关系,并不能构成知识。知识在于不同的表象的联结,康德把这种联结称为"综合"。综合属于知性而不属于感性,因为感性只是被动的接受性,而综合却是主动的自发性。感性被动地接受来的东西只是相互之间没有联系的"杂多",唯有

① 李秋零主编:《康德著作全集》第 3 卷,北京:中国人民大学出版社 2004 年版,第 100 页。
② 李秋零主编:《康德著作全集》第 4 卷,北京:中国人民大学出版社 2005 年版,第 69—70 页。

知性的综合作用才能把这些杂多联结成为知识。也就是说,接受性唯有与自发性相结合才能使知识成为可能。在认识中,自发性的综合有三重作用:首先是"直观中把握的综合"。直观所提供的表象是杂多的,但直观也是需要统一性的。如果没有主体的一种综合作用,这些杂多的表象就会是转瞬即逝的,就不能形成一个整体。这种把握的综合必须也是先天地实施的。因为如果没有这种把握的综合,我们就会既不能先天地有空间的表象,也不能先天地有时间的表象;因为空间和时间的表象只能通过感性在其源始的接受性中呈现的杂多之综合才能产生。其次是"想象中再生的综合"。如果我们总是在思想中失去先行的表象,在我们前进到后续的表象时不把先行的表象再生出来,那就永远不可能产生一个完整的表象。把握的综合是与再生的综合不可分割地结合在一起的。而既然前者构成一切一般知识的可能性的先验根据,所以想象力的再生综合就属于心灵的先验活动。最后是"概念中认知的综合"。如果不意识到我们现在所思维的东西与我们一个瞬间前所思维的东西是同一个东西,那么,在表象序列中的一切再生就都是徒劳的了。因为被再生的表象就会是一个新的表象,而不是原来的那个表象。概念就是要把杂多、逐渐地直观到的东西以及再生出来的东西结合成一个表象,从而形成对象的概念。

显然,上述三重自发性的综合,正是对象概念形成的源头。而这样的对象,也不可能是我们之外的物自身,而只能是事物对我们的显现。因此,从根源上讲,对象只是把表象的杂多综合起来的形式的统一性,所谓对象的统一性归根结底是意识的统一性,而意识的统一性也同样需要一个先验的根据。"在我们一切直观的杂多的综合中,从而也在一般客体的概念的综合中,以及也在经验的一切对象的综合中,都必然发现意识的统一性的一个先验根据",康德把这个根据称为"先验的统觉"。"如果没有先行于直观的一切材料的那种意识统一性,在我们里面就不可能产生任何知识,不可能产生知识彼此的联结和统一;关于对象的一切表现都唯有与那种意识统一性相关才是可能的。这种纯粹的、源始的、不变的意识,我要把它称为先验的统觉"。①

《纯粹理性批判》出版之后,有人指责康德的上述思想是改头换面的巴克莱主观唯心论。康德为了避免误解,在第二版中大大压缩了"主观演绎",但主观演绎本身的价值却未被康德放弃。在第二版中,康德也把"先验的统觉"称为"我思"。"'我思'必须能够伴随我的一切表象……我把它称为纯粹的统觉,以便把它与经验性的统觉区别开来,或者也称为源始的统觉,因为它就是那个通过产生出必然能够伴随所有其他表象并在一切意识中都是同一个东西的'我思'表象而不能再被别的表象伴随的自我意识。我也把统觉的统一性称为自我意识的先验的统一性,以便表示从它产生的先天知识的可能性。因为在某个直观中被给予的杂多表象如果不全都属于一个自我意识,就不会全都是我的表象,也就是说,作为我的表象(尽管我并没有意识到它们是我的表象),它们必须符合唯一使它们能够在一个普遍的自我意识中聚合的条件,因为若不然,它们就不会完全地属于我"。②

然而,康德毕竟在《纯粹理性批判》的第二版中压缩了"主观演绎",而加强了"客观演绎"。所谓"客观演绎",是在"主观演绎"的基础上,从自我的先验统一性出发,通过自我意识与对象意识之间的关系来说明范畴对于经验的客观有效性。

与在感性论中空间和时间可以直接应用于直观不同,康德在知性论中遇到的最大问题是:纯粹知性概念与经验性的(甚至完全感性的)直观相比是完全异类的,绝不能在任何直观中遇到。那么,把后者归摄在前者之下,从而把范畴运用于经验是如何可能的呢? 康德认为:"如今显而易见的是,必须有一个第三者,它一方面必须与范畴同类,另一方面必须与

---

① 李秋零主编:《康德著作全集》第 4 卷,北京:中国人民大学出版社 2005 年版,第75 页。

② 同上书,第 103 页。

显象同类,并使前者运用于后者成为可能。这个中介性的表象必须是纯粹的(没有任何经验性的东西),并且毕竟一方面是理智的,另一方面是感性的。这样一个表象就是先验的图型"。① 康德所找到的这个"先验的图型"就是时间。"时间作为内感官的杂多的形式条件,从而作为所有表象的联结的条件,包含着纯直观中的一种先天杂多。于是,一种先验的时间规定就它是普遍的并且依据一种先天规则而言,与范畴(构成时间规定的统一性的范畴)是同类的。但另一方面,就杂多的任何经验性直观都包含有时间而言,时间规定又与显象是同类的。因此,范畴应用于显象凭借时间规定就成为可能,时间规定作为知性概念的图型促成后者被归摄在前者之下"。② 这样,每一个范畴的图型,作为量的图型就包含和表现着在对一个对象的相继把握中时间本身的产生(综合),作为质的图型就包含和表现着感觉(知觉)与时间表象的综合或者时间的充实,作为关系的图型就包含和表现着种种知觉在一切时间中(即根据时间规定的一条规则)的相互关系,最后,作为模态及其各范畴的图型就包含和表现着作为一个对象是否以及如何属于时间的规定的相关物的时间本身。因此,图型无非就是按照规则的先天时间规定,这些规则按照范畴的顺序,关涉到就一切可能对象而言的时间序列、时间内容、时间顺序,最后还有时间总和。

先验图型说解决了纯粹知性概念即范畴运用于显象的条件问题。不过,这种运用还必须遵循先验的原理,这些原理就是:其一,直观的公理,其原则是:一切直观都是广延的量。其二,知觉的预先推定,其原则为:在一切显象中,作为感觉对象的实在的东西都有强度的量,即一种程度。其三,经验的类比,其原则是:经验唯有通过知觉的一种必然结合的表象才是可能的。其四,一般经验性思维的公设:(1)凡是与经验的形式条件(按照直

---

① 李秋零主编:《康德著作全集》第 3 卷,北京:中国人民大学出版社 2004 年版,第 128 页。

② 同上书,第 129 页。

观和概念)一致的,就是可能的。(2)凡是与经验的质料条件(感觉)相关联的,就是现实的。(3)凡是其与现实的东西的关联被按照经验的普遍条件规定的,就是必然的(必然实存的)。康德指出,这些原理不是来自别的什么地方,而是来自纯粹知性。纯粹知性本身就是种种原理的来源。因此,既然"自然"无非就是一切可能的经验之表象的总和,则一切自然规律也都毫无区别地服从于知性的更高原理,这也就是"知性为自然立法"。由此,康德回答了"纯粹自然科学是如何可能的"这个问题。

知性为自然立法的结果,是现象和本体的区分。康德指出:"种种显象,就它们作为对象按照范畴的统一性被思维而言,就叫做现象。但是,如果我假定的事物纯然是知性的对象,尽管如此作为这样的对象能够被给予一种直观,虽然不是被给予感性直观(因而是 coram intuitu intellectuali[面对理智直观]),那么,这样的事物就叫做本体(intelligibilia[理知的事物])"。而"显象这个通过先验感性论加以限制的概念,已经自行提供了本体的客观实在性,并且使人们有权利把对象划分为现象和本体,因而也把世界划分为一个感性世界和一个知性世界(mundus sensibilis et intelligibilis[可感世界和理知世界])"。① "本体"作为仅仅可以思想的对象,其消极意义是认识的界限,属于不可知的领域,而其积极意义则是作为非感性直观的客体,唯有在实践理性的领域才发挥作用。

借助于先验演绎,康德一方面证明了范畴的先天性及其对经验的客观有效性,另一方面也把范畴的应用限制于显象界。"纯粹知性概念永远不能有先验的应用,而是在任何时候都只能有经验性的应用,纯粹知性的原理只有在与一种可能经验的关系中才能与感官的对象相关,但绝不能与一般而言的物(不考虑我们能够直观它们的方式)相关"。② 一旦逾

---

① 李秋零主编:《康德著作全集》第 4 卷,北京:中国人民大学出版社 2005 年版,第158 页。

② 李秋零主编:《康德著作全集》第 3 卷,北京:中国人民大学出版社 2004 年版,第201 页。

越了这个界限,所导致的就不是知识,而是"幻相"。康德由此转入了对"幻相"的批判,即"先验辩证论"。

5. 先验辩证论

先验辩证论所批判的幻相,不是经验性的幻相(例如视觉的幻相),而是先验的幻相。这种幻相甚至违背批判的一切警告,引导我们完全超出范畴的经验性应用,并用纯粹知性的一种扩展的错觉来拖累我们。先验幻相不同于逻辑幻相(错误推理的幻相),后者一经揭露就可以消失。先验幻相即使被揭露也仍然不终止,其原因在于我们的理性所应用的一些基本规则和准则完全具有客观原理的外表,它们使得对我们的概念进行联结的主观必然性被视为物自身的规定的客观必然性,这就如同甚至天文学家也不能避免月亮在升起时对他显得更大,尽管他并不为这一幻相所蒙骗。

因此,先验幻相的根源就在于人类理性本身。我们的一切知识都始自感官,由此达到知性,并终止于理性。知性是通过范畴来进行判断的能力,康德称之为"规则的能力";理性则是推理的能力,康德称之为"原则的能力"。知性面对的是经验,凭借规则而使显象具有统一性,但这样形成的知识却只是个别的知识。而"理性则是各知性规则在原则之下而有统一性的能力。因此,理性从不首先关涉经验或者关涉某个对象,而是关涉知性,为的是通过概念赋予杂多的知性知识以先天的统一性,这种统一性可以叫做理性的统一性,它具有与知性所能够提供的那种统一性完全不同的方式"。① 知性用来统一显象的纯粹概念是范畴,而理性用来统一知性的纯粹概念则是理念。"先验的理性概念不是别的,是关于一个被给予的有条件者的种种条件之总体性的概念。现在,既然唯有无条件者才使得种种条件的总体性成为可能,而反过来种种条件的总体性在任何

---

① 李秋零主编:《康德著作全集》第 3 卷,北京:中国人民大学出版社 2004 年版,第 234 页。

时候本身都是无条件的,所以一个纯粹的理性概念一般而言可以通过无条件者的概念来说明,只要后者包含着有条件者的综合的一个根据"。[①]康德曾用形式逻辑的判断表来确定先验逻辑的范畴表,现在他以同样的方式通过形式逻辑的推理形式来确定理性的理念。如果我们将三种推理形式推至极端,就会得到理性的三个理念:直言推理推进至本身不再是谓词的主体,它包含着思维主体亦即主观世界的绝对统一,这就是灵魂,它是理性心理学的对象。假言推理推进至不再以别的东西为前提条件的前提条件,它包含着显象的条件序列亦即客观世界的绝对统一,这就是世界,它是理性宇宙论的对象。选言推理推进至划分的各环节的一个集合体,它包含着一切一般思维对象的条件亦即世界之全体的绝对统一,这就是上帝,它是理性神学的对象。这些理性推理不包含经验性的前提,我们凭借它们从我们认识的某种东西推论到我们毕竟没有任何概念的某种别的东西,而且我们还由于一种不可避免的幻相而赋予这种东西以客观的实在性。因此,康德认为,诸如此类的推理就其结论而言,与其把它们称为理性推理,倒不如把它们称为玄想的推理。

"理性心理学"所陷入的先验幻相,康德又称之为"谬误推理"。这样的谬误推理共有四个,这里仅以第一个"灵魂是实体"为例。康德认为,在理性心理学的程序中,起支配作用的是通过以下理性推理展现出的一种谬误推理:

> 只能被思维为主体的东西也只仅仅作为主体实存,因而也就是实体。
>
> 如今,一个能思维的存在者仅仅作为这样的存在者来看,只能被思维为主体。
>
> 因此,它也仅仅作为这样的存在者,亦即作为实体而实存。

---

① 李秋零主编:《康德著作全集》第 3 卷,北京:中国人民大学出版社 2004 年版,第246 页。

康德认为,这样一个推理之所以是谬误的,就在于它犯了"四名词错误"。大前提说的是一个一般而言能够在一切方面来思维、因而也可能在直观中被给予的存在者,而小前提中所说的存在者,则只是相对于思维和意识的统一性,却不同时在与它作为思维的客体被给予所凭借的直观的关系中把自己视为主体。或者说,大前提中的主体是作为存在者的主体,小前提中的主体仅仅是思维主体。因此,这样的推理是无效的。在康德看来,作为思维主体的我思,无非是一个单纯的、自身在内容上完全空洞的表象,只不过是一个伴随着一切概念的意识。一切判断都是我思的判断,离开了我思的内容,我们对我思不能有丝毫概念,因为我们要想对它作出某种判断,在任何时候都必须已经使用了它的表象。因此,我们对我思不能有任何经验表象,也不能做出任何判断。

"理性宇宙论"所陷入的先验幻相,康德称之为"二论背反"(亦称作"二律背反")。理性由于要求认识世界的整体,而从经验性的局部显象跨越到超验的绝对总体性,产生了两种相互对立、却又都能自圆其说的理论,故而叫做"二论背反"。理性的二论背反有四组:

(1)正论:世界在时间和空间上是有限的;反论:世界在时间和空间上是无限的。

(2)正论:世界上的一切都是由单纯的东西构成的;反论:没有单纯的东西,一切都是复合的。

(3)正论:世界上有出自自由的原因;反论:没有自由,一切都是必然的。

(4)正论:有一个绝对必然的存在者;反论:没有绝对必然的存在者实存。

鉴于自然与自由的问题在康德哲学中的特殊意义,我们以第三组二论背反为例。在这里,康德对正论和反论的论证都是使用反证法。

正论:按照自然规律的因果性,并不是世界的显象全都能够由之派生出来的唯一因果性。为了解释这些现象,还有必要假定一种通过自由的因果性。康德的论证是:如果假定世界上的一切都服从自然因果性,则每个事物都有原因,原因亦有原因,依此类推以至无穷,所以这个因果系列是永远也不能完成的,任何时候都只有一个次等的原因,而没有一个最初的开端。既然没有在先的原因,任何事情都不会发生,所以如果一切因果性都只有按照自然规律才是可能的,这个命题就会陷入自相矛盾。因此,必须假定一种因果性,某物通过它发生,毋须对它的原因再继续通过另一个先行的原因按照必然的规律来加以规定,也就是说,它是原因的一种绝对的自发性,即自行开始一个按照自然规律进行的现象序列,因而是先验的自由,没有这种自由,甚至在自然的进程中显象的序列继起在原因方面也永远不是完备的。

反论:没有任何自由,相反,世界上的一切都仅仅按照自然规律发生。康德的论证是:假如有一个自身不再有原因的原因,则这种假定自身就是与因果性相矛盾的,并且使得经验的任何统一性都是不可能的。因此,这种自由的假设就是一个空洞的思想物。

康德认为,上述四组二论背反,前两组是数学的,后两组是力学的。数学的二论背反是不可以解决的,而力学的二论背反却可以通过区别显象与物自身而得到解决。也就是说,以自由为例,反论在显象领域是完全正确的,但在物自身的领域里,我们却必须认定自由因的存在。在对实践理性的批判中,康德突出了自由的重要作用。

"理性神学"所陷入的先验幻相,康德称之为"理想"。这个理想也就是要证明上帝的存在。康德认为:"人们在这方面所能够选择的所有道路,要么是从确定的经验和由这种经验所认识的我们感官世界的特殊性状开始,并根据因果律由它一直上升到世界之外的最高原因;要么经验性地以不确定的经验为基础,也就是说以某一种存在为基础;最后,要么抽掉一切经验,完全先天地从纯然的概念推论到一个最高原因的存在。第一种证明是自然神学的证明,第二种证明是宇宙论的证明,第三种证明是本体论的证明,没有更多的证明方式,也不可能有更多的证明方式"。①由于在康德看来,自然神学的证明和宇宙论的证明最终都要回到本体论的证明,并且以本体论的证明为基础,这里仅对本体论的证明作出分析。

在西方哲学史上,上帝存在的本体论证明以中世纪的安瑟尔谟和近代的笛卡尔为代表,其核心内容是从一个绝对完满的存在者的概念推论出其客观的存在,或者说不可能设想其不存在而不陷入自相矛盾。在康德看来,这种证明的错误之处就在于混淆了判断无条件的必然性与事物的绝对必然性,因为判断的绝对必然性只不过是事物或者判断中的谓词的有条件的必然性罢了。这个条件就是:我们必须首先肯定判断的主词。也就是说,上帝存在的本体论证明实际上是一个分析判断。这样的判断具有无条件的必然性。如果我们在一个分析判断中取消谓词而保留主词,当然就产生出一种矛盾,所以我们说:那个谓词以必然的方式属于这个主词。但如果我把主词与谓词一起取消,就不产生任何矛盾;因为不再有能够与之发生矛盾的任何东西了。设定一个三角形但却取消它的三个角,这是矛盾的;但把三角形与它的三个角一起取消,这却不是矛盾。同样,肯定上帝而取消其存在,这是矛盾的。但把上帝连同其存在一起取消,就不会有任何矛盾。上帝存在的本体论证明本来要证明上帝的存在,但实际上却唯有先肯定上帝的存在其证明才有效,所以等于是什么也没有证明。这种情况就和思想中的一百元和现实中的一百元的关系一样。思想中的一百元只要符合逻辑上的必然性就可以了,而现实中的一百元却要求我的口袋里确实有一百元。一切实在的属性在一个事物中的联结是一种综合,关于这些属性的可能性我们就不能先天地做出判断,因为综合知识的可能性的标志永远必须仅仅在经验中去寻找,而一个理念的对象却不可能属于经验。因此,从概念出发来证明一个最高存在者,恰如一

―――――――――

① 李秋零主编:《康德著作全集》第3卷,北京:中国人民大学出版社2004年版,第387页。

个商人为了改善自己的状况而想给自己的库存现金账添上几个零来使财产增多一样,实际上是白费力气。

如果说,康德通过先验感性论和先验分析论回答了"我能够知道什么"的问题,那么,他通过先验辩证论则回答了"我不能够知道什么"的问题,也可以说是回答了"我只能知道什么"的问题。通过把自由、作为整体的世界和上帝排除在认识领域之外,康德也说明:在传统的形态上,作为科学的形而上学是不可能的。但是,这三个理念虽然不是知识的对象,却并不是没有积极的作用。首先,这些理念仍然是必要的,甚至是必不可少的。它们虽然不能对知识起建构性的作用,但却可以起到范导性的作用,使知性从孤立的状态走出,使知识朝着理念所标示出来的目标汇聚,获得最大的统一性。其次,这些理念对于理性的实践应用来说,具有极为重要的意义。"现在,即使我们对于先验的理性概念不得不说:它们只不过是些理念罢了,我们也毕竟绝不能把它们视为多余的和毫无意义的。因为尽管由此不能规定任何客体,但它们毕竟在根本上并且不为人觉察地能够对于知性来说充当其扩展的和一致的应用的法规,由此知性虽然没有比它按照概念可能认识的更多地认识一个对象,但毕竟在这种认识中得到了更好的和更进一步的指导。更不用说,它们也许能够使从自然概念到实践概念的一种过渡成为可能,并使道德理念本身以这样的方式获得支持和与理性的思辨知识的联系"。① 这是我们从康德批判哲学的进一步展开中马上就要看到的。

二、我应当做什么?

康德指出,这个问题是纯然实践的,是由道德来回答的。康德用来回答这个问题的,是他的《道德形而上学的奠基》、《实践理性批判》、《道德

---

① 李秋零主编:《康德著作全集》第 3 卷,北京:中国人民大学出版社 2004 年版,第249—250 页。

形而上学》等一系列著作。

所谓实践理性,是人类理性的意志功能。康德在完成《纯粹理性批判》之后,似乎并无意对实践理性批判进行一番专门的批判。一方面,康德在《纯粹理性批判》中已经通过对第三组二论背反的说明确保了自由的理念,因而在讨论纯粹理性的建筑术时,康德明确地说:"人类理性的立法(哲学)有两个对象,即自然和自由,因而既包含自然规律,也包含道德法则,一开始以两个专门的哲学体系,最终则以一个唯一的哲学体系。……纯粹理性的哲学要么是在一切纯粹知识方面先天地研究理性能力的预科,并且叫做批判,要么是纯粹理性的体系(科学),并叫做形而上学;形而上学分为纯粹理性的思辨应用的形而上学和其实践应用的形而上学,因而或者是自然形而上学,或者是道德形而上学"。① 另一方面,康德在《纯粹理性批判》出版之后,连续发表的两部重要著作是1785年的《道德形而上学的奠基》和1786年的《自然科学的形而上学初始根据》,这说明康德的旨趣的确已转向了形而上学的创立工作。然而,康德尤其是在《道德形而上学的奠基》出版之后所受到的误解和责难,促使他认识到:"唯有对实践理性的一种详尽的批判才能消除这一切误解,并澄清恰好构成实践理性之最大优点的那种一贯的思维方式"。②

1. 自由与道德法则

前文我们曾经谈到过,康德承认,正是休谟的提醒首先打破了他的独断论迷梦,而且也谈到过自然必然性与自由的二论背反对于康德哲学的特殊意义。康德在晚年致友人的一封书信中,又一次提到了"独断论的迷梦":"我的出发点不是对上帝存在、灵魂不朽等等的研究,而是纯粹理

---

① 李秋零主编:《康德著作全集》第3卷,北京:中国人民大学出版社2004年版,第536—537页。
② 李秋零主编:《康德著作全集》第5卷,北京:中国人民大学出版社2007年版,第8页。

性的二论背反……'人有自由;以及相反地:没有任何自由,在人那里,一切都是自然的必然性'。正是这个二论背反,把我从独断论的迷梦中唤醒,使我转到对理性本身的批判上来,以便消除理性似乎与它自身矛盾这种怪事"。①

显然,始终以人为其思考中心的康德,面对他那个时代的哲学的特殊语境,最关注的依然是人身上自然与自由的关系问题。在对思辨理性的批判中,康德确立了先验的自由。也就是说,"思辨的理性在应用因果性概念时需要自由,以便拯救自己,摆脱它要在因果联结的序列中设想无条件者时就不可避免地陷入的二论背反;但它提出这一概念,只能是或然地,并非视其为不可思维的,它并不保证这一概念的客观实在性"。② 如今,保证自由概念的客观实在性,就成为实践理性批判的首要任务。理性的实践应用所关注的是意志的规定根据,因此这里出现的第一个问题就是:是纯粹理性独自就足以对意志作出规定,还是它唯有作为经验性上有条件的理性才能是意志的规定根据。实践理性批判就是要说明自由属于人的意志,进而说明纯粹理性能够是实践的,说明唯有纯粹理性,而不是经验性上受限制的理性,才是无条件地实践的。而要做到这一点,其前提是考察人的意志是否具有应当遵循的普遍必然法则,即道德法则。

康德首先区分了准则和法则。在他看来,人的意志可以按照两种方式受到规定,即主观准则和客观法则。如果意志的规定被主体视为仅仅对他自己的意志有效,这样的规定就是主观的准则。但如果意志的规定被视为不仅仅对其个人有效,而是对每一个理性的存在者都普遍有效,这种普遍的规定就是客观的法则。因为实践的法则必须是普遍必然的,必须对一切有理性的存在者的意志都有效。而为了保证法则的普遍有效性,它们就必须不是经验性的,也就是说,不能把欲求能力的一个客体

---

① 参见李秋零编译:《康德书信百封》,上海:上海人民出版社 2006 年版,第 242 页。
② 李秋零主编:《康德著作全集》第 5 卷,北京:中国人民大学出版社 2007 年版,第 4 页。

（质料）预设为意志的规定根据。否则,意志的规定根据就会是对一个对象的现实性感到的愉快,但是,对于任何一个对象的表象,无论什么样的,都不能先天地认识到,它是与愉快相结合还是与不快相结合,或者它是不相干的。因此,在这样一种情况下,意志的规定根据在任何时候都必然是经验性的,从而把这个规定根据预设为条件的那个实践的质料原则也必然是经验性的。这样的原则全都属于自爱或者自己的幸福的原则。它们虽然可以对主体来说充当准则,但由于缺乏必须被先天地认识到的客观必然性,所以绝不能充当实践的法则。

既然实践的质料原则绝不能充当实践的法则,这就意味着:如果一个有理性的存在者应当把他的准则设想为实践的普遍法则,那么,他就只能把这些准则设想为这样一些原则,它们不是按照质料、而是仅仅按照形式包含着意志的规定根据。"如果人们抽掉一切质料,亦即意志的任何对象（作为规定根据）,那么,除了一种普遍的立法的纯然形式之外,一个法则就不剩下什么东西了。因此,一个有理性的存在者要么根本不能把他的主观实践的原则亦即准则同时设想为普遍的法则,要么必须假定,这些准则的纯然形式,即它们适宜于普遍立法所依据的形式,独自就使它们成为实践的法则"。① 而既然法则的纯然形式只能由理性来表现,因此不是感官的对象,故而也不属于显象,所以,它的表象作为意志的规定根据就不同于按照因果性法则的自然中的种种事件的一切规定根据。因此,如果没有意志的任何别的规定根据,而只有那个普遍的立法形式能够对于意志来说充当法则,那么,这样一个意志就必须被设想为完全独立于显象的自然法则的,亦即独立于因果性法则的,进一步说独立于前后相继法则的。但这样一种独立性在最严格的亦即先验的意义上就叫做自由。因此,唯有准则的纯然立法形式才能够充当其法则的意志,就是一个自由意志。

---

① 李秋零主编:《康德著作全集》第 5 卷,北京:中国人民大学出版社 2007 年版,第29 页。

康德认为,他由此而借助道德法则说明了自由的客观实在性。对无条件实践的东西的认识不能从自由开始。原因在于:我们既不能直接地意识到自由,因为它的最初概念是消极的,也不能从经验推论到自由,因为经验给予我们供认识的只是显象的法则,从而只是自然的机械作用,这恰恰是自由的对立面。因此,正是我们(一旦我们为自己拟定意志的准则就)直接意识到的道德法则,才最先呈现给我们,并且由于理性把它表现为一个不能被任何感性条件胜过的甚至完全不依赖于这些条件的规定根据,而恰好导向自由概念。关于道德法则与自由的这种相互关系,康德在《实践理性批判》前言的一个注释中解释道:"当我现在把自由称做道德法则的条件而在后面的论述中断言道德法则是我们唯有在其下才能意识到自由的条件时,为了使人们在这里不至于误以为发现了不一致,我要提醒的仅仅是,自由当然是道德法则的 ratio essendi[存在根据],但道德法则却是自由的 ratio cognoscendi[认识根据]。因为如果不是在我们的理性中早就清楚地想到了道德法则,我们就绝不会认为自己有理由去假定像自由这样的东西(尽管自由并不自相矛盾)。但如果没有自由,在我们里面也就根本找不到道德法则"。① 这就是说,因为有自由,所以存在着道德法则,自由保证了道德法则的存在;自由虽然不可认识,但我们却可以凭着道德法则的存在而知道自由是实在的。

2. 定言命令式

道德法则的事实保证了自由的客观实在性,但这也正好说明,这种自由不是任意妄为的自由,而是一种立法的自由,换句话说,是一种"强制自己"的自由,道德法则必然是一种强制,是一个"命令式"。

人在实践领域之所以需要一种强制,乃是因为人是一种有限的理性

---

① 李秋零主编:《康德著作全集》第 5 卷,北京:中国人民大学出版社 2007 年版,第 5 页。

存在者。所谓"有限的",是指人不仅仅是一个理性存在者,而且还是一个自然存在者。如果人仅仅是理性存在者,他就会仅仅服从理性的法则,在这种情况下就无须道德强制。然而,人作为一种自然存在者,还同时服从自然法则,因此道德法则并不是人不可避免地必然服从的法则。实践理性是一种欲求能力,而欲求作为一种道德行动的动机,可能是多种多样的。因此,"对于一个不完全仅仅以理性为意志的规定根据的存在者来说,这种规则就是一个命令式,亦即以一个表示行动的客观必要性的应当为标志的规则,并且意味着,如果理性完全规定着意志,则行动就会不可避免地按照这个规则发生"。①

命令式可以有两种。一种是假言命令式,一种是定言命令式。假言命令式是一种有条件的命令式,它以意志规定的某种目的为前提条件。例如,"我不应当说谎,以免丧失信誉"。在这里,意志被指向了某种别的东西。我应当诚实是有条件的,诚实不是目的自身,而是实现别的目的的一种手段。这样的诚实固然是一种"好的"行为,但却不具备道德上的"善"。"如果命令式本身是有条件的,亦即不是把意志完全当做意志来规定,而是就一种被欲求的结果而言来规定,也就是说,是一些假言命令式,那么,它们虽然是实践的规范,但却不是法则"。② 而定言命令式则是一种无条件的命令式。它仅仅规定意志,不管它是否足以达成结果。这时的诚实只是因为应当诚实而诚实,诚实就是目的自身,不管它是否足以保证信誉,这样的诚实就具备了道德价值。"实践的法则仅仅与意志相关,而不管通过意志的因果性做到了什么,而且为了纯粹地拥有法则,人们可以把那种因果性(作为属于感官世界的东西)抽掉"。③

───────────

① 李秋零主编:《康德著作全集》第 5 卷,北京:中国人民大学出版社 2007 年版,第 20 页。
② 同上。
③ 同上书,第 21 页。

由于定言命令式除了法则之外,所包含的只是准则符合这法则的必然性,而法则却不包含任何限制自己的条件,所以,所剩下的就只是一个一般而言的法则的普遍性,行为的准则应当符合这法则,而且唯有这种符合才真正把命令式表现为必然的。在这种意义上,康德认为:定言命令式只有一个。《道德形而上学的奠基》中的表述是:"要只按照你同时能够愿意它成为一个普遍法则的那个准则去行动"。① 《实践理性批判》中的表述是:"要这样行动,使得你的意志的准则在任何时候都能同时被视为一种普遍的立法的原则"。② 康德把这个定言命令式称为"普遍的命令式",它强调的是道德法则对一切理性存在者的普遍性,或者说,意志的立法必须是一种普遍的立法。康德又把这个定言命令式称为"纯粹实践理性的基本法则",并认为它是一个被直接意识到的"事实":"人们可以把这条基本法则的意识称为理性的一个事实,这不是因为人们能够从理性的先行资料出发,例如从自由的意识出发(因为这个意识不是被预先给予我们的)玄想出这一法则,而是因为它独立地作为先天综合命题把自己强加给我们,这个先天综合命题不是基于任何直观,既不是基于纯粹的直观也不是基于经验性的直观,……为了把这条法则准确无误地视为被给予的,人们还必须注意:它不是任何经验性的事实,而是纯粹理性的唯一事实,纯粹理性借此宣布自己是源始地立法的"。③ 正是这个基本法则的意识,保证了自由的客观实在性。

但在《道德形而上学的奠基》中,康德对这个定言命令式还给予了其他两种表达。

质料的命令式:"你要如此行动,即无论是你的人格中的人性,还是其他任何一个人的人格中的人性,你在任何时候都同时当做目的,决不仅

---

① 李秋零主编:《康德著作全集》第 4 卷,北京:中国人民大学出版社 2005 年版,第 428 页。
② 李秋零主编:《康德著作全集》第 5 卷,北京:中国人民大学出版社 2007 年版,第 33 页。
③ 同上书,第 34 页。

仅当做手段来使用"。① 定言命令式的根本内容是使意志的主观准则能够成为客观法则。意志被设想为依据某些法则的表象来规定自己去行动的能力。而这样一种能力只能在理性存在者里面发现。如今,用来作为意志自己规定自己的客观基础的东西,就是目的,而目的如果是由纯然的理性给予的,那就必然对一切理性存在者同样有效。假定有某种东西,其存在自身就具有一种绝对的价值,它能够作为目的自身而是一定的法则的根据,那么,在它里面,并且唯有在它里面,就会有一种可能的定言命令式亦即实践法则的根据,而这就是"有理性的本性"或曰"人性"。康德把它称为"目的自身",这也就是康德所谓的"人是目的"。"每一个理性存在者都应当决不把自己和其他一切理性存在者仅仅当做手段,而是在任何时候都同时当做目的自身来对待"。② 这样的理性存在者的共同体就叫做"目的王国"。

自律的命令式:"每一个理性存在者都必须通过自己的意志的一切准则而把自己视为普遍立法者"。③ 道德性存在于一切行为与立法的关系中。但如果一个理性存在者服从另一个理性存在者的意志,就与"人是目的"的原则相悖。因此,这种立法必须是自己立法。但这样一来,立法就必须是普遍的立法。这里所说的"普遍"意味着,一方面每一个理性存在者都必须是立法者,另一方面每一个理性存在者的立法都必须对所有的理性存在者都有效。"唯有通过这种关系,一个目的王国才是可能的。但是,这种立法必须能够在每一个理性存在者自身发现,并从其意志产生。因此,其意志的原则是:不按照任何别的准则采取任何行动,除非该准则是一条普遍法则这一点能够与该准则相容,因而只这样采取行动,即意志能够通过其准则同时把

① 李秋零主编:《康德著作全集》第 4 卷,北京:中国人民大学出版社 2005 年版,第 437 页。
② 同上书,第 441 页。
③ 同上。

自己视为普遍立法者"。①

3. 自由的自律

从实践的质料原则不能充当道德法则、意志的规定根据只能来自于纯粹的立法形式、意志的普遍立法等表述可以清楚地看出,理性所遵守的只能是自己为自己确立的法则,这就是意志的"自律",与之相反的则是意志的"他律"。"意志的自律是一切道德法则和符合这些法则的义务的唯一原则;与此相反,任性的一切他律不仅根本不建立任何责任,而且毋宁说与责任的原则和意志的道德性相悖"。② 如果意欲的客体亦即质料进入立法的意志,自身的幸福或者自爱成为意志的规定根据,那么,由此就形成意志的他律。在这种情况下,意志给自己提供的就只是遵循法则的规范,而不是道德法则。由此产生的行动即便是合乎法则的,也是与道德意向相悖的。道德性只能产生自自己为自己立法的意志。道德性的唯一原则就在于对法则的一切质料具有独立性,并通过一个准则必须能够具有的纯然普遍立法形式来规定人的任性。但康德认为,这种独立性只是一种消极意义上的自由。真正积极意义上的自由是实践理性的自律,是自己为自己立法。唯有通过自律,自由才具有因果性。意志凭借自身中的自律原则,使自己的主观准则上升为对一切有理性者都普遍有效的客观法则,同时也是使客观法则转化为自己的主观准则,道德法则的强制由此也就转化为自由。在这种意义上,自由和必然就获得了统一。至此,康德最终回答了"我应当做什么"的问题。

借助于自律,康德也确立了实践理性对于思辨理性的"优先地位"。思辨理性和实践理性都具有先天形式,思辨理性以自己的先天形式为自

---

① 李秋零主编:《康德著作全集》第 4 卷,北京:中国人民大学出版社 2005 年版,第 442 页。

② 李秋零主编:《康德著作全集》第 5 卷,北京:中国人民大学出版社 2007 年版,第 36 页。

然立法,实践理性则以自己的先天形式为自己立法。思辨理性以先天形式统摄质料,达到对客体的认识,从而自己与自己一致,实践理性则以先天形式规定意志,创造出自己的客体(行动),从而扩展自己。如果实践理性不具有自由,受制于客体,受制于思辨理性为它提供的自然必然性,实践理性就隶属于思辨理性。但现在,实践理性借助于自由的自律及其因果性,规定意志超出自身而进入显象世界,使得思辨理性隶属于实践理性。"因此,在纯粹思辨理性与纯粹实践理性结合成为一种知识时,后者占有优先地位"。① 康德在实践理性统治理论理性的意义上确立了理性的统一性。由此,"自由的概念,就其实在性通过实践理性的一条无可置疑的法则得到证明而言,如今构成了纯粹理性的、甚至思辨理性的一个体系的整个大厦的拱顶石"。②

三、我可以希望什么?

康德指出,这个问题既是思辨的,也是实践的,是由宗教来回答的。康德在《纯粹理性批判》中对"理性神学"的批判,可以视为思辨意义上的宗教学说,而在《实践理性批判》和《纯然理性界限内的宗教》中,康德提出了"道德神学"的思想,可以视为实践意义上的宗教学说。

1. 幸福与至善

在康德的伦理学中,道德法则作为定言命令式,要求在规定意志时仅仅从道德义务出发,不以行为的结果为目的。康德认为,这样的意志规定就是德性,就是最高的善。然而,康德也清楚地知道,人作为理性的存在者,在遵循道德法则的时候不可能不考虑到行为的结果。"即使道德为

---

① 李秋零主编:《康德著作全集》第 5 卷,北京:中国人民大学出版社 2007 年版,第 129 页。

② 同上书,第 4 页。

了自己本身起见，并不需要必须先行于意志规定的目的观念，它也很可能与这样的目的有一种必然的关系，也就是说，它不是把这样一种目的当做依照法则所采用的准则的根据，而是把它当做它的必然结果。——原因在于，倘若不与目的发生任何关系，人就根本不能做出任何意志规定，因为意志规定不可能没有任何结果，而结果的观念必然能够被接受，虽然不是作为任性的规定根据和在意图中先行的目的，但却是作为它被法则规定为一个目的而产生的结果……被接受。没有这一目的，任性就不能满足自己本身"。①

因此，人不可能不提出这样的问题："如果我如今做我应当做的，那么我在这种情况下可以希望什么？"②

康德的这个问题与前两个问题不同之处在于，前两个问题都是无条件的，而这第三个问题则是有条件的，即"做我应当做的"。"希望"不能是"做我应当做的"的前提条件，因为那会导致"他律"，会取消行为的道德性，但"做我应当做的"却必须是"希望"的前提条件，唯有在"做我应当做的"这个前提条件下，才可以、才有资格提出"希望"。

康德对这个问题的回答是："一切希望都是指向幸福的"。"幸福是我们一切偏好的满足（既在广度上就满足的杂多性而言，也在深度上就程度而言，还在绵延上就存续而言）"。③

康德在伦理学中坚决反对把幸福作为德性的根据，但这并不意味着二者是矛盾的。"幸福原则与道德原则的这一区分并不因此就马上是二者的对立，而且纯粹实践理性并不要求人们放弃对幸福的要求，而是仅仅要求只要谈到义务，就根本不考虑幸福。就某个方面来说，照管自己的幸福甚至也可以是义务：这部分地是因为幸福（技巧、健康、财富都属于此

---

① 李秋零主编：《康德著作全集》第 6 卷，北京：中国人民大学出版社 2007 年版，第 5 页。

② 李秋零主编：《康德著作全集》第 3 卷，北京：中国人民大学出版社 2004 年版，第 514 页。

③ 同上。

列)包含着履行他的义务的手段,部分地是因为幸福的缺乏(例如贫穷)包含着逾越他的义务的诱惑"。① 更为重要的是,德性虽然是至上的善,但却唯有与幸福相结合,才能构成完整的和完满的善。"德性(作为配享幸福的条件)是一切在我们看来只要可能就值得期望的东西,因而也是我们谋求幸福的一切努力的至上条件,所以是至上的善……但是,它因此就还不是作为有理性的有限存在者的欲求能力之对象的完整的和完满的善;因为要作为这样的善,就还要求有幸福"。② 康德把这种"完整的和完满的善"称之为"至善",它是实践理性的必然客体。

不过,这种"至善"的实现,就不是伦理学所能够和应当解决的问题了。"即便道德,真正说来也不是我们如何使得自己幸福的学说,而是我们应当如何配享幸福的学说。唯有当宗教出现时,也才出现我们有朝一日按照我们曾关注不至于不配享幸福的程度来分享幸福的希望。……人们必须永远不把道德当做幸福学说,亦即当做一种分享幸福的指南来对待;因为它只与幸福的理性条件(conditio sine qua non[必要条件])相关,而与获得幸福的手段无关。但是,如果道德(它仅仅提出义务,但不给自私的愿望提供规则)得到完备的阐述,唯有在这种情况下,当此前没有一个自私的灵魂能够产生的促进至善(给我们带来上帝之国)的道德愿望被唤醒,并为了这个愿望迈出了走向宗教的步伐之后,这种道德学说才能够也被称为幸福学说,因为对幸福的希望是随着宗教才开始的"。③ 在这样的意义上,康德提出了"道德必然导致宗教"的学说。

道德之所以必然导致宗教,源自于实践理性的二论背反。实践理性一方面要求德与福的结合,但另一方面,德与福的结合在现实世界却不存在必然性。德性与幸福的结合要么是分析的,要么是综合的。德性是指

---

① 李秋零主编:《康德著作全集》第 5 卷,北京:中国人民大学出版社 2007 年版,第99 页。

② 同上书,第 117 页。

③ 同上书,第 137—138 页。

人的道德意向和道德力量,是人努力使行为准则与道德法则相符;幸福则是指人对生活乐趣的需要的满足。二者不是逻辑上的同一关系,不能从一个分析出另一个。所以,它们必须被综合地、确切地说被当做原因与结果的联结来设想。但综合的做法也行不通。因为对于综合来说,"要么对幸福的欲求是德性的准则的动因,要么德性的准则必须是幸福的作用因。前者是绝对不可能的:因为……把意志的规定根据设定在对自己的幸福的要求之中的准则根本不是道德的,不能建立任何德性。但后者也不可能,因为世界上的任何原因和结果的实践联结,作为意志规定的后果,都不是取决于意志的道德意向,而是取决于对自然法则的知识和为了自己的意图而利用这种知识的物理能力,因而不能在世界上通过一丝不苟地遵守道德法则来期望幸福与德性的任何一种必然的和足以达到至善的联结"。① 至善的实现似乎成了一件不可能的事情。

2. 实践理性的公设

为了走出困境,康德再次求助于本体与现象的划分。"这两个命题中的第一个命题,即对幸福的追求产生出有德性的意向的一个根据,是绝对错误的;但第二个命题,即德性意向必然地产生幸福,则并不是绝对错误的,而是仅仅就德性意向被视为感官世界中的因果性的形式而言,因而当我把感官世界中的存在当做理性存在者的唯一实存方式时,才是错误的,因而只是有条件地错误的。但是,既然我不仅有权把我的存在也设想为一个知性世界中的本体,而且甚至在道德法则上拥有我的(感官世界中的)因果性的一个纯粹理智的规定根据,所以,意向的道德性作为原因,而与作为感官世界中的结果的幸福拥有一种即便不是直接的,但也毕竟是间接的(以自然的一个理知的创造者为中介),而且是必然的联系,

---

① 李秋零主编:《康德著作全集》第 5 卷,北京:中国人民大学出版社 2007 年版,第 121 页。

这并非不可能"。① 具体地说,康德以实践理性的三个"公设"来解决这个问题,这就是意志自由、灵魂不死和上帝存在。

所谓"公设"(Postulat),是一个来自拉丁语的词汇,其原意是一种强烈的要求。如前所述,意志自由是道德的存在根据。但是,意志与道德法则的完全适合是没有一个感官世界的理性存在者在其存在的某一时刻能够达到的一种完善性,所以它就唯有在向着完全适合的一种无限进展的进步中才能被发现,因此这种无限的进步就唯有预设同一个理性存在者的一种无限绵延的实存和人格性(人们把这称为灵魂的不死)才是可能的。这样,意志自由和灵魂不死就是人配享幸福这个德福结合的必要前提的不可缺少的两个"公设"。而上帝存在的公设,则是德福结合的一个保证。"唯有假定自然的一个拥有与道德意向相符合的因果性的至上原因,尘世中的至善才是可能的。现在,一个能够按照法则的表象采取行动的存在者就是一个理智(理性存在者),而且这样一个存在者按照法则的这种表象的因果性就是他的意志。因此,自然的至上原因,就其为至善而必须被预设而言,就是一个通过知性和意志而是自然的原因(因而是创造者)的存在者,亦即上帝。所以,派生的至善(最好的世界)的可能性的公设同时就是一个源始的至善的现实性的公设,亦即上帝的实存的公设"。② 德性是人的至善,德福结合是世界的至善,但世界的至善只是一种派生的至善,它必须以源始的至善即上帝的至善为根据。上帝的至善是尘世的至善的保证,而尘世的至善则是上帝的至善的体现。"因为需要幸福,也配享幸福,尽管如此却没有分享幸福,这是与一个同时拥有一切权力的理性存在者的完善意愿根本不能共存的,哪怕我们只是尝试设想这样一个存在者。现在,如果德性和幸福在一个人格中共同构成对至善的拥有,但此处完全精确地与道德(作为人格的价值及其对幸福的配

① 李秋零主编:《康德著作全集》第 5 卷,北京:中国人民大学出版社 2007 年版,第122 页。

② 同上书,第 132—133 页。

享)成正比来分配的幸福也构成一个可能世界的至善,那么,这种至善就意味着整体,意味着完满的善,但德性在其中始终作为条件是至上的善,因为它不再有在自己之上的任何条件,幸福则始终是虽然使拥有它的人惬意但却并非独自就绝对善并在一切考虑中都善的某种东西,而是在任何时候都以道德上的合乎法则的行为为前提条件"。①

这样,绝对不需要宗教的道德就必然导致了宗教。一方面,"既然道德是建立在人这种自由的存在者的概念之上的,人这种存在者又正因为自由而通过自己的理性使自己受无条件的法则制约,那么,道德也就既不为了认识人的义务而需要在人之上的另一种存在者的理念,也不为了遵循人的义务而需要不同于法则自身的另一种动机。……因此,道德为了自身起见,……绝对不需要宗教,相反,借助于纯粹的实践理性,道德是自给自足的"。② 另一方面,"如果应该把最严格地遵循道德法则设想为造成至善(作为目的)的原因,那么,由于人的能力并不足以造成幸福与配享幸福的一致,因而必须假定一个全能的道德存在者来作为世界的统治者,使上述状况在他的关怀下发生。这也就是说,道德必然导致宗教"。③

康德的批评者认为他从"后门"又放进了在《纯粹理性批判》中已经驱逐了的上帝。但实际上,康德在《纯粹理性批判》中根本没有驱逐上帝,而仅仅是否定了证明上帝存在的可能性,但他并没有否定上帝的存在。实践理性批判的根本目的是确立自由的概念,而上帝存在不过是实践理性需要的一个"公设"罢了。在这种意义上,自由是道德法则的"存在根据",但上帝和灵魂不死却不是,它们仅仅是一个由道德法则来规定的意志的必然客体即至善的条件。但借助于自由,作为纯然的理念在思辨理性中依然没有支撑的上帝存在和灵魂不死,如今与自由一起并通过

---

① 李秋零主编:《康德著作全集》第 5 卷,北京:中国人民大学出版社 2007 年版,第 118 页。

② 李秋零主编:《康德著作全集》第 6 卷,北京:中国人民大学出版社 2007 年版,第 4 页。

③ 同上书,第 8 页。

自由获得了持存和客观的实在性。换句话说,它们的可能性由于自由是现实的而得到了证明。这也正是自由作为批判哲学的整个体系的"拱顶石"的根本含义。

3. 人的根本恶

人为了得享幸福,必须首先使自己配享幸福,配享幸福的唯一条件就是道德。在康德的伦理学中,道德表现为一种"应当",而不是"现实"。如何使人具备道德的问题,把康德引向了对现实的人的分析,从而得出了"人的根本恶"的结论。

所谓"根本恶",也可以说是"本性恶"。古今中外,人性善恶的问题是一个长盛不衰的话题,由此形成的学说可谓是千差万别。康德从西方思想史的发展指出,这些学说究其根本不外两种:性善论和性恶论。但由于这两种学说都同样遇到了经验即现实的挑战,也有人试图找出第三条道路,认为人的本性既不是善的也不是恶的,或者既是善的也是恶的,或者是部分善部分恶的。

康德对这些学说都不以为然。他认为,上述学说之所以未能真正地理解人性,其根本原因在于把人的本性当作了自由的对立面,或者说,把人的本性理解为一种自然而然的东西,没有认识到自由恰恰是本性的根源。在康德看来,所谓人的本性,只不过是人"(遵从客观的道德法则)一般地运用人的自由的、先行于一切被察觉到的行为的主观根据"。[①] 但作为运用自由的根据,它又不是自由的对立物,不是自然的本能,甚至也不是先行于自由的;它自身必须又是出自自由的一个行为。因为自由是道德的唯一根据,如果本性不是出自自由,它也就不是道德上的,就不能归责于人。因此,人性善恶的根据不可能存在于借助偏好来规定任性的外在客体中,不可能存在于任何自然冲动中,而是只能存在于任性为了运用

---

① 李秋零主编:《康德著作全集》第 6 卷,北京:中国人民大学出版社 2007 年版,第 19 页。

自己的自由而为自己制定的规则中。因此,本性作为出自自由的行为,并不是外在的、可以察觉的行为,而是意志的活动,是通过任性选择动机、确立准则、形成意念的活动。"所以,人心中的善或者恶(作为就道德法则来说采纳这个或者那个准则的主观原初根据)就只是在这样的意义上才叫做生而俱有的,即它被看做先于一切在经验中给定的自由运用(从孩童时代一直追溯到出生)而被奠定为基础的,是随着出生就同时存在于人心中的;而不是说出生是它的原因"。[①] 生而具有的善恶意念与人的道德责任并不矛盾。"所谓天生具有这种或者那种意念,作为与生俱有的属性,在这里也并不就意味着,意念根本不是由怀有它的人获得的,即是说,人不是意念的造成者;而是意味着,它只不过不是在时间中获得的(即人从幼年起就一直是这样的或者那样的)罢了。意念,即采纳准则的原初主观根据,只能是一个唯一的意念,并且普遍地指向自由的全部应用。但是,它自身却必须由自由的任性来采纳。若不然,它就不能被考虑在内"。[②] 康德认为,只有在我们自己(或者说我们的自由)是我们的本性的造成者的情况下,我们才能够讨论人的本性的善或者恶。

基于对本性的这种理解,康德具体地分析了人的本性中所蕴含的善的禀赋和恶的倾向。

康德首先列举了人的本性中所包含的三种向善的原初禀赋:第一种是与生命相联系的动物性禀赋,康德称之为机械性的自爱,包括自保、性本能、社会本能等;第二种是与理性相联系的人性禀赋,康德称之为比较性的自爱,即在与他人的比较中来判定自己是否幸福,追求平等,并谋求比他人优越;第三种则是与责任相联系的人格性禀赋,康德称之为在敬重道德法则方面的敏感性。它把道德法则当做自身充足的动机,是一种道德情感。康德认为,这三种禀赋都不仅仅在消极的意义上是善的,即与道

---

① 李秋零主编:《康德著作全集》第 6 卷,北京:中国人民大学出版社 2007 年版,第 20 页。

② 同上书,第 23 页。

德法则没有冲突,而且还都是积极的向善禀赋,即促使人们遵循道德法则。它们都是源始的,因为它们都属于人的本性的可能性。不过,就前两种禀赋而言,存在着人们与目的相违背地使用它们的可能性,在它们之上可以嫁接各种各样的恶习。例如在动物性禀赋之上可以嫁接饕餮无度、荒淫放荡、目无法纪等;在人性禀赋之上可以嫁接嫉贤妒能、忘恩负义、幸灾乐祸等。但尽管如此,人们并不能根除它们中的任何一个,因为它们都是源始的。至于第三种即人格性的禀赋,在它之上绝对不能嫁接任何恶的东西。因此,它也是康德最为重视的向善禀赋。

进而,康德又列举了人的本性所包含的三种趋恶的自然倾向:第一种是人的心灵在遵循已被接受的准则方面的软弱无力,或者说人的本性的脆弱,即有心向善却没有坚强的意志去履行;第二种是把非道德的动机与道德的动机混杂起来,即不纯正,也就是说,虽然有心向善并且有足够的力量去实施,但却不仅仅把道德法则当做充足的、唯一的动机采纳入准则,而是在大多数情况下(也许在任何时候)还需要道德法则之外的其他动机;第三种是人心的恶劣或者堕落,即采纳恶的准则,把出自道德法则的动机置于其他非道德的动机之后,因而也叫做心灵的颠倒。康德认为,前两种趋恶倾向(脆弱和不纯正)是无意的罪,而第三种(心灵的恶劣)却是有意的罪,其特征是人心的某种奸诈,在道德意念上自欺且欺人,所以它也是康德最重视的趋恶倾向。

善的禀赋与恶的倾向共居于人的本性之中,善作为一种源始的自然禀赋,是人既不能建立也不能根除的。而恶是一种倾向,倾向是就一般人性而言偶然产生的偏好(习惯性的欲望)之可能性的主观根据。"倾向与一种禀赋的区别在于,它虽然也可能是与生俱有的,但却不可以被想象为与生俱有的,而是也能够被设想为赢得的(如果它是善的),或者由人自己招致的(如果它是恶的)"。① 也就是说,倾向虽然能够是天生的,但也

---

① 李秋零主编:《康德著作全集》第 6 卷,北京:中国人民大学出版社 2007 年版,第 28 页。

可以被设想为人为的。如果可以把这种倾向设想为普遍地属于人的(因而被设想为属于人的族类的特性),那么,这种恶就将被称做人的一种趋恶的自然倾向。"人是恶的"这一命题无非是要说,人意识到了道德法则,但又把偶尔对这一原则的背离纳入自己的准则。人天生是恶的,这无非是说,这一点就其族类而言是适用于人的。并不是说,好像这样的品性可以从人的类概念(人之为人的概念)中推论出来(因为那样的话,这种品性就会是必然的了),而是如同凭借经验对人的认识那样,只能据此来评价人。或者可以假定在每一个人身上,即便是在最好的人身上,这一点也都是主观上必然的。由于这样的恶只能源自人的自由的任性,是人咎由自取的,所以是道德上的恶。又由于这样的恶败坏了一切准则的根据,同时又是不能借助于人力剔除的,所以它是一种根本的恶。

恶既然可以是后天人为的,康德就面临着一个恶的起源问题。起源可以是时间上的起源,也可以是理性上的起源。而在康德看来,为道德上的恶寻求时间上的起源,无疑是自相矛盾的。因为恶既然是道德上的,就说明它服从的是自由法则,是自由意志的结果,是超时间、超自然的,是人应负责任的;而时间上的起源服从的是自然法则,因此,为道德上的恶寻求时间上的起源,实际上意味着我们不必为恶负责任。基督教神学所倡导的原罪说,实质上就是用时间上的起源来解释现实中的恶。它用人类始祖的罪作为一种遗产来解释我们的恶,其结果是让人类的始祖为今人的恶负责。它是为恶寻求时间上的起源的最典型例证。所以康德认为:"无论人心中在道德上的恶的起源是什么性质,在关于恶通过我们族类的所有成员以及在所有的繁衍活动中传播和延续的种种表象方式中,最不适当的一种方式,就是把恶设想为是通过遗传从我们的始祖传给我们的"。① 既然恶是一种道德属性,就只能寻求它在理性上的起源,即逻辑上的起源。

---

① 李秋零主编:《康德著作全集》第 6 卷,北京:中国人民大学出版社 2007 年版,第 40 页。

在逻辑上,康德既反对用感性和自然偏好来解释恶,也反对用理性的腐败来说明恶。首先,恶的根据并不在于人的感性以及由此产生的自然偏好。因为它们与道德上的恶并没有直接的关系,毋宁说还为德性提供了机会。恶的根据也不在于为道德立法的理性的腐败。因为作为自由存在者,人已经摆脱了自然法则,如果再设想人把恶之为恶作为动机采纳入自己的准则,就等于说人又摆脱了自由存在者所特有的道德法则,从而设想出一种不遵循任何法则的存在者,这是自相矛盾的。相反,"无论以什么样的准则,人(即使是最邪恶的人)都不会以仿佛叛逆的方式(宣布不再服从)来放弃道德法则。毋宁说,道德法则是借助于人的道德禀赋,不可抗拒地强加给人的。而且,如果没有别的相反的动机起作用,人就也会把它当做任性的充分规定根据,纳入自己的最高准则,也就是说,人就会在道德上是善的"①。用感性说明恶只会把人变成动物般的存在者,而用理性的腐败说明恶,则会把人变成恶魔般的存在者。康德认为,它们都是不可取的。

那么,恶在理性上或者逻辑上的起源究竟何在呢?康德告诉我们:这是不可探究的。因为所谓根本的恶,也就是在把包括道德法则在内的各种动机采纳入自己的准则时颠倒了它们的道德次序,把自爱等动机当做遵循道德法则的条件,从而形成了恶的意念,它是人运用自由的全部行为的源始主观根据。但我们却不能再为这种颠倒寻找主观根据。因为这种颠倒作为出自自由的恶的行为,其主观根据只能再追溯到动机的道德次序的颠倒,从而使人陷入一种无穷的追溯之中。恶起源于人的自由,而自由之所以为自由,恰恰在于它摆脱了一切因果关系。因此,如果要为这种自由再寻求什么根据或者起源,必然是一件不可能有结果的工作。

---

① 李秋零主编:《康德著作全集》第 6 卷,北京:中国人民大学出版社 2007 年版,第35—36 页。

4. 人的改恶向善

具有根本恶的人是否有重新向善的可能性,以及重新向善的途径何在,是康德所关注的问题。

康德认为,人在堕落之后重新向善的可能性首先就在于,在道德上立法的实践理性并没有腐败。因此,"即使有那种堕落,'我们应当成为更善的人'这一命令,仍毫不减弱地回荡在我们的灵魂中"。① 所谓重新向善,康德称之为"重建向善的原初禀赋",但这决不意味着寻回某种已经失去了的东西。"在我们身上重建向善的原初禀赋,并不是获得一种丧失了的向善的动机;因为这种存在于对道德法则的敬重之中的动机,我们永远也不会丧失。要是会丧失的话,我们也就永远不能重新获得它了。因此,这种重建,仅仅是建立道德法则作为我们所有准则的最高根据的纯粹性。按照这种纯粹性,道德法则不是仅仅与其他动机结合在一起,或者甚至把这些动机(偏好)当做条件来服从,而是应该以其全然的纯粹性,作为规定任性的自身充足的动机,而被纳入准则。原初的善也就是在遵循自己的义务方面准则的圣洁性,因而是纯然出自义务的。这使那把这种纯粹性纳入自己的准则的人,虽然自身还并不由此就是圣洁的(因为在准则和行为之间还有很大距离),但却是已经踏上了在无限的进步中接近圣洁性的道路"。②

既然所谓的根本恶,无非就是在把包括道德法则在内的各种动机采纳入自己的准则时颠倒了它们的道德次序,把自爱等动机当做了遵循道德法则的条件,从而形成了恶的意念。因此,"人的道德修养必须不是从习俗的改善,而是从思维方式的转变和从一种性格的确立开始"。③ 习俗

---

① 李秋零主编:《康德著作全集》第 6 卷,北京:中国人民大学出版社 2007 年版,第 45 页。
② 同上书,第 46—47 页。
③ 同上书,第 48—49 页。

的改善只能逐一地与各种特殊的、偶然的恶做斗争，并不能触动它们的普遍根据，由此造成的只是合乎法则的行动，而不是道德上善的人。因此，康德不赞成用贤良方正的道德行为来进行道德教育。"教人去惊赞有道德的行动，无论这样的行动要求做出多大的牺牲，都不是学习者的心灵对道德上的善所应保持的正当情调。因为无论一个人如何有道德，他所能够做出的一切善行，都毕竟仅仅是义务；而履行自己的义务，也无非就是做在通常的道德秩序之中的事情，从而也就是不值得惊赞的。毋宁说，这样的惊赞是我们的道德情感的一种变质，好像顺从义务是某种非同寻常的、有功劳的事情似的"。① 在他看来，真正值得惊赞的只能是我们里面的原初道德禀赋。"在我们的灵魂中有一样东西，我们如果恰如其分地将它收入眼底，就禁不住要以极大的惊赞看待它。此时，惊赞是正当的，同时亦是振奋人心的。而这种东西就是我们里面的一般的原初道德禀赋"。② 所以，道德教育的任务不是造就合乎道德法则的行为，而应是培养人的道德情感，并由此造就出道德的人。"经常激励自己的道德使命的崇高感，作为唤醒道德意念的手段，是特别值得称颂的，因为它正好抑制着把我们的任性的准则中的动机颠倒过来的那种生而俱有的倾向，以便在作为所有可被采纳的准则的最高条件的对法则的无条件敬重中，重建各种动机中的原初的道德秩序，并由此而重建人心中向善禀赋的纯粹性"。③ 这样的重建也就是人的意念中的一场革命。

但是，在根本上已经堕落了的人，怎么可能凭借自己的力量实现这一革命，自动地成为一个善人呢？基督教把希望寄托在上帝的救赎上面，但这与康德的道德自律无法相容。"假定为了成为善的或者更加善的，还需要一种超自然的协助，无论这种协助是仅仅在于减少障碍，还是也做出

---

① 李秋零主编：《康德著作全集》第 6 卷，北京：中国人民大学出版社 2007 年版，第 49 页。
② 同上。
③ 同上书，第 51 页。

积极的援助,人都必须事先就使自己配得上接受这种协助。……只有这样,善才能被归诸于他,他才能被看做是一个善的人"。① 但是,除了道德之外,人又没有别的方法使自己配得上接受这种协助。因此,康德最终无法解释他所说的这种"灵魂深处爆发革命"何以可能,只好从"应该"推论出"能够",宣称:"义务命令我们做这件事,而义务也仅仅命令我们做自己力所能及的事情。"②

康德虽然强调道德的自律,强调修德是道德主体个人的事情。但他同时也重视道德环境在个人修德问题上的重要性。在康德看来,"道德上的至善并不能仅仅通过单个的人追求他自己在道德上的完善来实现,而是要求单个的人,为了这同一个目的联合成为一个整体,成为一个具有善良意念的人们的体系。只有在这个体系中,并且凭借这个体系的统一,道德上的至善才能实现"。③ 原因在于,即使一个人通过思维方式中的革命确立了向善的意念,这也只是迈出了善战胜恶的第一步。此时,他依然总是受到恶的原则的侵袭。这种侵袭并不是在他离群索居的情况下,来自他自己的粗野的本性,而是来自他身处其中的社会。只要他生活在人群之中,甚至无须假定人们都已经堕落入恶,充当了教唆他为恶的榜样,单是妒忌心、统治欲、占有欲等等,就会马上冲击着他那本来易于知足的本性,足以使他变恶了。他或者是必须防范别人,或者是产生要压倒别人的欲望。康德把这种现象称作伦理的自然状态。"伦理的自然状态也是对德性法则的一种公共的、相互的损害,是一种内在的无道德的状态;自然的人应该勉励自己尽可能快地走出这种状态。"④因此康德要求,所有想要改恶向善的人们都应该联合起来,形成一个"伦理共同体",以此来促进每一个人的道德修养。尽管康德在此强调道德环境的重要性,但这

---

① 李秋零主编:《康德著作全集》第6卷,北京:中国人民大学出版社2007年版,第45页。
② 同上书,第48页。
③ 同上书,第98页。
④ 同上书,第97页。

个"伦理共同体"的基础仍然是个人的道德自律,因为这个"伦理共同体"是完全建立在自觉自愿的基础之上的,是以个人在道德上改恶向善的要求为前提的。

四、目的论原则

在完成了《实践理性批判》之后,康德本来已经回答了他为自己提出的三个问题。然而,康德在此时发现,理性的两种能力——理论理性和实践理性——的划分,实际上造成了哲学体系的割裂。作为一种先天的立法能力,理论理性为自然立法,实践理性为自己立法,二者在经验的同一个地域上有两种不同的立法,一种立法不可以损害另一种立法。自然概念对于通过自由概念的立法没有影响,同样,自由概念也不干扰自然的立法。"但是,这两个虽然不在其立法上但毕竟在其感官世界中的作用上不停地相互限制的不同领域,却构不成一个东西,其原因在于:自然概念虽然在直观中表现其对象,但却不是将之表现为物自身,而是表现为纯然的显象,与此相反,自由概念在它的客体中虽然表现物自身,但却不是在直观中表现的,因而双方没有一方能够获得关于自己的客体(甚至关于能思维的主体)作为物自身的一种理论知识"。① 这样一来,在作为感性东西的自然概念领域和作为超感性东西的自由概念领域之间就有了一道明显的鸿沟。

康德意识到,要想保证理性的统一,就必须克服这道鸿沟,或者说,在这两个领域之间架起一座桥梁,使得二者之间的沟通和协调成为可能。现在,从自然概念领域到自由概念领域似乎不可能有任何过渡,前一个世界不能对后一个世界有任何影响。但是,后一个世界毕竟应当对前一个世界有影响,也就是说,自由概念应当使通过它的法则所提出的目的在感

---

① 李秋零主编:《康德著作全集》第 5 卷,北京:中国人民大学出版社 2007 年版,第 184 页。

官世界中成为现实。为此,自然必须也能够这样来设想,即它的形式的合法则性至少与要在它里面造就的目的按照自然法则的可能性相协调。或者说,感官世界或者自然界也应当具有"合目的性",从而使从自然领域到自由领域的过渡成为可能,使自由的目的在自然之中得以实现。同样,在理论理性和实践理性之间,或者说在知性和理性之间,也必须有一个中间环节,这就是判断力。人的一切灵魂能力或者机能都可以被回溯到三种不能再从一个共同根据推导出来的能力,这就是认识能力、愉快和不快的情感、欲求能力。对于认识能力来说,唯有知性是立法的。对于欲求能力来说,唯有理性是立法的。康德过去曾认为不可能为愉快和不快的情感找到一种先天原则,但现在他找到了。① "在认识能力和欲求能力之间所包含的是愉快的情感,就像在知性和理性之间所包含的是判断力一样。因此,至少暂时可以猜测,判断力同样独自包含着一个先天原则,而且既然与欲求能力必然结合在一起的是愉快或者不快的情感……,判断力同样将造成从纯粹的认识能力、亦即从自然概念的领域向自由概念的领域的一种过渡,就像它在逻辑应用中使得从知性向理性的过渡成为可能一样"。②

1. 判断力

如前所述,判断是知识的最基本形式,而判断则无非是普遍与特殊的关系。所以,一般而言的判断力也就是把特殊的东西当做包含在普遍的东西之下,来对它进行思维的能力。判断力有两类:规定性的判断力和反思性的判断力。"如果普遍的东西(规则、原则、法则)被给予了,那么,把特殊的东西归摄在普遍的东西之下的判断力……就是规定性的。但如果只有特殊的东西被给予了,判断力为此必须找到普遍的东西,那么,这种

---

① 参见李秋零编译:《康德书信百封》,上海:上海人民出版社 2006 年版,第 111 页。
② 李秋零主编:《康德著作全集》第 5 卷,北京:中国人民大学出版社 2007 年版,第 188 页。

判断力就纯然是反思性的"。① 规定性的判断力是将直观杂多归摄在知性提供的普遍的先验法则之下的能力，它自身并没有特殊的法则。然而，知性所提供的先验原理是最普遍最一般的法则，而自然却有如此多种多样的形式，它们通过纯粹知性的先天立法依然没有得到规定，因而必须为这些特殊的东西立法。这就需要一种为特殊事物寻找特殊法则，力图从特殊上升到普遍的能力，即"反思性的判断力"，而且为了保证无限多样的事物归属于统一的自然秩序，它也需要一个先验原理来反思这些事物。"反思性的判断力的职责是从自然中的特殊的东西上升到普遍的东西，因此它需要一个原则，它不能从经验借来这个原则，因为这原则恰恰应当为一切经验性的原则在同样是经验性的但却更高的原则之下的统一性提供根据，因而为这些原则相互之间的系统隶属的可能性提供根据。因此，这样一个先验原则，反思性的判断力只能当做法则自己立给自己，不能从别处拿来（因为若不然，它就会是规定性的判断力了），也不能指定给自然，因为关于自然法则的反思取决于自然，而自然并不取决于我们力图去获得一个就这些法则而言完全是偶然的自然概念所依据的那些条件"。② 康德所找到的这个先验原则就是"合目的性原则"。

康德认为，关于一个客体的概念，只要同时包含着这个客体的现实性的根据，就叫做"目的"，而一个事物与各种事物的那种唯有按照目的才有可能的性状的协调一致，就叫做该事物的形式的合目的性。自然的合目的性是一个特殊的先天概念，它仅仅在反思性的判断力中有其起源。但是，康德也明确指出，反思性的判断力凭借这个原则不是给自然指定法则，而是为了对自然的反思而给它自己指定法则。这一法则不是判断力先天地在自然身上认识到的，而是它为了自然的一种可以为我们的知性所认识的秩序，在它关于其普遍的法则所做的划分中，当它要使特殊法则

---

① 李秋零主编：《康德著作全集》第 5 卷，北京：中国人民大学出版社 2007 年版，第 188—189 页。

② 同上书，第 189 页。

的一种多样性隶属这些普遍法则时所假定的。因此,它不是建构性的法则,而只能是范导性的法则。借助于合目的性原则,康德完成了知性的立法与理性的立法、自然与自由的联结。"按照自由概念的结果就是终极目的,它(或者它在感官世界中的显象)应当实存着,为此人们预设了它在自然中的可能性的条件(即作为感官存在者、也就是作为人的那个主体的可能性的条件)。先天地、不顾及实践而预设这些条件的东西,即判断力,在自然的一种合目的性的概念中,提供了自然概念和自由概念之间的中介概念,这个概念使得从纯粹的理论理性到纯粹的实践理性、从按照前者的合法则性到按照后者的终极目的的过渡成为可能"。①

合目的性也分为两类:形式的合目的性和实在的合目的性。合目的性如果是出自一种纯然主观的根据,就是形式的。而如果出自一种客观的根据,就是实在的。据此,康德把《判断力批判》划分为两大部分:审美判断力的批判和目的论判断力的批判。

2. 审美判断力的批判

康德认为,在我们关于一个客体的表象中,有纯然主观的东西,这种东西如果用做或者能够被用于对象的规定即知识,则是该表象的逻辑有效性,例如空间;但如果根本不能成为任何知识成分,亦即只构成这表象与主体的关系,而不构成其与对象的关系,则是该表象的审美性状,亦即愉快或者不快。因为它虽然可能是某种知识的结果,我们通过它却没有在该表象的对象上认识任何东西。如今,一个事物的合目的性,如果它在知觉中被表现出来,也不是客体本身的任何性状,尽管它能够被从一个事物的某种知识中推论出来。对象之所以被称为合目的的,就只是因为它的表象直接地与愉快的情感相结合;而这表象本身就是合目的性的一个审美表象。愉快在这里所能表达的就无非是客体与在反思性的判断力中

---

① 李秋零主编:《康德著作全集》第 5 卷,北京:中国人民大学出版社 2007 年版,第 205—206 页。

起作用的认识能力的适应性,而且是就这些能力在其中起作用而言的,因而所表达的纯然是客体的主观的、形式的合目的性。对象在这种情况下就叫做美的。这样一个判断就是对客体的合目的性的审美判断,而通过这样一种愉快(因而也是普遍有效地)作判断的能力就叫做鉴赏。

在关于美者的考察中,康德主要考察了关涉鉴赏判断的四个契机,从质、量、关系和模态四个方面对美感进行了分析。

首先,从"质"的方面来看,鉴赏判断不是像知识判断那样通过知性把表象与客体相联系以达成知识,而是通过想象力把表象与主体及其愉快或者不快的情感相联系,因此鉴赏判断不是逻辑的,而是审美的。鉴赏判断与对象的实在性无关,仅仅涉及对象的形式。在这一点上,关于美者的鉴赏判断与关于适意者的感官判断和关于善者的实践判断不同,后两者都与兴趣相结合。兴趣就是与一个对象的实存的表象结合在一起的愉悦,关于适意者的感官判断是以对象的实存与主体的状态的关系为前提条件的,适意者通过感觉激起了主体对于这样一个对象的欲望。实践判断则总是包含着一个目的的概念,因而包含着理性与意欲的关系,包含着对一个客体或者一个行动的存在的愉悦。因此,感官判断与对其对象的一种感官的兴趣相结合,实践判断与对其对象的一种理性兴趣相结合,都与欲求能力有一种关系。而鉴赏判断必须是无兴趣的。"关于美的判断只要掺杂了丝毫兴趣,就会是偏袒的,就不是鉴赏判断"。① 对美者的鉴赏的愉悦是一种没有兴趣的和自由的愉悦。"鉴赏是通过不带任何兴趣的愉悦或者不悦而对一个对象或者一个表象方式作评判的能力。这样一种愉悦的对象就叫做美的"。②

其次,从"量"的方面来看,鉴赏判断无须概念而具有普遍性。无须概念而普遍地让人喜欢的东西,就是美的。既然对美者的鉴赏的愉悦是

① 李秋零主编:《康德著作全集》第5卷,北京:中国人民大学出版社2007年版,第212页。
② 同上书,第218页。

无兴趣的,则它也就不是建立在主体的某个偏好之上的,判断者就其愉悦而言感到自己完全是自由的,所以,他不可能发现唯有他的主体才依恋的私人条件来做愉悦的根据,因而必须把愉悦视为基于他也能够在任何别人那里预设的东西的。因此,他必须相信有理由指望每个人都有一种类似的愉悦。鉴赏判断与逻辑判断一样要求普遍性,但它的普遍性不是来自概念,因为从概念到愉快或者不快的情感不存在任何过渡。在这一点上它也同样有别于关于善者的实践判断,因为善者是通过一个概念而被表现为一种普遍的愉悦的客体的。鉴赏判断与感官判断一样,都是以单个具体的事物为对象,都是单称判断。例如说"这朵玫瑰花是美的"是一个鉴赏判断,但如果说"玫瑰花都是美的"就是一个逻辑判断了,因为它是一个通过比较产生的判断。但是,与感官判断不同的是,感官判断并不要求普遍的赞同,而鉴赏判断则要求对每个人都有效的普遍性。因此,鉴赏判断的普遍性只是一种主观的普遍性。"在鉴赏判断中没有假定别的任何东西,只是就愉悦而言无须概念的中介的这样一种普遍的同意;因而是一个能够同时被视为对每个人都有效的审美判断的可能性。鉴赏判断本身并不假定每个人都赞同(因为只有一个逻辑上普遍的判断才由于可以举出理由而这样做);它只是要求每个人都作出这种赞同,作为规则的一个实例,就这实例而言它不是期待概念、而是期待别人的赞同来作出证实。因此,普遍的同意只是一个理念"。①

再次,从"关系"方面看,鉴赏判断仅仅以一个对象的合目的性的形式为根据。目的是一个概念的对象,只要这概念被视为那对象的原因,而一个概念在其客体方面的因果性就是合目的性。但鉴赏判断是无兴趣的判断,因而不可能包含主观的目的;但它也不包含一个客观的目的,因为是一个审美判断,不是知识判断。然而,审美对象又的确符合了主体的主观意愿或者目的,因为愉快就是对主体诸认识能力的游戏中纯然形式的

---

① 李秋零主编:《康德著作全集》第 5 卷,北京:中国人民大学出版社 2007 年版,第 224 页。

合目的性的意识。因此,我们唯有把一种按照目的的因果性假定为它们的根据,才能解释和理解它们的可能性。美就是这种"没有目的的合目的性",它也就是主观合目的性的纯然形式。"唯有一个对象的表象中不带任何目的(无论是客观的目的还是主观的目的)的主观合目的性,因而唯有一个对象借以被给予我们的表象中的合目的性的纯然形式,就我们意识到这种形式而言,才构成我们评判为无须概念而普遍可传达的那种愉悦,因而构成鉴赏判断的规定根据"。①

最后,从"模态"方面来看,鉴赏判断具有无须概念的必然性。鉴赏判断不具备一种理论的客观必然性,因为我们不可以先天地认识到,每个人在被我称为美的那个对象上都将感到这种愉悦;它也不具备一种实践的客观必然性,因为这里的愉悦不是一个客观法则的必然结果。但是,既然鉴赏判断具有普遍性,也就必须具有必然性,所以这种必然性是一种特殊类型的必然性。"它作为在一个审美判断中所设想的必然性,只能被称为示范性的,亦即所有人都赞同一个被视为某个人们无法指明的普遍规则之实例的判断的必然性"。② 鉴赏判断为了具有必然性,就不能像感官判断那样没有任何原则,但它又不像知识判断那样具有确定的客观原则,否则它就会具有无条件的必然性。鉴赏判断的必然性是有条件的,这个条件就是"共感"。"它们必须有一个主观的原则,这原则只通过情感而不通过概念但却毕竟普遍有效地规定着什么是让人喜欢或者讨厌的。但这样一个原则只能被视为共感……因此,唯有在存在着一种共感……的前提条件下,我是说,唯有在这样一种共感的前提条件下,才能作出鉴赏判断"。③

鉴赏判断除了涉及"美者"之外,还涉及"崇高者"。在康德看来,美

---

① 李秋零主编:《康德著作全集》第 5 卷,北京:中国人民大学出版社 2007 年版,第 229 页。
② 同上书,第 246 页。
③ 同上书,第 247 页。

者与崇高者有共同之处：二者都自身就让人喜欢；二者都既不以感官判断也不以逻辑的规定性判断，而是以反思判断为前提条件；二者都是单称的，但却是预示着自己就每个主体而言都普遍有效的判断。但是，二者也有显著的区别。

首先，美者涉及对象的形式，而形式就是一种限制。与此相反，崇高者也可以在一个无形式的对象上发现，只要这个对象还表现出总体性。

其次，美者似乎被当做一个不确定的知性概念的展现，而崇高者则被当做一个同样的理性概念的展现。因此，愉悦在前者是与质的表象相结合，在后者则是与量的表象相结合。

再次，美者直接带有一种促进生命的情感，因而可以与魅力和一种游戏着的想象力相结合，而崇高者的情感则是一种间接地产生的愉快，它是通过一种对生命力的瞬间阻碍，以及接踵而至的生命力更为强烈的涌流的情感而产生的。对美者的愉悦包含着积极的愉快，而对崇高者的愉悦则包含着惊赞和敬重，是一种消极的愉快。

最后，最重要的和内在的区别是，自然美在其形式中就带有一种合目的性，于是就独立地构成愉悦的一个对象。"与此相反，在我们心中无须玄想仅仅在把握中就激起崇高者的情感的东西，尽管在形式上可能显得对我们的判断力来说是违背目的的、与我们的展现能力不相适合的、对想象力来说仿佛是粗暴的，但仍然只是被判断为更加崇高的"。①

在康德看来，对美的鉴赏是把心灵维持在宁静的沉思中，而崇高者的情感却带有一种心灵的感动。这种感动通过想象力或者与认识能力发生关系，或者与欲求能力发生关系。据此，崇高者又分为"数学的崇高者"和"力学的崇高者"。

对"数学的崇高者"的考察是在"量"和"质"两个方面进行的。在"量"上，崇高者是"绝对地大的东西"，是"超越于一切比较之上的大的东

---

① 李秋零主编：《康德著作全集》第 5 卷，北京：中国人民大学出版社 2007 年版，第254 页。

西","与之相比别的一切都是小的"。在这样的意义上,崇高者就不应当到自然的事物中,而只应当到我们的理念中去寻找。"哪怕只是能够设想地表明心灵有一种超越感官尺度的能力的东西,就是崇高的"。① 在"质"上,对崇高者的情感就是由于想象力在审美的大小估量中不适合于通过理性进行的估量而产生的不快情感,而且是一种与此同时被唤起的愉快,它是出自恰恰对最大的感性能力的不适合性的这个判断与理性理念的协调一致。我们的想象力即使作出了最大的努力,也表现出它的局限和不适合性,但毕竟同时表现出它的使命,即造就与这个作为法则的理念的适合性。因此,对自然中的崇高者的情感就是对我们自己的使命的敬重。"崇高者的情感的质就是:它是在一个对象上关于审美评判能力的一种不快的情感,这种不快在其中毕竟同时被表现为合目的的,这之所以可能,乃是由于这种特有的无能揭示出同一个主体的不受限制的能力的意识,而心灵唯有通过前者才能对后者作出审美的评判"。②

对"力学的崇高者"的考察是从"关系"和"模态"两个方面进行的。在"关系"上,崇高者具有胜过大的障碍的"威力",但不具有"胜过那本身就具有威力的东西的抵抗"的"强制力"。崇高者表现为可畏惧的,但并不使我们在它面前感到畏惧,而是把我们灵魂的力量提高到其日常的中庸之上,并让我们心中的一种完全不同性质的阻抗能力显露出来,这种能力使我们鼓起勇气,能够与自然表面上的万能相较量。"因此,自然在这里叫做崇高的,只是因为它把想象力提高到对如下场合的展示,在这样一些场合中,心灵能够使它自己超越于自然之上的使命本身的特有崇高成为它自己可以感到的。"③在"模态"上,崇高者的鉴赏判断具有必然性。但是,这种必然性并不是从教养或者习俗中产生出来的。它的基础在于

---

① 李秋零主编:《康德著作全集》第 5 卷,北京:中国人民大学出版社 2007 年版,第 260 页。
② 同上书,第 267 页。
③ 同上。

人的本性,确切地说在于人们以健康的知性能够同时向每个人建议和向每个人要求的东西,也就是在于对实践的理念的情感亦即道德情感的禀赋。"事实上,没有道德理念的发展,我们通过文化的准备而称之为崇高的那种东西,对于未开化的人来说就将显得是吓人的"。①

如果说,美者是在纯然的评判中令人不带任何兴趣而喜欢的东西,那么,崇高者则是通过其对感官兴趣的阻抗而直接令人喜欢的东西。美者使我们作好准备无兴趣地喜爱某种东西,甚至无兴趣地喜爱自然;崇高者则使我们作好准备,甚至违背我们的感性兴趣而高度尊重这些东西。在对美者的愉快中,得到表现的是一种"游戏中的自由",而在对崇高者的愉快中,得到表现的则是一种对感性施加强制力的自由。这是一种类似于道德情感的情调。由此我们可以看出,康德以对美者和崇高者的考察建立了一个先验美学的体系,但他心中真正关注的,仍然是自然向自由的过渡。

然而,要完成自然向自由的过渡,仅仅说自然具有形式上的主观合目的性是不够的,还必须说明自然本身就具有客观的合目的性。由此,康德转入了"目的论判断力的批判"。

(三)目的论判断力的批判

目的论的判断力是我们通过知性和理性(在逻辑上、按照概念)评判自然目的的一种能力。但与审美的判断力不同,康德不能为目的论判断力找到先天的根据。"唯有审美的判断力才包含着判断力完全先天地作为它对自然进行反思的基础的那个原则,亦即自然按照其特殊的(经验性的)法则对我们认识能力的一种形式的合目的性的原则,……与此不同,对于必须存在着自然的客观目的,亦即必须存在着唯有作为自然目的才有可能的事物,根本不能指出任何先天根据"。② 目的论判断力所使用

---

① 李秋零主编:《康德著作全集》第 5 卷,北京:中国人民大学出版社 2007 年版,第267 页。

② 同上书,第 203 页。

的自然目的概念只是来自一种"类比":"尽管我们关于自然根据经验性法则在其种种形式中的主观合目的性的概念根本不是关于客体的概念,而只是判断力在自然的这种过于庞大的杂多性中获得概念(能够在这种杂多性中判定方向)的一个原则罢了;但是,我们由此却仿佛是把对我们的认识能力的一种考虑按照一个目的的类比赋予了自然。"①在这种意义上,审美判断力的批判实际上是为目的论判断力的批判做准备,使得目的论判断力无须先天地在自身包含着这方面的原则,在审美判断力的先验原则已经使知性作好准备把一个目的的概念运用于自然上面之后,就包含着这种规则,以便为了理性而使用目的概念。当然,与主观的合目的性一样,自然目的的概念也同样不是建构性的,而只是一个范导性的原则。

在目的论判断力的批判中,康德首先区分了纯然形式的客观合目的性和质料的客观合目的性。前者是指尽管是客观的、但却不是实在的合目的性,例如几何图形的合目的性。几何图形表现出对于产生许多引为目的的形状的适合性,并且被理性所认识,因而其合目的性是客观的,但却不需要把一个目的奠定为它的基础,因而是纯然形式的合目的性,其根据完全在我们的理性之中,并且不使关于对象本身的概念成为可能,因而不需要这方面的目的论。后者则涉及我之外的实存的事物,这些事物为了能够被认识就必须被经验性地给予出来,而不只是我心中的一个按照一条先天原则被规定的表象。因此,后一种合目的性作为实在的,依赖于一个目的的概念。

我们唯有在必须对原因与结果的一种关系作出评判的时候才涉及一种客观的和质料的合目的性的概念,亦即一个自然目的的概念。从原因与结果的关系来看,这只能以两种方式发生:要么我们把结果直接视为目的,要么把结果视为其他原因的合目的的应用的手段。后一种合目的性

---

① 李秋零主编:《康德著作全集》第 5 卷,北京:中国人民大学出版社 2007 年版,第202—203 页。

对人来说就叫做有用性,对其他事物来说就叫做有益性,因而是一种纯然相对的、外在的合目的性。例如海洋的退缩以沙土面积的扩大为目的,而沙土面积的扩大又以云杉林的生长为目的。这种建立在有用性或者有益性之上的客观合目的性不是事物自身的一种客观合目的性,因而只是一种相对的、对它被赋予的那个事物来说偶然的合目的性。相对的合目的性尽管以假说的方式对自然目的给出指示,却仍然不给人以权利作出任何绝对的目的论判断,它充其量是机械因果性的另一种表达方式罢了。因此,必须追问结果自身就是目的的内在的客观合目的性。康德指出:"如果一个事物自己是自己的原因和结果(尽管是在双重的意义上),那么,它就是作为自然目的而实存的;因为这里有一种因果性,这类因果性如果不给它配上一个目的,就不可能被与一个自然的纯然概念结合起来"。[1] 对于这样的事物来说,因果性并不构成一个手段和目的的不可逆的机械系列,而是必须为其设想一种按照关于目的的理性概念的因果结合。"这种因果结合当人们把它视为序列时,会既带有一种下降的也带有一种上溯的依赖性,在其中一度被标明为结果的事物,仍然上溯而理应得到它是其结果的那个事物的一个原因的称号"。[2] 这样,对于一个作为自然目的的事物来说,首先就要求:各个部分唯有通过其与整体的关系才是可能的。其次就要求:它的各个部分由于相互交替地是其形式的原因和结果,而结合成为一个整体的统一体。这样一个产品作为有机的和自己使自己有机化的存在者,才能被称为一个自然目的。"有机的存在者是自然中唯一在人们即便单独地、无须与其他事物的关系来看它们时也毕竟必须唯有作为自然的目的才可能被设想的存在者,因此,它们首先使一个并非实践目的、而是自然目的的目的之概念获得客观实在性,并由此为自然科学取得一种目的论、亦即按照一个特殊的原则评判其客体的一

---

[1] 李秋零主编:《康德著作全集》第 5 卷,北京:中国人民大学出版社 2007 年版,第 385 页。

[2] 同上书,第 387 页。

种方式的根据"。① 在有机物那里取得的客观合目的性用之于作为整体的自然,就使得我们可以把全部的自然界视为一个目的系统。"一旦我们在自然身上揭示出了产生唯有按照终极因概念才能被我们所设想的产品的能力,我们就可以继续前进,把那样一些产品仍然评判为属于一个目的系统的,即使它们(或者它们的虽然合目的的关系)恰恰使得超出盲目起作用的原因的机械作用而为它们的可能性找出另一个原则成为不必要的:因为前面那个理念已经就它们的根据而言引导我们超出了感官世界;这样一来,超感性原则的统一性必须被视为不仅对自然存在者的某些物种有效,而且以同一种方式对作为系统的整体有效"。②

在把整个自然界视为一个目的系统之后,康德紧接着要回答的问题就是:这个目的系统本身的目的或者自然的最终目的是什么? 这个最终目的只能是人。因为人是尘世唯一能够给自己形成一个关于目的的概念,并能够通过自己的理性把合目的地形成的诸般事物的集合体变成一个目的系统的存在者。但是,人又是凭借什么被视为自然的目的呢? 康德认为:这要么是人本身能够通过自然的仁慈而得到满足,要么就是对自然能够被人利用来达到的各种各样目的的适应性和技巧。前者就是幸福,后者则是文化。但如果人的幸福是自然的最终目的,则人永远达不到这个目的。一方面,人的本性不具有就占有和享受而言在某个地方停下了并被满足的性质;另一方面,自然也远远没有把人当做自己特殊的宠儿来对待,善待人超过其他动物。更有甚者,人身上的自然禀赋的那种荒谬的东西还使人把自己置入压迫、战争、自我毁灭的绝境。因此,"为了发现我们在人身上的什么地方至少能够设定自然的那个最终目的,我们就必须找出自然为了使他有准备去做他为了成为终极目的就必须去作的事情而能够提供的东西……因此,人在自然中的所有目的也就只剩下了形式的、主观的条件,亦

---

① 李秋零主编:《康德著作全集》第 5 卷,北京:中国人民大学出版社 2007 年版,第 390—391 页。
② 同上书,第 396 页。

即一般而言自己为自己设定目的并且（在人规定目的时不依赖于自然）一般而言与他的自由目的相适合地把自然当做手段来使用的适应性的条件，这是自然就外在于它的终极目的而言所能够做到的，因而这就能够被视为自然的最终目的。一个有理性的存在者一般而言对随便什么目的的适应性（因而是在他的自由中的适应性）的产生就是文化。因此，唯有文化才能够是人们有理由就人类而言归之于自然的最终目的"。①

但是，也并非任何文化都足以成为自然的这个最终目的。康德把文化划分为技巧和教化。在他看来，技巧的文化是对一般而言促进目的的适应性的最重要的主观条件，是使人独立于自然、自己设定目的并且利用自然来达到自己目的的能力，但它并不足以在规定和选择自己的目的方面促进意志。而教化是否定性的，它的作用就在于把意志从欲望的专制中解放出来，保证技巧的正确使用。就像实践理性优于理论理性一样，教化也优于技巧。但康德不同意卢梭关于科学和艺术的进步必将导致道德的堕落的思想。在康德看来，技巧的发展虽然只能借助于人们之间的不平等，进而造成上层阶级的贪得无厌和下层阶级的受压迫，甚至导致残酷的战争，但它们同时也使得人们的理性得到了发展，并且从反面说明了教化的重要性。因此，技巧也可以间接地促进教化的进步。"美的艺术和科学借助于一种可以被普遍传达的愉快，借助于对于社交来说的磨砺和文雅化，虽然不能使人在道德上变得更好，但还是使人文明起来，它们从感官癖好的专制那里赢得了很多东西，并由此使人对唯有理性才在其中执掌权力的那种统治作好了准备：此时，或由自然或由人们互不相容的自私带给我们的那些灾祸，同时也就召唤、提升和锻炼着灵魂的力量，使之不屈服于这些灾祸，并使我们这样感觉到潜存在我们心中的一种对更高目的的适应性"。② 这个比"自然的最终目的"更高的目的，也就是康德

---

① 李秋零主编：《康德著作全集》第 5 卷，北京：中国人民大学出版社 2007 年版，第 449 页。

② 同上书，第 451—452 页。

所说的创造的终极目的。"终极目的是这样一种目的,它不需要任何别的东西作为它的可能性的条件"。① 也就是说,终极目的是无条件的目的。但由于自然中的一切都是有条件的,因而终极目的不是自然能够实现的目的。不过,终极目的虽然不在自然之中,但却必然与自然中的某种存在相关,因为它作为目的的目的就是为自然的最终目的提供目的论说明的。因此,既然人的文化是自然的最终目的,这也就意味着它必然能够指向一个终极目的,这个终极目的就是人的道德存在。"现在,我们在世界上只有唯一的一种存在者,它们的因果性是目的论的,亦即是指向目的的,而毕竟同时具有这样的性状,即它们应当据以为自己规定目的的那个法则,被它们自己表现为无条件的和不依赖于自然条件的但就自身而言却是必然的。这种类型的存在者就是人,但却是作为本体来看的人;唯有这样的自然存在者,我们在它身上从它自己的性状方面,能够认识到一种超感性的能力(自由),甚至认识到那种因果性的法则,连同这种因果性的那个能够把自己预设为最高目的的客体(世界上的至善)。"②因此,这个用来解释一切存在的终极目的也就不再是文化的人,而是道德的人,自由的人。对于道德的人来说,就不能再去问他是为了什么而实存的。他的存在在自身中就具有最高的目的,他能够尽自己所能使整个自然都服从这个最高目的,至少他可以坚持不违背这个最高目的而屈从于自然的任何影响。"如果这个世界的事物作为在其实存上有所依赖的存在者而需要一个按照目的来行动的至上原因的话,那么,人就是创造的终极目的;因为若是没有这个终极目的,相互隶属的目的的链条就不会被完备地建立起来;而唯有在人里面,但也是在这个仅仅作为道德性的主体的人里面,才能发现目的方面的无条件立法,因此,唯有这种立法才使人有能力成为终极目的,整个自然都是在目的论上隶属于这个

---

① 李秋零主编:《康德著作全集》第 5 卷,北京:中国人民大学出版社 2007 年版,第452 页。

② 同上书,第 453 页。

终极目的的"。① 至此,康德完成了从自然目的论向道德目的论的过渡。

康德最终又提出了神学的问题,因为他虽然不把人的幸福视为自然的最终目的,但还是像在《实践理性批判》中那样,要让道德的人享有幸福。他在这里区分了"自然神学"和"道德神学"。自然神学是理性从自然的种种只能经验性地被认识的目的推论到自然的至上原因及其属性的尝试,是建立在自然目的论基础之上的,而道德神学则是从自然中的理性存在者能够先天地被认识的道德目的推论到那个原因及其属性的尝试,是建立在道德目的论基础上的。自然目的论充其量能够推进到一个有理智的世界原因,但由于提不出终极目的的概念,而不能真正建立其神学。相反,道德目的论凭借终极目的的概念,它所达到的至上原因就不仅仅是理智了。"从元始存在者的因果性这条被如此规定的原则出发,我们将必须把这个存在者不仅设想成理智,设想成为自然立法的,而且也设想一个道德的目的王国中的立法元首。与唯有在他的统治下才可能的至善相关,也就是说与服从道德法则的理性存在者的实存相关,我们将把这个元始存在者设想成全知的,为的是甚至意向的最内在的东西(这种东西构成了理性的尘世存在者的行动的真正道德价值)对它也不隐藏;把它设想成全能的,为的是它能够使整个自然都适合这个最高的目的;把它设想为全善的同时又公正的,因为这两个属性(智慧把它们结合起来)对于作为服从道德法则的至善的世界来说构成了它的一个至上原因的因果性的条件;此外在它那里还必须设想所有其余的先验属性,例如永恒性、全在性等等(因为善与公正是道德属性),它们全都是与这样一个终极目的相关被预设的。"②实践理性的公设在道德目的论的基础上变得更为丰满了。

康德在对自然的美者和崇高者的考察中确立了主观合目的性这个先

---

① 李秋零主编:《康德著作全集》第 5 卷,北京:中国人民大学出版社 2007 年版,第454 页。

② 同上书,第 463 页。

天原则,通过"类比"作为客观合目的性运用于有机物和整个自然,再通过最终目的和终极目的的概念引导出人的文化和道德,最终完成了自然向自由的过渡,实现了理论理性与实践理性的真正统一。更为重要的是,在《纯粹理性批判》中被排除在认识领域之外的对象,自由、上帝存在、灵魂不死都已在《实践理性批判》中以"公设"的方式成为思维的对象,唯有作为整体的世界是在《判断力批判》中通过目的论原则才成为思维的对象。思维这些对象是传统形而上学的本质性内容。康德的批判哲学通过否认这些对象的建构性,实际上宣布了作为科学的形而上学的不可能性,但也通过肯定它们的范导性,为形而上学的发展指出了一个新的方向。在这种意义上,康德完成了自己的批判。《判断力批判》的前言中,康德明确宣布:"我以此结束我的全部批判工作"。①

小　结

在《实践理性批判》的结束语中,康德写下了一段脍炙人口、被人反复吟咏的话:"有两样东西,越是经常而持久地对它们进行反复思考,它们就越是使心灵充满常新而日益增长的惊赞和敬畏:我头上的星空和我心中的道德法则"。② 自然和自由、科学和道德、感官世界和理智世界,构成了康德哲学的两大主题。然而,对这两个领域的思考,在历史上留下的却是无尽无休的争吵。康德的伟大之处在于,他不是急于去建立一个新的体系,给这个厮杀的战场增添一个新的武士,而是转向了人的思维能力亦即理性自身的批判。在人的理性成为衡量一切的尺度,不合乎人的理性的东西就没有存在的权利的启蒙时代,康德发现理性本身其实也是需要批判的。但这种批判不是他者对理性的批判,不是以他者为尺度的批

---

① 李秋零主编:《康德著作全集》第 5 卷,北京:中国人民大学出版社 2007 年版,第179 页。

② 同上书,第 169 页。

判,它是理性自己对自己的批判。批判恰恰应当是理性最独有的精神。康德所倡导的"理性批判"也就成为后世诸多哲学流派的出发点。

康德毕生致力于体系的建设。初涉批判哲学的康德,本来只打算以一部《纯粹理性批判》来完成批判工作,但批判哲学的发展却使他不得不又连续撰写《实践理性批判》和《判断力批判》来完善自己的批判体系。然而,康德实际上也只是提出了理性批判的基本原则,而不可能穷尽对理性的批判。更何况,批判的精神和严谨的态度使康德哲学体系仍然留下了诸多康德谓之"不可认识"、"无法探究"的东西。人类理性追根究底的本性不会因为康德的伟大和康德的忠告而终止自己的步伐,后世哲学的发展继续在康德留下的这些问题上向前迈进。

在这种意义上,康德哲学就成为一个蓄水池,前面的水流进这里,后面的水由此流出。

拓 展 阅 读

一、必读书目

1. 康德:《纯粹理性批判》,李秋零译,北京:中国人民大学出版社 2004 年版。

2. 康德:《道德形而上学的奠基》,李秋零译,见《康德著作全集》第 4 卷,北京:中国人民大学出版社 2005 年版。

3. 康德:《实践理性批判》,李秋零译,见《康德著作全集》第 5 卷,北京:中国人民大学出版社 2007 年版。

4. 康德:《判断力批判》,李秋零译,见《康德著作全集》第 5 卷,北京:中国人民大学出版社 2007 年版。

5. 康德:《纯然理性界限内的宗教》,李秋零译,见《康德著作全集》第 6 卷,北京:中国人民大学出版社 2007 年版。

二、参考书目

1. 郑昕:《康德学述》,北京:商务印书馆 1984 年版。

2. 李泽厚:《批判哲学的批判——康德述评》,北京:三联书店 2007 年版。

3.张世英:《康德的〈纯粹理性批判〉》,北京:北京大学出版社 1987 年版。

4.张志伟:《康德的道德世界观》,北京:中国人民大学出版社 1995 年版。

5.邓晓芒:《康德〈判断力批判〉释义》,北京:三联书店 2008 年版。

37

费 希 特 哲 学

高宣扬

"实践理性是一切理性的根源;道德上的自由就是绝对价值。""使你自己处于自由";"要成为独立的自我";"通过这种自由活动的能力,即负责任地从事实践活动,合理的存在,就可以提出和规定在它自身之外的一个感性世界"。

——费希特:《全部知识学的基础》

科学活动和我们的自由的保证,必须建立在这样的信念的基础上,即一方面外在世界是我们的表象能力的产物,另一方面自我本身又充分意识到其自身的道德责任。

——费希特:《依据知识学原则的自然法基础》

所谓自由,无非是个体自由向合理的自由的不断的过渡。自我在实现合理的自由的过程中,始终没有忘记自己的道德上的责任和义务;这些义务感使自我向非我的统摄过程符合理性的要求。

——费希特:《道德学体系》

费希特生活和创作在从康德到黑格尔的"德国古典哲学时代",他无疑是德国古典哲学的一位杰出的思想家,同时也是康德同时代中试图从康德出发、又超越康德、并跳出康德所奠定的古典哲学模式的第一位卓越理论家。在他身上和在他的思想中,包含了德国古典哲学的观念论特征和超越古典哲学的双重性质,使他在德国古典哲学中占据了极其特殊的历史地位。

贯穿于费希特思想创作中的一条主线,就是寻求思想创造的最大自由,高度发挥主体的主观的能动性;但更可贵的是:费希特也同时地充分考虑到自我能动性与他人、外在世界的适当关系,因为费希特在集中探索自我的主观创造潜力及其实际限度的时候,看到了"自我"的自由创造力的实施条件,尤其深切体验到主体创造力量的发挥同遭遇到的他人的关系,使他意识到:主体的主观创造性固然依赖于主体自身的内在原动力,但主体的自我性质,归根结底又不能自我封闭,它毕竟要从自我与他者的相互依赖关系中,寻求最大限度发挥主体自我创造精神的可能维度。如果以为费希特强调主体自我的主动性,就不分青红皂白把他归结为"主观主义者",或甚至"主观唯心主义者",那就未免过于简单化。在此,值得指出的是,把费希特思想简单化的做法,在很大程度上是受黑格尔对费希特的片面评价的影响,因为黑格尔为了突出他自己的辩证法,不惜把包括费希特在内的所有德国古典哲学家的思想和理论,都纳入他的辩证法发展流程的必要环节网络,并以黑格尔自己的辩证法系统为标准,来评估每个哲学家的思想的地位。须知,费希特哲学的根本点,不是只停留在"自我",而是把主体的自由及其主动创造精神列为核心观念,并进一步重视主动创造性贯彻于行动的必要性。所以,费希特哲学是主体主动思想并积极行动的哲学。费希特对自身、对思想自由以及对人生的基本态度,就是他的哲学的核心部分。在这一方面,费希特关于人的使命以及关于学者的使命的论述,是我们理解他的哲学观点的主要线索。

另外,费希特的哲学思想,又远远超出古典哲学的范围,包含丰富的想象力和浪漫精神,并在一定程度上,带有冲破旧有系统而寻求创新的强大力量。他在生平中与德国浪漫主义者的接触和来往,并不是可有可无的因素,而是构成其思想和生命力的内在精神力量,对于理解他的思想整体性质,具有不可忽视的意义。

由此出发,才能把握费希特的知识学的基本精神,同时也恰当地理解他在政治、宗教及伦理方面富有创造性的基本观念。

费希特的独特才华及其追求自由勇于创新的个性,使他的哲学思想充满生命力,始终不满足于即成的体系。通观费希特的哲学思想发展过程,哪怕是他所重点探索的知识学,都在基本概念和主要方法方面变幻不定,以致使研究费希特的不同专家,为此引申不出同一的单一性结论。而且,值得注意的是,对费希特的任何一部分理论或观念,都不能孤立地进行分析,必须视之为其哲学生命发展历程的一个有机的组成部分。

在此,我们应该注意如下几点:

首先,必须明确费希特在德国古典哲学发展中的特殊地位。他受康德影响,却又试图超越康德,并以其独特的创造精神,试图走出一个异于同时代人谢林和黑格尔的思想创新出路,也同样因此试图创建一个具有独特性质和思想风格的理论体系,使德国古典哲学从他开始潜伏着多重发展的可能性,为 19 世纪初德国哲学创新的多元化发展前景开辟了广阔维度。在这方面,费希特在其早期学术生涯中所创建的知识学(*Wissenschaftslehre*)理论体系及其方法,基本上是受到康德哲学的启发,所以,费希特也把他的这一部分哲学理论,采用康德的概念,自称为"先验的观念论"(*Transcendental idealism*),尽管他并不愿意完全沿着康德的思路去发展。

其次,知识学是费希特进行哲学探索的出发点和他的哲学思想奠基石。因此,必须集中把握费希特关于知识学的核心思想,正是在知识学的探索中,体现出费希特企图超越康德哲学的局限性的强大意愿。在这里,康德关于人的认识和知识的维度及其主观先验性的烙印,仍然是浓厚的;但他在扬弃康德的"自在之物"概念的基础上,力图把"自我"变成为主动的创造者,使先验的"自我"转化为充满创造精神的行动者。因此,费希特以自身对自我和自我意识的独特见解,在崭新意义上重新理解自我,使自我和自我意识不仅仅停留在纯粹意识的层面,也不像康德那样,只满足于批判地探索主体自我意识中的理性能力及其限制,而是赋予它以活生生的创造生命力,使之囊括了各种积极的主动创造精神,并以行动着的自我创造者的身份而富有实践性质;这样一来,自我,与其是存在,与其是意识本身,与其是纯主观精神,不如是一种行动,一个怀有雄心壮志的主体力量,一个意欲认识和把握整个世界、并使之成为世界同一性的基础力量。

最后,费希特很重视政治、伦理及宗教领域的理论和实践的问题,使他对法国大革命、拿破仑入侵德国、德意志民族性以及关于上帝的观念等关系到德国历史命运的重大课题进行慎重思索,在政治哲学、伦理学、宗教哲学方面独树一帜。因此,深入了解费希特的政治哲学、伦理学、诠释学及宗教哲学是全面把握他的丰富的哲学思想的必由之路。

费希特;古典哲学;康德哲学;观念论;知识学;自我;非我;自在之物;自由;行动;诠释学;神学;实践理性;人的使命;无神论

一、生平及其哲学的基本精神

费希特(Johann Gottlieb Fichte,1762—1814)是西方哲学史上少数具

有传奇式经历的一位杰出哲学家。他才智过人，思想敏慧，却在有生之年，由于不轻易盲从潮流，一再寻求独特创新，难以被世人理解，往往历经艰辛，屡遭排斥，种种厄运，令其学术生涯大起大落，未能获得合理的评价，而且，即使在逝世之后，也由于他生前著述复杂多样，包含多种可能的倾向，也一再地引起各种争议。费希特的奇特性、复杂性和某种程度的神秘性，不仅源自其生活的德国和欧洲19世纪上半叶的极度复杂性以及他的周围生活环境和社会关系的复杂性，而且还来自他本人思想的多样性、变动性、流动性、多面性、含糊性和矛盾性。或许是天才人物的思想情感的特殊性，才使费希特思想的内容、表现方式及其演变令人费解。费希特自己也承认，他在创作和写作中，有时难免犯有这样或那样的错误，以致使他自己经常反复修正和更改他的思想及其表达方式。同时，他的思想也和其他杰出的哲学家一样，是非常活跃和充满生命力，使他不但不随意跟从同时代的思潮，而且他总是不满足于自己的现状及已取得的成果，试图一再地超越和逾越原有的思想界限，致使他思路灵活多变，难以捕捉。所以，贯穿于费希特思想创作中的一条主线，就是寻求思想创造的最大自由，高度发挥主观的能动性；但更可贵的是：费希特也同时地充分考虑到自我能动性与他人、外在世界的适当关系，使他总是预先思虑各种可能的因素和潜伏的倾向，致使其思想含有多层次的浓缩性。

费希特生活和创作在从康德到黑格尔的"德国古典哲学时代"，他无疑是德国古典哲学的一位杰出的思想家，同时也是康德同时代中试图从康德出发、超越康德、并跳出康德所奠定的古典哲学模式的第一位卓越理论家。他虽然比康德晚生38年，但他在30岁以前，基本上是处于思想积极探索阶段，只是在18世纪90年代聆听康德课程之后，他才开始受到康德的启发而充分发挥他青年时代所受到的神学教育的成果，使他树立了以追求自由为中心和以创建新型的超验哲学为基本目标的决心。因此，在他身上和在他的思想中，包含了德国古典哲学观念论特征和超越古典哲学的双重性质，使他在德国古典哲学中占据了极其特殊的历史地位。

费希特本人充满个性、追求最大自由的人生哲学,以及他所具备的特殊才华,使他在一生中不断地实现思想更新和哲学重建。对于费希特哲学思想的研究,只能采取阶段性和流动式、局部性和整体性相结合的双重方式,一方面不满足于总体地把握他的思想特征,必须深入具体地结合他在不同时期的著作及其思维重点,研究费希特在不同时期、针对不同问题以及采取不同方式所创建的哲学理论,另一方面又尽可能返回费希特本人在不同时期所重点思索和论述的基本概念和具体贯彻的哲学方法论,对费希特在不同时期的思想进行游动和灵活的深入分析。正因为这样,费希特哲学的真正面貌是永远都在发生变化的。对于费希特哲学的研究必须打破传统哲学史的死板固定的方法及其总结式的结论。

近50年来,西方哲学史对费希特的研究发生了重大变化。当前学术界对费希特的评价,已经跳出传统哲学史的框架,不再单纯把他归结到德国古典哲学家的行列,而是在古典哲学之外,考虑到费希特同当时与古典哲学并存的其他多种思想流派的复杂关系,也特别重视费希特本人思想的特殊性和变动性。具体地说,越来越多的哲学家更关切费希特与耶拿浪漫主义思想家的关系,而且,还发现:费希特哲学中包含着后来导致叔本华和尼采哲学形成的非理性因素,其中尤其重视费希特对情感和意志的特殊观点;而且,对于费希特的研究,也势必超出费希特个人思想的范围,越出传统哲学史只是探索费希特与康德、黑格尔和谢林的单线关系的有限固定做法,从费希特与他的同时代人莱因霍尔德、所罗门·迈蒙(Solomon Maimon)等人的关系,进一步探索费希特思想的复杂性。

即使是分析费希特的知识学,我们也要特别突出费希特知识学的特点,强调费希特知识学异于康德及黑格尔知识论的各个方面,要特别注重费希特本人的思想特点与他的知识学的密切关系,以便发掘费希特知识学蕴含的内在力量。费希特并不像康德那样,把知识当成固定框架内的结论,也不把知识学的目标定为单纯分析现成知识的结构和形式,而是把知识学当成研究自我主体内部的创造力量对于知识建构的可能意义,因此,费希特知识学的立足点是作为主体的自我及其内在动力。

实际上,费希特知识学的首要目标,就是协调自由与必然的紧张关系,特别有意识地深入分析:作为道德行为部分根源的"自由意志",是否也可能成为时空维度内从属于因果关系链的物质世界的一部分。在"知识学第一导言"中,费希特明确指出,哲学的首要任务,就是揭示经验的基础,也就是展示一系列伴随着必然性情感的各种表象系统的基础。费希特虽然在表面上很重视康德对于经验知识的基本观点,但他实际上已经从创新的角度发展了新的知识论。在费希特的新知识论中,其核心精神始终是维护人类实践中的不可让与的自由权利,同时还要保障日常生活经验实现超越的基本条件,确保实践理性能够与人类自由的积极实施统一在一起。

在处理人类实践的自由行动的条件时,费希特也充分意识到:行动自由的问题并非可以简单地或毫无阻碍地在现实生活中实现;一方面,人的主体性总是蕴含某种程度的自发性和无意识的自由行动的欲望,而另一方面,自由行动也势必包含不可预测的超越性,包括超越实践理性所要求的自由条件。所以,在考虑自我的主动性和处理好自由的实践理性原则的时候,必须细致地和精致地分析实现实践理性和实现自由的相互关系及其极度复杂性。费希特在他的新知识论对自由的高度重视,使他明确地宣布:他的知识学就是保障人的自由的第一体系。

费希特于 1762 年 5 月 19 日生于上劳吉兹(Oberlausitz)地区朗默瑙(Rammenau)市。他出生的那一年,法国启蒙思想家卢梭发表了《社会契约论》,使他幸运地降世于欧洲启蒙运动的高潮,冥冥之中让他背负着改造世界的历史使命。费希特的父亲是一位织带工人,忠诚的基督教徒。祖辈数代务农,由于家境贫穷,童年牧鹅。但他天生聪慧,记性惊人,同时,他自己从懂事的时候起,就对自己的生活命运以及自身的存在使命,有清醒的认识,并随自己的成长越来越形成强烈的自我意识,试图在为自身改变命运的同时,也为德意志民族的繁荣复兴做出应有的贡献①。九岁那年,济本奈森的米尔济兹男爵听了费希特为他全文复述当地牧师的布道,决定资助他入学。费希特的初期读书阶段,是在一位牧师家庭度过的。他从小就爱好经典作品。1774 年,费希特进入纽伦堡附近普福尔达市的著名私人基金会中学。正是这同一个中学,先后培养了诺瓦利斯、施莱格尔兄弟和尼采。这所中学对学生给予严格的古典著作的教育,同时又要求学生接受近乎修道院那样的训练模式。中学时期,费希特就深爱诗人兼作家克劳伯斯托克(Friedrich Gottlieb Klopstock,1724—1803)和莱辛的作品。1774—1780 年,他在普福达市"王子学校"读书,然后升入耶拿大学神学系。在当时,学习和研究神学是一桩苦差事。耶拿大学本是德国最古老的十所大学之一,成立于 1558 年。费希特在这里就学,遇到了最好的神学家做他的导师,使他确立了牢固的神学基础。但费希特只在耶拿大学一年,便转学到更古老的莱比锡大学(弗列特里希一世于 1409 年创立),费希特试图利用莱比锡大学神学系的非常丰富的资料,更全面地把握基督教神学及其历史。攻读神学期间,费希特不得不经受非常艰苦的生活磨炼,因为支持他的奖学金是很微薄的;况且,资助他的米尔济兹男爵不幸于 1784 年逝世,迫使费希特在没有完全结束自己的学业以前,就提早辍学。

从那以后,费希特只得靠不稳定的家庭教师工作的微薄收入来过日子。1788—1790 年,费希特先后在莱比锡和瑞士等地担任家庭教师。在1788—1790 年间,费希特生活在瑞士苏黎世,结识了他的未来夫人约翰娜·蓝小姐(Johanna Rahn)和瑞士浪漫主义教育学家约翰·海因里希·贝斯达罗基(Johann Heinrich Pestalozzi,1746—1827),对他日后的思想和生活发生了重大影响。

---

① Erich Fuchs(Hrsg.):*J. G. Fichte im Gespräch. Berichte der Zeitgenossen*,Frommann-Holzboog,Stuttgart 1978-1991,Bd. 1,pp. 29-45;Immanuel Hermann Fichte:*Johann Gottlieb Fichte's Leben und Litterarischer Briefwechsel*. Seidel, Sulzbach, 1830 - 1831, Bd. 1, pp. 25-30.

　　1791 年,费希特前往柯尼斯堡,向康德展示其第一篇著作《对一切启示书的一种批判的尝试》(*Versuch einer Kritik aller Offenbarung*)。在这本书中,费希特试图寻求神的启示与康德的批判哲学的相互关系。费希特认为,任何与神相关的启示都必须符合道德原则。但令人奇怪的是,这本由费希特撰写的著作,在首次出版时,竟然未经征求费希特和康德的同意,以致其中包含许多错误和缺陷。更可笑的是,当时还有人把费希特的这部著作误认为康德的新著,直到康德本人为此书写了充分肯定的书评并特地澄清事实为止,大家才获悉此书的真正作者费希特的大名。费希特也因此而名噪一时。

　　康德很赞赏费希特的才华。在 1791 年暑期,康德在接见费希特并与他进行对话的时候,注意到费希特对主观主体性的积极创造精神的重视,鼓励他更深入地探讨主观内在意识的性质及其创造精神。

　　实际上,费希特起初是研究斯宾诺莎哲学,对斯宾诺莎的自然神学深感兴趣,后来他才转而研究康德哲学。在 1790 年 9 月 5 日致女友的一封信中,费希特说:"我已经通过某种纯属偶然的动因而全力投入康德哲学。它强烈地影响了我的想象力,驱赶着我的理智向前,使我的整个思想境界得到前所未有的提升"。

　　法国大革命的思想和政治影响,促使费希特积极投入社会政治改革活动。他在简短的充满鼓动性的小册子中表示:思想和行动自由是每一个公民的神圣权利,强烈主张进行社会改革。① 由此可见,费希特所一向注重的自我创造行动,恰好就是法国大革命后鼓舞费希特走向民主革命的精神力量的实践象征。

　　1793 年年底,歌德聘请他到耶拿大学任哲学教授。费希特从 1794 年春开设他的大学课程,以极大的热情,全面讲授他的先验观念论哲学。研究费希特的专家维德曼(Joachim Widmann)说,费希特本人曾在一封致

① Johann Gottlieb Fichte, *Beitrag zur Berichtigung der Urteile des Publikums über die französische Revolution*, 1793.

友人的信中,兴奋地宣布,他在1793年找到了足以建构一个完整的理论体系的坚固基础①。费希特遏制不住自己的激情,还在课后经常对公众发表演说,后来他把演讲内容以及在耶拿大学讲课的一部分,编撰成《学者的使命》(*Einige Vorlesungen über die Bestimmung des Gelehrten*)。

1794—1795年费希特发表他的成名著《全部知识学基础》,他终于系统地建构了属于自己的哲学体系。1795年1月底,黑格尔在一封致谢林的信中说:"赫尔德林有时从耶拿给我来信,……他听费希特的课,并且,他以极大的热情探讨费希特,把他当成为人类而奋斗的泰坦神那样"。

从1794年至1798年,在费希特本人的思想发展史上,可以说,是一段值得他骄傲自豪的年代:他在学术界的地位达到了顶峰,在这段时间内,不仅创立了知识学的基础,而且也创建了独具特色的法哲学、伦理学和宗教哲学体系。

但是,好景不长。1799年,费希特因写《论我们信仰神圣的世界主宰的根据》而引起一场纠纷。费希特在耶拿主持创办一份《哲学》杂志;这份杂志的1798年第一期上,刊载了耶拿大学校长福尔贝格(Carl Forberg,1770—1848)关于信仰上帝的一篇论文《论宗教概念的发展》。在发表这篇文章时,费希特的上述文章,就是附在福尔贝格的这篇文章之前作为"导论"的形式而发表。但政府及保守势力认为,费希特的上述文章带有"无神论的倾向",因为费希特在文中把上帝的概念与世界的道德秩序的概念视为同一。据黑格尔说,费希特对政府的追究,写了一封含有威胁语句的信;而歌德认为"政府是不能让人威胁的"。

另外,在同一年,康德在《普通文学报》(*Allgemeine Literaturzeitung*)发表一篇文章宣称:"我认为,费希特的《知识学》的体系是不可接受"。这样一来,和康德一样,黑格尔和谢林也抛弃费希特,致使费希特处于非常困难的境界。

---

① Joachim Widmann, *Johann Gottlieb Fichte: Einfuhrung in Seine Philosophie*, Berlin, Walter de Gruyter, 1982, p.19.

在周围环境的各种压力之下,费希特离开耶拿,并在不久之后前往柏林避难。在那里,他结识了斯列格尔兄弟和施莱尔马赫(Friedrich D.E. Schleiermacher,1768—1834)等人。当时的柏林,是德国范围内唯一比较开放的城市,他移居柏林之后,经常对柏林的学者们发表演说。费希特热情地参加柏林的各种民间沙龙,并发表各种有关哲学、文学、伦理道德以及政治论题的演说。费希特首先发表他的社会政治论著《论封闭的商业社会:作为权利学说和未来政治的一个范例的附录》①,简略地阐述了他的自然权利论观点,特别集中论述关于财产私有制的思想,并概述了欧洲国家经济关系的演变史,试图为未来新型的市民社会的创建描画蓝图。在参与柏林民间沙龙活动时,费希特结识了匈牙利作家伊格纳斯·欧乐留·菲斯勒(Ignaz Aurelius Fessler,1756—1839),但他们之间很快就在许多问题上发生分歧,以致最后两人分道扬镳。费希特在柏林民间沙龙的活动,构成了他实行德国社会政治改革活动的一部分,也反映了他在社会政治改革方面的基本观点。

如果把费希特在柏林对社会公众的演讲加以系统分析的话,我们就可以发现其中表现了费希特对现代社会政治、文化、教育及经济发展的重要观点。这些演讲文集,从各个角度体现了费希特的政治态度,也表现了他的爱国主义精神。总之,费希特的柏林演讲文集及其实践活动,更突出地表现了费希特哲学的实践精神以及他本人身体力行的学者特有品格。

1805年,费希特被任命为爱尔兰根(Erlangen)大学教授。1806年,他到柯尼斯堡大学讲授一段时期。拿破仑在1805年对德国的出征,促使费希特同时着手准备《致德意志民族的演说》(*Reden an die deutsche Nation*)的草稿。这篇演说词是在1807—1808年在柏林科学院发表的。

1811年普鲁士国王弗列特里希·威廉三世邀请洪堡(Wilhelm von Humboldt,1767—1835)组织创办成立柏林大学时,费希特被任命为该大

---

① Johann Gottlieb Fichte, *Der geschlossene Handelsstaat. Ein philosophischer Entwurf als Anhang zur Rechtslehre und Probe einer künftig zu liefernden Politik*. 1800.

学教授并同时被选为柏林大学校长。洪堡是著名的语言学家和教育学家,他主张改革教育,通过现代化的教育制度推动社会进步,促进德国现代社会的发展。费希特成为了柏林大学历史上通过选举产生的第一位校长。与此同时,费希特还成为了柏林大学哲学系主任。但在 1812 年,面对学生中的争执事件,他建议采取的纪律措施未能得到大多数人的支持。在他的对手施莱尔马赫等人的反对声浪的压力下,费希特未能延续他的校长职务。当时,全面抗击拿破仑入侵的民族保卫战已经打响。1813 年 3 月,费希特不得不暂停他在柏林大学的课程,以极大的热情投入反击拿破仑的民族解放的战争中。但不久,他因患伤寒而在 1814 年 1 月 29 日逝世。时年仅 52 岁。

如果按照思考和创作的历史时期来划分,我们可以把费希特的哲学分为三大发展阶段。第一阶段是 1794—1799 年,这也是他创建知识学的时期。在创建时期内,我们注意到费希特的思想受到了两方面的影响。首先是康德,特别是他的《纯粹理性批判》。费希特在康德的《纯粹理性批判》中,看到了思想基本原则的纯粹理性本身,实际上就是包含道德自由。由此开始,费希特赋予康德的实践理性的范畴以一种新的内容:他把原来只具有否定意义的康德的实践理性,转变成积极的性质。换句话说,康德只看到实践理性是作为理论理性和知识的否定意义而发挥其道德功能,但费希特则认为,实践理性在本质上就是高于理论理性;没有实践理性,就不会有理论理性。在此基础上,费希特在他的《知识学的新说明》(*Versuch einer neuen Darstellung der Wissenschaftslehre*, 1797)中,进一步抛弃康德的"物自体"概念,使他的哲学理论本身真正立足于新的概念体系。这也就是说,到此为止,费希特已经很明确地不再愿意让脱离主体并与主体意识相对立的"物自体"牵制主体的主观能动性。在费希特看来,既然物自体处于与主观世界根本无关的另一个世界,就没有必要允许它存在于人的认识领域内。

其次,法国大革命是影响费希特这一时期进行哲学思维的又一个重要事件。费希特在 1793 年发表了颂扬法国大革命的文章《纠正公众对法国革命的评判》，试图纠正德国一般公众对法国大革命的误解。在这篇文章中,费希特明显地表达了与康德完全相反的道德和政治观点。这明显地表现在以下四个方面:第一,康德曾经主张把公民分为积极的和消极的公民两种;而费希特则认为,人的尊严和价值高于一切,因此,任何人,应该都具有不可剥夺的权利来决定自己究竟要成为什么样的公民。在这里,我们又一次看到费希特对主体主动精神的充分肯定,并突出地显示了费希特关于主体自由意志的观念。第二,康德主张,国家,只要能够意识到它自身的实现,就是代表了赋有自然权利和拥有自决权的公民的正当利益的话,那么,国家就和自由的人一样是目的自身。康德显然把现代国家当成人的目的本身,而费希特则相反,认为国家不管它是什么性质,都只是手段而已,只有人才是目的自身。第三,康德认为,必须区分法律的平等和事实的平等,至于有可能导致法律不平等的经济上的不平等,康德却只字不提;与此相反,费希特认为,唯有纯粹的社会的平等,才是真正理想的平等。第四,康德在回顾卢梭和普芬道尔夫的自然法和社会契约论时,完全否定了革命的必要性,而费希特则以法国大革命为例,论证了革命的合法性和正当性。更有趣的是,在看待自然法和人的基本权利方面,康德站在霍布斯一边,认为人的自然状态是战争状态,因此,唯有建立国家才能结束战争状态;与此相反,费希特认为,人的自然状态并不一定是野蛮的和暴力的。所以,对待死刑问题,康德站在拥护死刑的立场,批判当时主张消除死刑的意大利哲学家和法学家贝卡利亚(Cesare Beccaria,1738—1794),而费希特则支持贝卡利亚关于消除死刑的呼吁。接着,在 1796 年发表的《自然法的基础》中,费希特再一次批评康德对死刑的错误观点。[1]

从 1799 年至 1803 年,费希特的哲学进入第二发展阶段,他在进一步使其知识学完善化的同时,重点地改善其表达方式,以致可以说,他用心

[1] Johann Gottlieb Fichte, *Grundlage des Naturrechts*, 1796.

良苦地采用最优美和最通俗易懂的词句,以一个试图说服其读者的哲学教育家的身份,阐述他的基本哲学理论,既显示他对教育问题的重视,又表现他在论述方面的才华。他在这一时期发表著作,包括《人的使命》(*Die Bestimmung des Menschen*,1800)、《封闭的商业国家》(*Der geschlossene Handelsstaat*,1800)、《尼古莱依生平及特殊评价》(*Friedrich Nicolais Leben und sonderbare Meinungen*,1801)和《给予公众有关最新哲学的特殊性质的最明亮的报道》(*Sonnenklarer Bericht an das Publicum über das eigentliche Wesen der neuesten Philosophie*,1801)以及《依据知识学的伦理学》(*Das System der Sittenlehre nach den Principien der Wissenschaftslehre*,1798)等。

1803 年以后,费希特哲学思想发展进入最后阶段,也就是第三阶段。费希特经历耶拿时期的艰苦磨难以及各种生活历险之后,辗转于柏林、埃尔朗根与柯内斯堡,终于在 1807 年返回柏林,并于 1811 年被选为柏林大学校长。从此到 1814 年,费希特在柏林度过了他的哲学生涯的最后阶段。

在第三阶段,费希特除了继续关切社会政治和道德伦理问题外,集中精力把他的知识学理论完善化。1804 年发表的《知识学》,可以被看成为费希特的最后阶段的最主要的著作;与此同时,费希特还转向社会道德和政治问题,显示他的哲学的另一重要方面。

如前所述,费希特是一位不甘寂寞和身体力行的哲学家。他在专心致志建构自己的新型知识学体系的同时,总是不遗余力参加社会实践,积极向社会公众进行哲学思想教育。这一段时期内,费希特有四本书足以表达他的社会政治思想的基本内容:第一本是 1806 年发表的《现时代的基本特征》(*Die Grundzüge des gegenwärtigen Zeitalters*),简明扼要地论述了他的历史观和社会观,突出地阐述他的历史哲学的基本观点,认为人类历史无非就是人类从不自由走向自由的历史过程①。第二本是同一年发

---

① J.G.Fichte:*Die Grundzüge des gegenwärtigen Zeitalters*,Felix Meiner Verlag,Hamburg 1978,S.XV.

表的《走向神奇生活指南》(*Die Anweisung zum seligen Leben oder auch die Religionslehre*) 表达了他对宗教生活的基本观点。第三本书是《致德意志民族的演讲》，集中表达他的民族主义和爱国主义思想。第四本是《法学体系》(*Das System der Rechtslehre*)，概括表达了费希特的政治哲学和法哲学思想。

费希特致德意志民族的演说激荡了德国人对拿破仑入侵的对抗情绪。在同一时代主张抵抗拿破仑的哲学家中，弗利特里希·路德维希·雅恩(Friedrich Ludwig Jahn, 1778—1852)是具有一定典型意义的民族主义者。他在 1810 年建立秘密的抗法组织"德意志联盟"，旨在解放和统一德意志民族。他的代表作《德意志民族性》(*Deutsche Volkstum*, 1810)及其他著作《伦恩杂志》(*Runenblätter*)和《德意志民族体操艺术》(*Die deutsche Turnkunst*, 1816)等，对于唤醒德国人的民族精神具有重要意义。

当然，在最后阶段，费希特还特别下大力气，进一步完善他的哲学中的最主要部分，即知识学体系。他在这方面的成果，集中在《知识学概论》(*Die Wissenschaftslehre, in ihrem allgemeinen Umrisse dargestellt*)。遗憾的是，他本人未能在生前看到这本书的出版，要等到逝世后 30 多年，他的儿子才终于出版了这本书。

总的来讲，费希特的上述著作中的最重要的部分，只是在费希特逝世后才出版。实际上，从 1800 年之后，费希特的大部分著作，都没能够正式出版。当时所出版的，只限于他的大众化的通俗作品。他的最重要的著作，在 1801 年写的《知识学》(*Wissenschaftslehre*)和 1804 年写的《知识学》，都是在他逝世后多年才出版的。

费希特的儿子伊曼奴尔·赫尔曼·费希特(Immanuel Hermann Fichte, 1797—1879)于 1834 年发表了费希特的遗留著作，但并未引起当时哲学界的重视。只是到了 20 世纪初，由于法国哲学家列昂(Xavier Léon, 1868—1935)和格鲁特(Martial Gueroult, 1891—1976)以及德国的卡毕兹(Willy Kabitz, 1876—1942)、拉斯克(Emil Lask, 1875—1915)和古

尔维兹（Georges Gurvitch，1894—1965）整理和主编费希特的著作集，费希特的著作才得到公正的评价。

当然，即使是上述出版著作，仍然包含相当多的不准确的资料，以致其真实性还有待德国哲学史家劳特（Reinhard Lauth，1919—2007）的整理考证工作。所以，正如法国研究费希特的专家查维叶·迪利耶特（Xavier Tilliette，1921—　）所说，后人的思想中对费希特的了解，远不是他的同时代人对他的认识状况。

费希特的著作全集，包括以下四种：第一种是由他的儿子伊曼奴尔·赫尔曼·费希特出版的《费希特全集》（*Sämmtliche Werke*，8 Bde.hrsg.Von J.H.Fichte.Berlin，1845）；第二种也是由他的儿子编辑出版的《费希特遗著》（*Nachgelassene Werke*，hrsg.Von J.H.Fichte，3 Bde.Bon，1834）；第三种是由雅可布编辑出版的《费希特遗留文集》（*Nachgelassene Schriften*，hrsg.Von H.Jacob，Berlin，1937）；第四种是由劳特等人编辑出版的《费希特全集》（*Gesammtasugabe der Bayerrischen Akademie der Wissehschaften*，hrsg.Von R.Lauth und H.Jacob，28 Bde.Münschen），这第四版全集是全完整和全面的，收集了费希特的最多稿件，包括了他的书信及笔记等，一般称之为GA 版。

在费希特思想形成和发展过程中，有一系列思想家和哲学家对他发生重要影响。我们在考察费希特思想体系及其观念时，必须充分考虑这些思想家和哲学家对费希特的影响程度，特别要细腻地分析其影响的具体内容，同时还要考虑到费希特本人对这些影响采取了什么态度。另一方面，还要避免把这些外来影响绝对化，因为费希特本人的个性及其才华不可能使费希特成为这样或那样的思想家的盲目追随者；费希特总是把其自身的思考当成判断外来影响的决定性审判官。在费希特生活的时代，对他发生影响的思想家中，有迈蒙、门德尔松和莱因哈德是比较重要的，而这些学者都或多或少与康德保持一定的距离。

二、全部知识学的基础

如前所述,费希特的知识学虽然受到康德的启发,但费希特的《全部知识学的基础》从一开始就显示其自身的创造性。首先,费希特不打算像康德那样,把主体当成局限于主客关系规则严格约束的抽象个体,而是一种富有自我创造精神和敢于进行创造性行动的"自我"(Das Ich)。而且,对费希特来说,思想意识并非被动的消极力量,而是积极主动的创造力量,也是实际行动的强大内在动力;其次,费希特的知识学体系,涵盖科学、哲学、伦理学、法哲学以及宗教哲学,突出地体现出知识的实践力量及其生命力,也高度发挥了知识的超越性;最后,也是最重要的,就是费希特把"知识学"理解成人对自身在世界上的地位、自身的责任、自身的存在基础,因而,费希特也把知识学当成他的世界观的核心,也是他的伦理学和政治哲学的基础。

所以,在《全部知识学的基础》一书中,费希特企图超越康德的局限性。他创造性地扬弃康德的"自在之物"的概念,接着,以"自我"为主体的精神成为了主动的创造者,先验的"自我"成为了现实的创造者。所以,黑格尔认为,费希特克服了康德的二元论的前后不一致性,使哲学彻底地主观化。①

但是,费希特并不认为现实的一切都是可以由主观的自我单独地创造的。费希特确实极端重视自笛卡尔以来的近代哲学对自我和自我意识的反思成果,但他以自身对自我和自我意识的独特见解,在崭新意义上重新理解自我,使自我和自我意识不仅仅停留在纯粹意识的层面,而是赋予它以活生生的创造生命力,使之囊括了积极的主动创造精神;这样一来,自我,与其是存在,与其是意识本身,与其是纯主观精神,不如是一种行

---

① Hegel, *Vorlesungen zur Geschichte der Philosophie.* In G. W. F. Hegel Werke in zwanzig Bänden. Bd. 20. Frankfurt am Main. Suhrkamp Verlag. 1982, p.388.

动,一个怀有雄心壮志的主体力量,更确切地说,自我是一个意欲认识和把握整个世界并使之成为世界同一性的基础力量。

费希特《全部知识学的基础》开宗明义地指出:"自我自身设置自身,而且,它就是它,它是通过它自身设置自身的能力(Das Ich setzt sich selbst,und es ist,vermöge dieses bloßen Setzens durch sich selbst)";"而且,反过来也是如此:自我,作为确定其存在的存在,乃是仅仅设置它自身的能力而已"(und umgekehrt:Das Ich ist,und es setzt sein Seyn,vermöge seines bloßen Seyns)。同时,更重要的是,费希特还进一步强调:自我不只是主体的我,而是同时地作为行动者的我,而且它也是行动的产物(Es ist zugleich das Handelnde,und das Produkt der Handlung),在自我中包含了行动过程的总结,也蕴含重新出发的潜在能量;也就是说,自我就是活动者,是把握和贯彻活动行为的行动者(das Thätige,und das,was durch die Thätigkeit hervorgebracht wird);而行动与实际活动过程是一码事,正因为这样,自我存在,我就是我,就是一个活动行为的表现(Handlung,und That sind Eins und dasselbe;und daher ist das:Ich bin,Ausdruck einer Thathandlung)①。

显而易见,费希特所提出的知识学及其全部新型哲学理论,既不是独断论,也不是唯心论或观念论,而是以"自我"作为核心概念的突出主观创造性的新型实践哲学。这种哲学,综合了本体论、知识论、伦理学、逻辑学和美学的基本内容,包含它们全部的性质和特征,特别集中了它们的核心概念,即实践。费希特在他的《知识学》中所极端重视的,是西方传统哲学一贯置于知识论控制之下的主体实践理性及其实际创造活动能力,它集理性、知性、理智、感性、意志、情感及其实际表现于一身,体现了人的主体所特有的智慧和行动的精华因素。费希特为此指出:"哲学主张:理

① Johann Gottlieb Fichte,*Gesamtausgabe der Bayerischen Akademie der Wissenschaften*,*GA*,hrsg.von Reinhard Lauth,Erich Fuchs und Hans Gliwitzky.Frommann-Holzboog,Stuttgart-Bad Cannstatt 1962–2011,I,pp.2,259.

智只能设想为能动的,并且,只能设想为以这种确定的方式活动着的。对于哲学来说,这种实在已经完全足够了;因为从哲学里得出来的结论就是:根本没有其他的实在"①。

哲学究竟是什么? 哲学思考的焦点是什么? 费希特的回答就是:"注意你自己,把目光从你的周围收回来,回到你的内心,这是哲学对它的学徒所做的第一个要求;哲学所要谈的,不是在你的外面的东西,而只是你自己"②。当谈到自己的独具特色新哲学的时候,费希特坦率地说:"一个哲学家,如果他可以算一个哲学家的话,……他发现的不是别的,而是必须想象(表象)他的自由的,而在他的外面存在着一些规定了的物。然而人不可能停留在这种思想上;纯粹表象的思想是半途的思想,是一个思想的碎片;必须进一步把某种与表象相适应的、不依赖表象活动的东西设想进去。换句话说,表象是不能单独自身存在的,它只有同一个别的东西连接起来才是某种东西,单就它本身来看则是无物。正是这个思维的必然性,驱使我们从上述观点走出来,进一步提出下面这个问题:表象的根据是什么? 或者换句话说,与表象相适应的东西是什么?"③

自我是一切实在的源泉,只有通过自我,并且与自我一起,才得出了实在这个概念。但是,自我之所以是自我,是因为它是自我设置的,而它之所以是自我设置的,是因为它是自我。因此,自我设置和自我存在是同一回事。但是自我设置这一概念和行动性这一概念,一般也是同一回事。所以,一切实在都是行动的,而一切行动的东西,就是实在。行动性就是积极的(而不是相对的)实在。④

---

① 《十八世纪末—十九世纪初德国哲学》,北京大学哲学系外国哲学史教研室编译,北京:商务印书馆 1964 年版,第 161 页。
② 同上书,第 137—138 页。
③ 同上书,第 145—148、161 页。
④ *Johann Gottlieb Fichtes sämmtliche Werke* (*SW*) , hrsg. von I. H. Fichte. Berlin: de Gruyter, Bd. 1, 1971, p. 134.

自我"设置"（setzen）自身，对费希特来说，就意味着"获知到……"、"反省到……"或"意识到……"。在费希特那里，这些语词并不意味着"自我创建他的意识的对象"，而是纯粹为了强调：自我的本质恰恰就在于自我宣称其本质存在于他自身之中；而自我宣称其本质存在于他自身之中，乃是自身蕴含自身同一性的直接表现。所以，决不能把这种自我同一性的自我宣称理解成一种心理学方面的事实，而只能是一种自我实现自我确认的行动。也正因为这样，费希特自己一再强调：这种具有本体论意义的自我意识的独特同一性，既是事实，又是行动；这也就是以上费希特所说的"*Tathandlung*"。

所以，费希特说："在我心里只有一个向往绝对的、独立的自我活动的意向，再也没有比单纯受他物摆布、为他物效劳、由他物支配的生活，更使我难以忍受的了。我要成为某种为我自己、由我自主的东西。只要我知觉我自己，我就感觉到这一意向，这意向与我的自我意识不可分离地连接在一起"①。

费希特对于自己所确立的新型知识学抱有充分的自信："知识学想建立的，就是这种现在我们所描述的完善的批判的观念论。我最后所说的这些话里包含着知识学的概念，我没有必要听取对于这个概念的反对意见，因为我所要做的，没有别人比我知道得更好。证明一个将实现的并且已局部实现了的事情不可能，这是可笑的。人们应当去把握我的阐述，并且研究它是否曾经实践了它所许诺的东西"②。

在费希特那里，显然，作为生命主体的自我，赋有自我意志和丰富的生活情感，集中了活着的行动者的一切创造活力。为此，费希特才把他的知识学研究，集中到自由与必然性的协调论题上。当费希特关切自由与

---

① Johann Gottlieb Fichte, *Die Bestimmung des Menschen* [1800], p.79; *The Vocation of Man*, trans.Peter Preuss, Indianapolis: Hackett, Peter Preuss.Indianapolis 1987, p.123.
② 《十八世纪末—十九世纪初德国哲学》，北京大学哲学系外国哲学史教研室编译，北京：商务印书馆1964年版，第161页。

必然性的相互关系时,他显然已经把人的知识活动,从单纯的追求知识真理,进一步扩大解释成自由行为、道德伦理行为与主体对知识客体的积极同一性把握的全面结合。

费希特认为,科学活动和我们的自由的保证,必须建立在这样的信念的基础上,即一方面外在世界是我们的表象能力的产物,另一方面自我本身又充分意识到其自身的自由和道德责任。正是在这个意义上说,费希特的哲学的最主要的知识学部分,就已经具有强烈的伦理学性质。

所以,在费希特确信:"'不仅要认识,而且要按照认识而行动,这就是你的使命'。其实,我一旦全神贯注片刻,注意我自己,这声音便在我灵魂深处强烈回响起来。'你在这里生存,不是为了对你自己做无聊的冥想,或为了对虔诚感做深刻的思考——不,你在这里生存,是为了行动,你的行动,也只有你的行动,才决定你的价值'。这声音引导我超出表象,超出单纯的知识,走向在知识之外存在的、与知识完全对立的某种东西,这种东西比一切知识都更加伟大和崇高,并包含着知识的最终目的"①。同时,费希特还说:"通过这个全部的综合而诞生的那个系列,只有凭借自由才能产生出来。谁采取这种自由的行动,谁就会意识到自由,而他就好像在他的意识中开辟了一个新的领域;谁不会采取这种行动,谁就会完全觉察不到那个受他制约的东西的存在"②。

费希特不惜重复地伸张的,就是贯穿于他的知识学新哲学的基本精神及其核心力量,那就是自我对自身的创造能力的确信和向往,是对自身的创造行动自由的确认和无条件实施,是把自身主体创造力量置于最高地位的行动本身。

费希特认为,行为才是自我的原初的东西,存在只不过是为达行为目

---

① Johann Gottlieb Fichte, *Die Bestimmung des Menschen* [1800], p.79; *The Vocation of Man*, trans. Peter Preuss, Indianapolis: Hackett, Peter Preuss. Indianapolis 1987, p.123.

② 《十八世纪末—十九世纪初德国哲学》,北京大学哲学系外国哲学史教研室编译,北京:商务印书馆1964年版,第160页。

的而设置的活动基础或手段。其实,这种设想早在康德那里就已经显露出来。① 当然,费希特并没有完全遵循康德的道德形而上学的思路,但费希特无疑采纳了康德的"按照你的良心行动吧"的绝对命令的公式,在改造康德的"向自然立法"的理念的基础上,进一步强调主体性不仅必须具备创造和改造世界的雄心壮志,而且还必须具有自我规范化的良心,使自我的同一世界的行动能够同时地符合伦理原则。

怎样了解上述原理呢? 他认为,意识只要求把握其自身,它只要考虑其可能性的条件,就可以确认那些属于存在物和认识本身的规定。简化这些规定的方法,按照费希特的看法,就是辩证法的三段论:正、反、合。这个方法此后变成德国经典哲学的基本命题。

"我是自我",这就是正题。在思维的一切活动中,自我永远重新地自我认识,以达到自我同一。自我体验其意识的所有内容,并把这些内容看作是自我本身的某些方面。这样一来,正题为我们提供了同一性的原则和"现实性"的范畴。

接着,正题直接地导向反题,"自我"变为"非我"。费希特说,自我不能不同"非我"对立而存在,因为没有"非我","自我"就不可能认识;这好像没有左手就没有右手那样。由此,我们同时地得到了另外两条本体论原则:矛盾原则和"否定"范畴。显然,费希特在论证从自我转向非我的过程的时候,一方面强调了自我与非我的不可分割性及其同一性,而且,另一方面,费希特还进一步引出作为本体论论证的两个不可忽视的思想原则,即"矛盾"和"否定"过程。同一性不是简单的"同一",更不是一步便可以完成的直接行为,而是包含矛盾和否定,是矛盾和否定的自我实施,也是两者的相互牵制和相互渗透。

"自我"对立于一个"非我"的同时,也就把自身分割成两个对立面。

---

① Kant,*Prolegomena zur einer jeden künftigen Metaphysik die als Wissenschaft wird auftreten können*.46.1783.

合题就是反题的否定,它所完成的一项活动,就是消除矛盾,把自我与非我统一起来,使思想与对象相互渗透,从而构成对于世界的认识。

显然,在费希特那里,自我既是具有本体论意义的存在,又是怀有伦理意志的行动原动力;自我的最内在的本质,就是自身的行动,它只以自身为对象,也只被自身所决定;而这就是所谓的"伦理理性的自由本质"。因此,毫不奇怪,理论体系的最高境界,就是绝对命令。康德原来的实践理性原则被费希特彻底地改造过来了。

然而,由于这一切都是"自我"的活动,所以关于世界的认识并非外在于自我。这一切活动都是内在地发生于自我之中。不过,理论的意识并非脱离于实践的意识。费希特说:"实践理性是一切理性的根源";道德上的自由就是绝对价值。所以,费希特强调:"使你自己处于自由";"要成为独立的自我"。他说:"通过这种自由活动的能力,即负责任地从事实践活动,合理的存在就可以提出和规定在它自身之外的一个感性世界。"自然界及其内容无非是义务的原材料;自我为了自我确定和超越自己,必须战胜这个原材料,使之处于自我可以把握的对象的地位。

所以,所谓自由,在费希特看来,无非是个体自由向合理的自由的不断的过渡。自我在实现合理的自由的过程中,始终没有忘记自己的道德上的责任和义务;这些义务感使自我向非我的统摄过程符合理性的要求。

人类在征服自然的过程中,不断地加强自己的地位;只有当人类积极地投入到超感性世界的活动中去的时候,"才真正地过人的生活"。

所以,就在《全部知识学的基础》的体系内就已经触及政治与伦理。知识问题并非纯粹属于认识和科学活动的范畴,而是关系到人生的最基本的活动本身,它必须同人在自然和在社会中的存在联系在一起。同时,知识也不仅仅是人的主观性,同样也不是仅仅与其对象相关,而是人的精神活动的组成部分,它也只能在主客关系中实现。

费希特出自对自由的珍爱,在设计他的知识学的时候,首先强调了主体的主观创造精神,探寻如何通过协调自由与必然的关系而达到自我的自由行动。因此,费希特必须说明具有自由意志并怀有伦理责任感的主体(自我)的创造意志,同时又不得不承认生存于特定时空范围内的物质世界。为此,费希特的主要目的,正是强调先验的反思对于自然意识的优越性,主张发挥先验的反思的能力,使具有自由意志和赋有伦理责任感的主体克服和驾驭物质世界和现实存在。

值得注意的是,费希特的知识学,其原文是 Wissenschaftslehre,不是康德在《纯粹理性批判》所说的“知识论”(Erkenntnistheorie)。康德发表《纯粹理性批判》的主要目标,就是要通过批判方法,论证每一个感性和知性活动以及每一个知识判断的一般性可能条件,即他所说的先天的纯直观形式和先天的知性范畴。康德把严格科学意义的知识,限定在直观和知性的先天形式与经验相结合的框架内,并明确地使之与道德伦理行为相区别。但费希特的知识学所寻求的,不限定在先天感性直观和先天知性范畴的功效范围内,而是集中分析论证作为“自我”的主体的独立创造力量及其条件,一方面重视主观的自我的主导性和创造性,另一方面又充分考虑到他者的主体的创造性力量。这就是为什么费希特的知识学全面探讨了“自我”向“非我”转化的可能性及其实现条件,使知识学的讨论范围,超出了康德的《纯粹理性批判》对一般科学知识的可能条件的探讨。

费希特在完成了对“自我”向“非我”转化的可能性及其实现条件的探讨之后,试图全面地建构一个纯粹人为的先验体系,其中包含了四大部分,即作为整个“全部知识学”的基础的“第一哲学”、“理论哲学(自然哲学)”、“实践哲学(伦理学)”和“各种设定的哲学(philosophy of the postulates 包括附属的自然法理论和宗教哲学)”。

所以,费希特的知识学,已经不是传统意义上的“知识理论”,而是作为主体的人的精神力量及其实践可能性和潜在性的理论探索,它一方面充分体现了费希特哲学的强烈实践性、主观性或主动性,另一方面又表现了他的哲学的创造精神。如果把费希特的知识学与他的《论学者的使命》、《致德意志民族的演讲》和《现时代的根本特点》等著作联系在一起,就可以看出,费希特始终认为哲学家所要探讨的,就是最大限度地发挥人的主动创造精神,并以行动为主导,改变和超越人自身所面临的生存条件,创建自己所追求的自由生活世界。费希特在《现时代的根本特点》中说:"人类世俗生活的目的,就是人类在这种生活中自由地、符合理性地建立自己的一切关系"①。费希特在其他一系列演讲中,也一直强调哲学探讨必须以实现人类自由创造为最高目标。所以,他的知识学的核心精神,完全不是传统意义上的知识论,而只能是寻求人类最高自由的实践力量。

显然,费希特和他的许多同时代人一样,深受康德思想的影响;但费希特也和他的许多同时代人一样,对康德的知识论有所批评,特别是对康德哲学体系中的二元论倾向进行批判,试图以新的哲学立场和观点,克服康德的二元论。

与费希特同时代的莱因霍尔德(Karl Leonhard Reinhold,1758—1823)本来是康德哲学的积极拥护者,但他是从基督教角度探讨康德,并在评论康德的《纯粹理性批判》时,特意先从《纯粹理性批判》的后一部分,即有关道德伦理论题及其与"神的理性观念"、自由意志和死后命运相关的部分开始。莱因霍尔德的这种评论方法,实际上表现了他的表达技巧,因为他意识到康德对知识的批判含有极大的晦涩性,难以被一般读者所理解。果然,莱因霍尔德对康德的评论立即引起读者的广泛反应。但接着,莱因霍尔德提出了所谓的"原始事实"(Urtatsache)的范畴,作为认识的统一原则,莱因霍尔德把"原始事实"归结为"表象",因此,他在后期很自然地归化到费希特的阵营中去。

---

① 费希特:《现时代的根本特点》,沈真、梁志学译,沈阳:辽宁教育出版社1998年版,第7页。

　　费希特通过莱因霍尔德对康德的批判，看到了康德批判哲学的主要问题，这就是康德并没有确立一个可以使他的理论批判和实践批判得以统一建构的共同牢固基础。所以，费希特由此出发，首先把哲学探讨的基本任务，确定为寻求一个唯一可靠和唯一明显清晰的哲学第一原则的出发点，这也就是我们自己之所以能够体验到自身是一个有所作为的有限的行动者的真正根源。费希特确信，唯有首先确认这一点，理性自身，作为理论理性和实践理性的统一基础，才能获得牢靠的根基。费希特指出，康德所没有做到的，恰恰是这一点。

　　费希特在彻底展开对康德哲学的批判之后，克服了莱因霍尔德的不彻底性，强调所谓"原始事实"只能是人类实践本身，就是作为实践主体的人类行动的创造精神，它是要靠自我自身，通过实际的生存经验的反复体验而在直观中才能把握的。在给莱因霍尔德的一封信中，费希特指出："我想告诉大家的，是一些不能言传、又不能意会，而只能被直观的东西。我所说的，无非只是引导读者，使他产生对于直观的渴望。谁想研究我的著作，那么，我就对他进行劝告，要放开那些言辞，只需寻求如何跟随我的直观步骤，哪怕他还不理解已经阅读的部分，也要继续阅读，直到最终闪烁出火花；这个火花，如果它是完整的，它会径直引入我的直观行列，来到一个根节点，并从此看到全体。例如，我的体系的灵魂就是这样的定理：自我直接设置自身。如果没有自身对自身的内在直观那么这个定理就没有意义，没有任何价值。我在讨论中常常鼓励大家的这种直观，大家起初往往不理解我，后来就完全理解了。我是这样说的，一个自我以及一个与它相对立的非我，必须先于所有的情感作用，而后者只有借助于前者才有可能。为什么自我是我，而物不是我。原因根本不在于此，而在于这种对立的发生是绝对的。须知，经验不能告诉我们：我们应当将什么当成我们的，不应当将什么当成不是我们的。同样也不存在一条可以用来确定它们的先天性。这种区分是绝对的，而且只有通过这种区分，所有先天原则以及所有的经验，才是可能的。自我和非我两者通过数量，通过相互限制、规定、制约,联合在一起,而这种联合在一起也是绝对的。任何哲学都不会超越这些定理,但全部哲学,也就是说,人类精神的整个方法都是从这些定理中发展出来。须知,那种原始的设定,对立和区分,并不是思维,不是直观,不是直觉,不是欲求,不是感觉等等,而是人类精神的全部行动,这种行动没有名称,永远不会在意识中出现,它是不可理解的。所以,我的哲学的入门永远是绝对不可理解的。这就使得我的哲学很费解,因为它只能用想象力去把握,而不能靠理智去把握。但这恰恰保证了它的正确性"①。

费希特还进一步对莱因霍尔德强调说,把握知识学原则的关键,就是对于自我的自由的确信和实践:"在知识学中,人对他的自由(自我性和独立性)的认识被设定为每个真正的人都自然具有的,谁不具有这一认识,谁就无可救药的了。这作为唯一可能的科学立足点当然只有通过知识学才能获得论证"②。

从这里也可以再一次看出,费希特探索知识的可能基础,就是他的"知识学"的目标;"知识学"也因此有资格取代富有争议的"哲学",并把与人的经验以及人的本性完全无关的"物自体"清除出去。

在克服康德二元论的批判中,费希特主要发展了康德的先验观念论,强调主观内在意识的创造能力,并使之进一步同受到实践理性指导的人类行为结合在一起。在费希特看来,把康德的先验观念论贯彻到底的出路,就是彻底抛弃康德的物自体概念,保证主体的直观创造能力在人的理性实践中充分发挥作用。所以,费希特紧跟同时代的舒尔兹(Gottlieb Ernst Schulze,1761—1833)等人之后,对康德的物自体概念进

---

① Hans Schulz(Hrsg.) : *J. G. Fichte* , *Briefwechsel*. Band 2. Leipzig 1930, pp. 120 - 121 ; *Briefwechsel 1799 - 1800 Johann Gottlieb Fichte.*herausgegeben von Reinhard Lauth und Hans Gliwitzky ; unter Mitwirkung von Manfred Zahn und Peter Schneider / Stuttgart-Bad Cannstatt : Frommann-Holzboog , 1973 , p. 130.

② Rolf Ahlers : *Fichte* , *Jacobi und Reinhold über Spekulation und Leben*. In : Hartmut Traub : *Fichte und seine Zeit.* Amsterdam/New York 2003 , p. 20.

行批判。

先后在威登堡、赫尔姆斯特和哥定根大学任教的舒尔兹，从 1792 年开始便全面批判康德，他首先匿名发表《艾纳西德姆斯》(*Aenesidemus*) 一书①，借用古希腊怀疑论哲学家艾纳西德姆斯之名，批判康德《纯粹理性批判》和莱因霍尔德的《哲学要义》的理性批判方法，试图维护受到理性批判怀疑主义。正是在舒尔兹之后，费希特严厉地批判康德的物自体概念，他强调根本不存在能够产生观念的外在物自体。对于费希特来说，恰恰是自我，才是外在事物、客体和非我的原因。费希特还说，对于理智、非感知和直观而言，真理是显而易见的；换句话说，只要使用理性，真理是可以直接地被把握。

所以，受费希特的影响，叔本华说："由于物自体是不可信的，所以，费希特才准备创建一个没有物自体的新体系，抛弃任何一种不是通过我们的表象而产生的任何事物的假设，并由此而使认知主体成为能够产生一切的力量，或者，换句话说，使一切事物归根结底都以其自身作为它们自己的产生根源"②。这样一来，物自体就成为"多余"的了。

费希特的知识学的创造精神，还可以通过他在耶拿大学授课安排计划体现出来。起初，费希特在耶拿大学开设了两门哲学课程，其中一门是关于整个哲学体系的"知识学"，另一门是实用性讲座，试图将他的知识学原理实用化，鼓励非学术研究人员把哲学的创造精神贯彻到他们的生活实践中。所以，他的通俗的实用性讲座讲述伦理学原则和学者的使命等。显然，费希特的知识学哲学体系，包含理论和实践两大部分，而且，这两部分是相互联系和不可分割的。

---

① 该书全名为《艾纳西德姆斯，或论莱因霍尔德教授在耶拿所提出的哲学要义的基础；同时维护怀疑论而反对试图通过理性对于怀疑论的批判》(*Aenesidemus oder über die Fundamente der von dem Herrn Professor Reinhold in Jena gelieferten Elementar-Philosophie. Nebst einer Vertheidigung des Skepticismus gegen die Anmassungen der Vernunftkritik*)。

② Arthur Schopenhauer, *Parerga and Paralipomena*, Vol. I, §13.

三、政 治 思 想

费希特很早就树立了为人类进步事业献身的生活理想。费希特一生充满使命感、历史感和责任感。对他来说,人生来就是为社会的进步和发展而活。所以,他在哲学方面的任何创造性思想都是与他个人的社会政治改革理想紧密相联系。1790 年他写道:"我并不只是停留在思想层面;我要行动,……我只有一种激情,一个愿望,一种属于我自己的感觉,那就是为全人类工作;在这方面我做得越多,我就越感到高兴。"①费希特在谈论德国社会前景时,慷慨激昂地表示:整个欧洲社会都趋向腐败,因为它们只对纯粹个人利益和个人自由感兴趣,而且,整个社会都越来越堕落。费希特主张个人利益不能过于膨胀,指出:"我现在全心全意地拥护人的自由,而且,以此信念为基础,必须尽可能强调义务、责任、德性以及伦理原则的重要性"②。在以上论述费希特个人生活和学术经历的时候,我们也一再强调费希特个人的生活历程及其充满悲凉和危险的遭遇,这些生活历程和个人生活经验,在许多时候,往往成为费希特思考社会政治哲学的经验基础和情感基础。他出生于平民家庭,从小经历多种艰难困苦的生活,亲身体会到当时社会的实际矛盾,也感受到历史的进程脉搏。所有这些,在费希特思考社会政治理论的时候,都成为了他进行社会批判的出发点。在费希特写给歌德的信中,他说:"只要反思性的抽象尚未与感觉的最纯粹的精神性相结合,那么,哲学就还没有达到其目的"③。费希特的人格特征及其强烈的历史使命感,使他的主要著作《知识学》具有浓厚

---

① Eugene Anderson, *Nationalism and the Culture Crisis in Prussia*: 1806-1815, Octagon Press. 1966, p.21.

② Ibid., 25.

③ *Briefwechsel* 1799-1800 *Johann Gottlieb Fichte*. herausgegeben von Reinhard Lauth und Hans Gliwitzky; unter Mitwirkung von Manfred Zahn und Peter Schneider / Stuttgart-Bad Cannstatt: Frommann-Holzboog, 1973, pp.92-93.

的政治哲学和道德哲学的性质。恰恰就在《知识学》中,费希特是从知识学的基本原则出发,强调:"自然法的基础就是《知识学》的原则"(Grundlage des Narurechts nach den Prinzipien der Wissenschaftslehre)①。

法国大革命在 18 世纪末的爆发及其曲折发展,自始至终成为费希特总结历史经验并由此创建自己的社会政治学说的重要基础。他在《纠正公众对法国革命的评判》中说:"在我看来,法国大革命对全人类具有重要的历史意义。……只要人类不变得更加明智和更加公正的话,那么,人类所追求的一切幸福都将是徒劳的。……法国大革命是一幅绚丽的历史图画,这幅画的主题,就是人权和人的价值";接着,费希特又说:"要阻止暴力革命,唯一可靠的办法,就是把人民的权利和义务交给人民。法国大革命给我们指示了这一办法,从而为那些懵懵懂懂的眼睛照亮了美丽的有色图景"②。

同时,在社会政治思想方面,费希特还受到康德与莱布尼茨的深刻影响。在费希特对康德道德哲学和实践哲学的解读及分析中,处处展现出他对新型的政治哲学和道德哲学的卓越观点③。值得指出的是,费希特特别发展了康德关于政治与道德紧密相结合的观点,强调对于个人而言,政治权利、国家义务和道德责任是完全一致的,它们全都是源自人性本身,是人之为人的不可回避的绝对义务④。就此而言,费希特的《依据知识学的伦理学》更清楚不过地显示了他的政治哲学的道德伦理性质⑤。

---

① Johann Gottlieb Fichte, *Gesamtausgabe der Bayerischen Akademie der Wissenschaften*, *GA*, hrsg.von Reinhard Lauth, Erich Fuchs und Hans Gliwitzky.Frommann-Holzboog, Stuttgart-Bad Cannstatt 1962−2011, Ⅰ,1,pp.88−89.

② Johann Gottlieb Fichte, *Beitrag zur Berichtigung der Urteile des Publikums über die französische Revolution*, 1793.

③ Johann Gottlieb Fichte, *Gesamtausgabe der Bayerischen Akademie der Wissenschaften*, *GA*, hrsg.von Reinhard Lauth, Erich Fuchs und Hans Gliwitzky.Frommann-Holzboog, Stuttgart-Bad Cannstatt 1962−2011, Ⅲ,p.213; Ⅰ,Ⅳ:265; GA, Ⅰ, Ⅲ,p.208.

④ Ibid., Ⅲ,p.387.

⑤ Johann Gottlieb Fichte, *Das System der Sittenlehre nach den Principien der Wissenschaftslehre*, 1798.

1794 年，费希特在耶拿大学的五篇公开演讲①，已经非常明确地阐明自己对德国和整个欧洲实现现代化的基本立场，论述了他的最基本的政治思想观点。费希特延续 17 世纪以来欧洲政治哲学家的自然权利论传统，强调人的自然本性是探讨人的一切权利的基础。他指出："人之所以应该是他所是的东西，完全是因为他存在，也就是说，他所是的一切，应该同他的纯粹自我，同他的纯粹自我性相关联；他之所以应该是他所是的一切，纯粹是由于他是一个自我；而且因为他是一个自我，所以，一般说来，他根本不应该是他所不能是的东西"②。

在耶拿时期，费希特也在 1807 年撰写了《作家马基雅维利》一书，阐明其自由主义及观念论政治哲学。费希特把知识学的一个重要组成部分命名为"法的理论"（Rechtslehre）；它的基本内容延续了此前在《自然法基础》阐述的观点，明确地区分了伦理学与法哲学的界限，强调法哲学所关切的基本问题就是"正义"。

在政治哲学中，费希特不同于康德，费希特并不像康德那样把政治哲学当成道德理论的一个附属部分，而是明确认为政治哲学具有其自身独立的论题和原则。如果说，伦理学只是探讨一位具有自由意志的主体所可以做的，那么，法哲学就探究一位主体所准许做的，也就是探讨一个主体所必须正确地做的。换句话说，伦理学涉及意识的内在世界，而法哲学只关切外在世界或公共领域范围内一个人的自由可以实现到什么程度。

在完成了一般性探讨之后，费希特进一步深入探讨法制的运用条件，集中探索具有自由权利的个人的实际的共同存在的问题，也就是涉及一个自由社会的存在条件问题。费希特认为，一个自由社会的最一般存在条件，就是保障人的存在的自然权利。为此，费希特集中探讨自由社会中个人自由的保障以及与此有关的合法强制性条件及相关的义务问题。

---

① 费希特在耶拿大学的五篇演讲，后来出版时定名为《论学者的使命》。
② 费希特：《论学者的使命》，北京：商务印书馆 2005 年版，第 8 页。

　　值得指出的是,费希特的政治哲学虽然从维护个人自由和捍卫自然权利出发,但在社会和国家问题上,费希特并没有全面导向自由主义政治哲学传统,而是更多地主张发挥国家的管理职能,也强调国家的警察职能,要求组成国家的各个社会契约签约者,所有的公民,必须承担对整个社会和国家承诺的义务,以便保障个人和社会其他人的自由的合理实施,同时也必须保障维护国家管理社会经济活动的权力。

　　《知识学》无疑是费希特哲学思想的最主要代表作;他试图以此为基础创建一个以主观性为核心的观念论哲学体系,不仅阐明知识和认识,而且还论及道德、政治、法律和宗教问题。所以,早在他的知识学体系中,就已经确立了他的政治、社会和道德伦理思想的基本原则。

　　在知识学里,费希特明确表示,他是一位行动者,一位注重实践的人。他认为,追求和发展知识,并不是单纯为了增加自己的知识,而是为了更好的按照现代社会的要求进行有用的社会行动,尽到每个人对社会的合理义务。他把知识及其形成基础,归结为主体的积极主动的创造行为本身;正因为这样,费希特极端重视知识和文化在社会历史发展中的重要作用。他在《学者的使命》中指出:知识的进步是人类进步的根本基础;人类的发展直接地依赖于知识的进步,一旦知识迟缓发展,人类的进步就马上受到阻碍。同样的,知识也就成为了社会政治改进及道德建设的重要基础。在《人的使命》中,费希特要求每个人都意识到自身的社会责任,不但要使自己成为现时代合格的人,而且还应该成为历史时代所期盼要求的人;这就需要每个人不满足于现状,承担起改造社会的责任,促使社会顺利建构自由民主的制度,完成自己的历史使命。

　　此后,费希特在新的政治哲学的基础上,于1807—1808年发表了震撼全国的《致德意志民族的演说》。这部演说专辑并非单纯表述费希特本人的民族观及爱国主义,而是全面论述他的国家观和政治观,涉及费希特的政治哲学的基本观点。当然,毫无疑问,他也在这篇演讲中进一步发展了他的“民族国家”的概念。

　　费希特是一位世界主义者,但他的世界主义(Kosmopolitismus),和他的整个政治哲学及民族主义一样,是随当时欧洲发展的状况而变化。在法国大革命期间,费希特寄望于法国大革命,非常关心整个人类社会的命运,希望法国大革命将有助于加快实现他的世界主义理想。但后来他发现,人类历史发展到第三阶段基本上是以个人利益为中心动力的社会,而且,拿破仑的入侵给德国带来的灾难,使他改变了观点。费希特对拿破仑的失望,使他进一步加强了德国民族主义情绪,他认为,唯有德意志国家才有能力和资格在整个世界推行世界主义理想。1806 年,费希特明确地把世界主义理想与德国民族主义结合起来,他说:世界主义旨在实现人类改造世界的目标,而爱国主义是为了实现我们所从属的那个民族的利益和意志,并使之推行到整个人类。因此,世界主义必须变成爱国主义[1]。费希特在 1807 年底对柏林大学师生的民族主义演讲中,强调德意志民族在当代历史阶段所承担的义不容辞的责任和义务,他认为德意志民族有责任"领导"全人类实现历史新时代的目标[2]。

　　在法军占领德国期间,费希特进一步加强了他的民族主义思想建设及其贯彻。他认为,德意志人应该显示出自己的民族性格,彰显德意志民族的思想文化特点,甚至进一步表现了他对犹太人的仇恨心态。他追随主张统一德国的冯·斯坦男爵(全名 Heinrich Friedrich Karl Reichsfreiherr vom und zum Stein,1757—1831)的政治改革方案,力主德国文化菁英们带头引领德意志民族实现他们统一德国的目标。费希特把德意志民族列入所谓的"雅利安优等民族"的行列,为其反犹太主张进行辩护。其实,他在法国大革命后不久所写的《纠正公众对法国革命的评判》一文中,就已经明显地表现了他的反犹太主义思想。他在文中称:犹太人在德国境

---

① Eugene Anderson, *Nationalism and the Culture Crisis in Prussia*; 1806 – 1815. Octagon Press.1966, p.34.

② Johann Gottlieb Fichte, *Addresses to the German Nation*. Cambridge University Press.2008, p.10.

内创建的"国中之国"终将颠覆德国①。费希特的反犹太情绪发展到极其严重的程度,使他赤裸裸地表示:"唯有把犹太人的头割下来,换上一个不再有犹太精神的新头放置在他们的肩膀上,才有可能让他们亨有真正的德国公民权利"②。费希特的这种反犹太情绪及其极端的民族主义,对日后德国政治思想的发展发生消极影响,也在20世纪30至40年代发展成为了希特勒法西斯种族主义的一个思想基础。

费希特主张建构和强化自给自足(Autarky)的国家。他认为,治理国家主要靠公民的伦理及其行动原则。在《全部知识学基础》里,费希特的认识论原则直接地成为了道德原则。他认为,个人只有忠诚于自己的社会义务的时候,才能超越自己,而达到超感性的世界。个人必须同理性的秩序相融洽,而国家就是这种理性的秩序的代表;对国家而言,它不会向自己提出目的,但受到国家管理的公民,必须把国家利益当成个人的目的;国家的任务是领导经济生活,发展文化,并委托家庭实现教育任务。但是,费希特有关自给自足国家的观点,相对于他的整个政治观和国家观而言,并非最重要的部分。

对费希特来说,即使是最好的政府也不过是建构理性王国的手段而已,再好的国家也终将被理性力量所取代。他明确地认为:国家生活不属于人的绝对目的;相反,国家仅仅是在特定条件下产生用来创建完善社会的一个手段。国家和人类的其他一切规章制度一样,是纯粹的手段,其目的在于毁灭它自身。所以,任何一个政府的目的,就是使政府本身成为多余的。

费希特在《纠正公众对法国革命的评判》一文中,已经很明确地表明了他的国家观。当法国大革命从1789—1793年经历了曲折的发展道路之后,有许多德国政治家和政治哲学家群起分析批判法国大革命以及与

---

① Johann Gottlieb Fichte, *Gesamtausgabe*, I/1, S.292-293.

② Ibid.

之相关的社会政治制度。与费希特同时代的汉诺威政治家雷尔贝尔格（August Wilhelm Rehberg，1757—1836）于1792—1793年发表两卷本《法国大革命探究》，片面强调了国家理性的至关重要性，对法国1791年宪法给予严厉的批判①。费希特在他论述法国大革命的著作中，严厉批评了雷尔贝尔格对法国大革命的片面分析，全面地提出了他对国家、私有制、法权以及民主制导向自由社会主义国家的道路②。

至于社会的改革，费希特并不赞同暴力革命，因为暴力革命是人类的一种"勇敢的冒险行为"；因此，即使暴力革命成功了，它的胜利也会带来明显的麻烦，而如果它失败，人类就会从贫困走向更大的贫困。因此，比较保险的办法，就是逐步走向更好的开明社会，实现社会制度的改善。费希特希望通过改革实现他的所谓理性王国，诚恳地劝告统治当局不能拖延改革或拒绝改革，否则，老百姓就会处于贫困境地。当然，在对待法国大革命的问题上，费希特的《纠正公众对法国革命的评判》一文，其观点和立场是非常鲜明的：他认为，如果必要，也就是说，当人民对专制已经忍无可忍的时候，诉诸暴力革命是无可非议的。

费希特在谈到社会改革和国家制度的改变的时候，还经常涉及良心问题。他认为，只有诚实的人，才有可能确信共同意志的可能性，也就会心安理得地靠他的良心去推翻腐朽的国家。

费希特主张实现人民的自由、平等和民主。自由总是有条件的，它只能在一定的限度内才是可能的；对于一个有限的存在来说，绝对的自由是不可能的。但他主张：任何真正期望使自身成为一个自由的主体的人，都应该努力使自然界和人类社会的存在符合他所自由设定的目标。费希特认为，人民按照法律具有至高无上的权力，而这种权力是别的任何权力的

---

① August Wilhelm Rehberg, *Untersuchungen über die französische Revolution*. Hannover: Ritscher, 1792–1793.

② Johann Gottlieb Fichte, *Beitrag zur Berichtigung der Urteile des Publikums über die französische Revolution*, 1793.

源泉,它是神圣的,只对上帝负责。在人民的议会面前,行政权实际上按照法律丧失了它的权力;意思是说,任何政府的行政权只能来自人民的权力。费希特在法国大革命之后不久所写的《论学者的使命》中主张消除人与人之间的社会不平等,而在此前不久发表的《向欧洲君主索回他们迄今压制的思想自由》中曾经明确地号召人民进行斗争,要求实现自由民主的社会制度。

费希特的历史观的核心是人的自由的实现。早在1806年发表的《现时代的基本特征》(*Die Grundzüge des gegenwärtigen Zeitalters*)中,费希特就强调了人类历史无非就是人类从不自由走向自由的历史过程①。他认为,与个人的内在发展相平行,个人的外在发展也体现在个人在国家中的地位的变化。对个人来说,最重要的是要把自己导向自由的市民(zum freien Bürger)。个人必须紧跟社会的历史发展,使自己配得上社会的历史发展过程。

当然,费希特的政治观点并非前后一致的,因为随着他的处境的转变以及整个德国政治局势的变化,费希特经常提出新的观点和主张。而且,由于当时的德国社会和政治仍然处于较黑暗的时期,受到德国整个社会政治气候和社会风气的影响及压力,费希特越到后来,越趋向于谨慎和保守。这在德国19世纪的条件下并不奇怪,何况费希特本人作为一个对时局非常敏感的思想家,不会拘泥于自己发表过的言论;他要不断地修正或补充自己对活的政治活动的看法,以便尽可能发挥其政治哲学的实践作用。

四、诠 释 学

费希特还在诠释学方面做出特殊的贡献。费希特的《知识学基础》

---

① 　J.G. Fichte: *Die Grundzüge des gegenwärtigen Zeitalters*, Felix Meiner Verlag, Hamburg 1978, S. XV.

以极其深刻的分析和论证过程,他所提出的正题/反题/合题(*Thesis-an-tithesis-synthesis*)的精神创造模式,阐述了自我与非我的相互转化条件及其意义,他也因此阐明了诠释活动在转化过程中的重要意义。费希特认为:任何一个既定的"正确判断",实际上都是没有任何客观根据的;因此,人是靠自身的精神创造活动,设定各种为自身所创造的真理性判断提供依据的前提条件以及与此相关的论证方法。一般都说,所有所谓"正题"判断及其阐述方法,都必须以自我所设定的"公理"为基础,然后,通过自我自身的论证而建构起一系列论述体系。

显然,一切由各种命题所构成的真理体系和理论架构,都首先由自我创建必要的前提作为基础,然后,在同"反题"的对立比较中,进行自我的诠释,以便说明或论证从正题出发的必要性及其导向与反题相互对立的原因,为进一步在综合判断中获得有利于自我设置的真理目标奠定基础。在这里,自我的诠释扮演了决定性作用。

自我进行诠释的第一步,就是阐明自我进行自我设置的必要性和不可避免性。自我为了发挥其诠释的功能,必须从一开始就自我证明其自身就是一种"绝对"。作为"绝对"的自我,显然把论证过程中的自我设置,树立在最高地位,确立了它在此后所有诠释过程的权威性。这种自我确定,就是诠释的出发点,也是自我在整个诠释过程的权威性及其合法性的先决条件。其实,一切诠释活动,首先就必须确立不可动摇的自我意识,并把这种自我意识提升到连自己都毫不怀疑的程度。

自我树立了绝对的自我意识,才能使整个诠释过程掌握在作为诠释主体的自我意识的控制下,也因此才能顺利地实现诠释过程中的各个反思性阶段,确保诠释过程的一贯性及其彻底性。

什么是批判呢?费希特认为,批判哲学的本质,就在于把一个绝对的自我,陈述为绝对无条件的、不能被任何更高的东西所决定的总体性。只有以此为出发点,并使之贯彻始终,才有可能建构富有创造精神的知识系统,也才能创建一个具有创造精神和清醒的自我意识所领导的诠释过程。

　　换句话说，为了确保整个诠释过程的生命力及其不断再生产能力，就必须树立绝对的自我，也必须确保绝对的自我的生命活力。绝对的自我并不是一次性完成，也不是一旦创建就一劳永逸和无所作为了。自我必须永远保持其诠释的活力，同时也必须具有自我诠释的能力，一方面以自身的设定，规定一切诠释过程，另一方面，又要使自我本身实现一再的自我革新和自我生产，通过不停顿的自我诠释，确保自我的绝对性，同时也就确保诠释本身的生命力及其不断再生产过程，使诠释因自我的创造精神而变得永远具有生命力。

　　由此可见，知识学本身就是靠诠释活动来不断推动和不断更新。显然，费希特的知识学体系是以独特的诠释学为方法建构出来的，不但它对于自身的自我出发点需要依赖于自我诠释，而且对自我所创造的世界及其后果，也急需具有创造性的诠释活动来进行正当化的论证。所以，辩证而灵活的诠释学乃是费希特建构其体系的支柱。

　　费希特的知识学原理表明了这样一个原则：一切知识学都以绝对的自我作为出发点；但是，绝对的自我一经树立起来，又必须与反题和综合判断的内容加以比较，不断进行较量，实现反思过程，才能得出最明白、最清晰的见解。

　　在费希特那里，解释学的原则实际上也是从解释者的自我的绝对确立出发，然后，它必须同各种假定的反题、综合命题相比较，分析和总结出更为可靠的结论。这种结论是"自我"经历反省、比较和创造之后，在更高的基础和更广阔的视野内，对于原文作者的自我的复返或回归。这种复返或回归，包含了解释者的自我和自我扩展的思索成果，但又不是对原文作者的自我的绝对否定；它毋宁是原文作者的自我在解释者的自我之中的回音。自我的解释通过这样的否定和肯定过程之后，终于在自己的自我意识中找到了真正的和坚实的知识根基。

　　费希特的诠释学同当时对诠释学做出重要贡献的施莱尔马赫来说，无疑起到了积极的推动作用。费希特和施莱尔马赫同属于浪漫主义流派,他们不愿意约束于传统的诠释规则系统,注重诠释过程的创造性和超越性,为诠释学在 19 世纪的新发展做出了贡献。

五、宗 教 哲 学

费希特本来就很早受到了传统的宗教教育,青年时代攻读斯宾诺莎哲学后,又受到斯宾诺莎自然神论思想观点的启发,使他强化了对于传统基督教教义的反思批判过程。迈入 19 世纪后,费希特的宗教著作表现了某种程度的神秘主义倾向,加强了他对传统基督教神学的反思性批判态度。

为了理解费希特的宗教哲学,当然,我们仍然必须从他的知识学出发。在他的耶拿版知识学中,费希特明确指出,作为第一原则,就是"自我确定他自身",或者,更确切地说,"自我确定他自身就是自我"。由于这个自我确定的行动,构成了"自我性"的一般特征的基础,所以,第一原则就意味着:"自我确定他自身就是自我确定"。为了确保这种完全源自自身的自我确定的合法性,在 1796—1799 年的耶拿《知识学新方法》中,费希特干脆宣布,确认自我确定他自身的原则为第一原则,就是一种无须证明的"公设"或"公理"本身(postulate 或 summons)。费希特还提醒读者,如果要把握这个第一原则,只需"想想自我,并仔细观察由此行动可以牵涉到什么"。

首先在 1801 年和 1804 年的著作中,他论证了知识学的最终目标就是实现无限的生命,也就是神的神圣话语所描述的那种"受神护佑的美好生活",一种受到上帝保佑而达到身心幸福境界的生活;它是唯有靠对于神的极度敬仰才能想象出来的"神圣的图像",某种只能体现在图像中的绝对知识。但费希特在这里所说的上帝,不再是起作用的道德原则,而是一种真正现实的存在;人类与上帝在"爱"中的统一,为人类本身提供了真正的自由。费希特的这种观点,直接地同上述关于自我的伦理本质的思想相关联。

正如我们在前面所看到的,费希特明显地把行动与存在对立起来,因此,费希特多次在理论争论中显露无神论的倾向。费希特认为:知识学不能把上帝当成实体,由此就引申出一个被有神论认为是非常危险的结论,即上帝必然是某种派生出来的东西,而知识学也只能在"普遍的自我"中,在绝对自由的创世活动中,探索形而上学的上帝概念。也正因为这样,费希特的知识学,与独断论相反,只能称上帝为"道德世界的秩序"①,是一种发挥整饰功能的秩序(ordo ordinans)。

费希特在 1806 年为柏林公众发表了十一篇论"极乐生活"(seliges Leben)的演讲,实际上就是他在《知识学》所论证的那种达到了"圣者"高度的虔诚生活。费希特在论极乐生活的演讲中,讲述了他的宗教观点,并把他的知识学本体论一方面与崇高的理念,另一方面也与现实生活紧密地联系在一起,体现出他的哲学的强烈实践精神。费希特之所以在这一时期发表关于极乐生活的系列演讲,目的在于批判谢林当时发表的宗教哲学著作,同时也为自己以往受到的不合理的批判进行辩护。

对于费希特的宗教观点及其深刻哲学意义,只有与他对立但又很了解他的谢林才能够真正理解。谢林中肯地说:"费希特虔诚地出现在我们面前并且说一切存在都是活生生的;除了生命,没有别的存在,而绝对或者上帝就是生命,一切存在都是上帝,除此以外没有别的存在"②。由此可见,要真正把握费希特的宗教思想,不能仅仅停留在字面的认识,而是要像谢林那样,对自身、世界和具有神秘性质的绝对有所体验,特别是通过生活本身来体验,才能了解费希特为何要在知识学完善化的基础上建构和论述他的宗教哲学。

费希特从一开始就把他的哲学思考同生命本身联系在一起,同时也

---

① *Fichte Werke Gesammtasugabe der Bayerrischen Akademie der Wissehschaften*,hrsg.Von R. Lauth und H.Jacob,Münschen:Bd.5,pp.182;210.

② *Friedrich Wilhelm Joseph Schelling's Sämmtliche Werke*[SW],ed.K.F.A.Schelling,I Abtheilung Bd.7,p.25.Stuttgart:Cotta,1856-1861.

把哲学理论的建构当成生命的自我创造精神及其实践活动的思想缩影。生命固然要在创造中把握世界,同时也必须充斥着一股强烈的爱的力量,因此,费希特明确地认为,生活与爱的精神是自在自为地相同一的;实现爱的生活也就是实现本真的生活,而本真的生命是自相同一的。然而,实现爱的生活并不容易,它要求生命的自我能够无止境地导向精神生活与自身内在灵魂境界的最高层面。为此,需要使哲学从理性与情感意志相同一的层面提升到具有一定神秘性质的宗教领域。其实,费希特在1799年发表的《向公众呼吁》的演讲中,就已经明确地把自我的伦理实践理解为具有灵性的自我行动对于超感性事物的把握。要使自身的生命提升到"自我与世界整体的同一",只能通过从知识学上升到对具有宗教信仰性质的超现实的把握。这一切要求自我超出意识的范围而充满对神和对绝对的爱,以此为动力,才能实现最高层次的灵性生活。

费希特把生命的展现及其可能的方式与生命自身所形成的世界观联系在一起。费希特认为,不同的生命展现层次产生了不同的世界观。他列出五种不同层次的世界观,以便论证宗教的世界观对于生命活动的重要意义。费希特所列举的五种世界观分别是:其一,时下流行的哲学观点,它是最低级的;其二,维护现存世界秩序并把当下存在的制度当成合法性或绝对命令的观点;其三,道德的观点;其四,宗教的观点;其五,科学的观点。费希特认为,真正的笃信宗教必须同现实的极乐生活理念相结合,也就是说,使自我对神的爱同对一切存在的爱相结合,由此推动对自身灵性生命的无限循环的陶冶。

六、历史地位及其影响

费希特的观点在他的同时代人中产生了很大的影响。斯列格尔兄弟、福尔贝格(Carl Forberg,1770—1848)、尼丹默(Friedrich Immanuel Niethammer,1766—1848)、沙德(Johann Baptist Schad,1758—1834)、麦默尔

(Gotlieb Ernst August Mehmel,1761—1840)和诺瓦利斯等,都是费希特的追随者。其实,谢林和黑格尔等同时代的其他著名哲学家,在早期,也是很赞扬费希特的哲学。这也就是说,谢林和黑格尔等具代表性的德国古典哲学家,之所以能够很快取得重大的理论成果,在一定程度上也应该归功于费希特对康德的批判。

所以,如果说,康德之后掀起了德国观念论思潮的发展新高潮的话,那么,正是费希特开创了这个观念论的发展方向。但是,费希特所开创的康德批判运动,是把重点明显地转向主体的自我的创造精神,试图在自我中寻求发展哲学的出路。因此,费希特所带动的德国观念论新方向,意味着康德之后整个德国哲学重新广泛讨论主观能动性的重要意义。

谢林、斯列格尔和黑格尔等人,充分地发展了费希特对康德批判的成果,特别发挥了主观的辩证法的威力,也发扬了费希特思想中的浪漫主义精神,在费希特之后创建了新的思路和哲学理论发展模式,并获得了丰硕的成果。

同样的,叔本华也在很大程度上受到费希特的思想影响;叔本华曾经是费希特的学生,在 1811—1812 年,他曾经在柏林大学聆听费希特的课程,深受费希特自我概念的启发。费希特有关"绝对自我"、"绝对意识"(Das absolute Bewusstsein)和"力争(奋斗)"(das Streben)的概念,极大地启发了叔本华,进一步促使叔本华充分发挥费希特关于表象和意志的概念,为叔本华创建一个超越理性的新思想体系提供充分的思想准备。正是在费希特的影响下,叔本华强调具有欲望、表象和意志的人,可以随时随地为满足自己的需要而行动。因此,在叔本华看来,具有绝对自我的人有可能产生各种非逻辑的和无方向的欲望,以致整个世界都难以避免地充塞着人的行动。爱因斯坦曾经以这样的语句概括叔本华的思想:"人在实际上可以做他想要做的,但人又无法完全实现他所希望做的"①。叔

---

① Howard,Don A.Howard,December 2005,*Albert Einstein as a Philosopher of Science*,*In Physics Today*,*American Institute of Physics*,58(12),pp.34-40.

本华的这一思想,实际上发展了费希特所说"世界是为主体而存在"的论断。费希特的先验的观念论也使叔本华远离过多谈论知识论的笛卡尔和贝克莱,而把行动直接地当成具有伦理意义的道德态度本身。正是在这基础上,叔本华强调意志的盲目性,并认为传统道德所主张的禁欲主义原则只能引导人犯罪或犯错误。

费希特在知识学方面的成果,也促使德国哲学家重新思考知识问题,同时也促进了19世纪下半叶整个欧洲哲学从知识的实践方面,进一步探索知识与道德伦理行动、科学技术革命以及社会政治改革的内在关系①。正是在这个意义上说,费希特又是后来发展起来的德国实践哲学的主要推动者。

19世纪末至20世纪初,当德国的新康德主义者试图发展新的知识论的时候,费希特知识学的主要观念也提供了新的思路。受费希特思想启发而从新康德主义出发创建起来的新费希特主义(Nefichteanismus)流派,以李凯尔特为代表,特别强调了价值(Werte)的决定性意义。他们认为,一切真理(Wahrheit)和现实性(Wirklichkeit)无非就是价值所决定的。因此,在这些新费希特主义者看来,"应该"(Sollen)相对于"存在"(Sein)是具有不可取代的逻辑优先地位。在这种情况下,现实性实际上是面对客体的主体的实践行动所建构的。这样一来,新费希特主义者认为,原来康德所做的"纯粹理性"和"实践理性"的分离及其二元论,就可以被克服。

费希特关于国家和自由的概念,也同样影响了新费希特主义者罗伯特·冯莫尔(Robert von Mohl)、弗里特里希·朱莉乌斯·斯塔尔(Friedrich Julius Stahl)、洛朗辰·冯斯塔因(Lorenz von Stein)以及鲁道尔夫·欧肯(Rudolf Eucken)等人。新费希特主义者的国家观和自由观突出了德意志民族的利益的特殊性,为20世纪30年代希特勒法西斯的"国

---

① Daniel Breazeale. *Thinking Through the Wissenschaftslehre*: *Themes from Fichte's Early Philosophy*. Oxford: Oxford University Press, 2013.

家社会主义"纳粹政策提供了理论基础。

当然,费希特的哲学也在 20 世纪下半叶广泛地影响了西方哲学和人文社会科学的发展。费希特有关"相互规定原则"(der Satz der Wechselbestimmbarkeit)和"相互承认原则"(gegenseitig anerkennen)等方面,也启发了后现代主义和女性主义流派,在当代哲学和社会思潮中扮演了重要的角色。

拓 展 阅 读

一、必读书目

1. Johann Gottlieb Fichte, *Gesamtausgabe der Bayerischen Akademie der Wissenschaften*, *GA*, hrsg. von Reinhard Lauth, Erich Fuchs und Hans Gliwitzky. Frommann-Holzboog, Stuttgart-Bad Cannstatt 1962–2011.

2. 费希特:《全部知识学的基础》,王玖兴译,北京:商务印书馆 1986 年版。

3.《费希特文集》(1—5 卷),北京:商务印书馆 2014 年版。

二、参考书目

1. 高宣扬:《德国哲学通史》(1—3 卷),上海:同济大学出版社 2007 年版。

2. 高宣扬:《德国哲学概观》,北京:北京大学出版社 2011 年版。

38

谢 林 哲 学

高 宣 扬

对先验哲学来说,如果主体的东西是第一位的东西,而且是一切实在的唯一根据,是解释其他一切的唯一原理,那么,先验哲学就必须从对客观实在的普遍怀疑开始。

——谢林:《先验唯心论体系》

先验考察的唯一直接的对象是主体的事物;因此,作这类哲学思考的唯一官能是内在智能,而且,这类哲学思考的对象和数学对象的性质不同,它不可能成为外在直观的对象。数学的对象当然和哲学的对象一样,也不是在知识之外存在的。数学的整个存在是建立在直观的基础上的,因而数学也只是存在于直观之内,不过,这种直观本身是一种外在的直观。此外,数学家并没有直接和直观(构造)发生关系,而且是和被构造的东西发生关系,被构造的东西自然只能是外在地展现出来的东西,然而,哲学家却只注重构造活动本身,这种活动是一种绝对内在的活动。

——谢林:《先验唯心论体系》

一般地说来,先验考察方式把本性智能置于首位,在于用这种考察方式把其他一切思维、知识或行动中逃避意识的并且绝对非客观的东西也带给意识,并成为客观的,简言之,先验考察方式的本性只能是主观的东西把自己变成自己对象的一种持续不断的活动。

——谢林:《先验唯心论体系》

精神具有客观化的倾向,它像自然一样能自我生产。自然并不是自我的单纯产物,而其无限的多样性证明了其客观性。所以,自然就其内在本质而言是无止境的活动性和起作用的力量。

——谢林:《自然哲学体系初稿》

自然不是局限于外在的对象而已,它是与我们的生存以及精神创造活动有内在关联的无限。自然充满着生命的创造力,是解开我们自身奥秘的钥匙。

——谢林:《自然哲学体系初稿》

自然,不论是作为整体来看,还是就它的各个产物来看,都必将显现为一种被有意识地创造出来的作品,但同时又必将显现为最盲目的机械过程的产物。自然是合目的的,却又不能用合目的性加以解释。于是乎关于自然目的的哲学或目的论,就成为了理论哲学和实践哲学的那种连接点。

——谢林:《先验唯心论体系》

精神只有靠自我客观化和靠自然化,才能实现自身的发展。这就好像艺术家并不仰赖着其作品的观念,但又不停地把这个观念加以形象地体现出来一样。

　　——谢林:《论布鲁诺,或关于事物的自然的和神圣的原则》

　　艺术就是哲学的真正的和永恒的感受器和文本,一种哲学本身始终是无法外在地表达出来的持续性文本。

　　——谢林:《艺术哲学》

　　上帝在理论意义上是等于非我的自我,在实践意义上是毁灭一切非我的绝对自我。

　　——谢林:《论自我是哲学的根本》

　　在把永恒真理以其神圣的形态从天上呼唤到人间以前,还是首先在人本身寻找大家必定都会认出的这种真理的标志吧!

　　——谢林:《论整个哲学的一种形式的可能性》

　　把谢林放在18—19世纪德国以及整个欧洲思想文化的广阔视野中考察,摆脱传统哲学史对谢林思想发展的片面分析模式,同时还要考虑到谢林个人富有创新精神的特殊性格、思想的多样性和多变性都与历史时代的宏观维度及谢林个人复杂细腻的微观维度联系在一起。除了哲学理论上的创造,谢林还在文学、艺术和宗教的更广阔、更神秘以及更艰深的领域中考验自己的智慧和情感,抒发他对人生、宇宙及各种可能的世界的理念。这种性格使他也形成独特的浪漫主义情怀和文风,成为德国19世纪上半叶多元化的浪漫主义流派中的一位重要代表人物。但谢林又是一

位谨慎思考的沉思型哲学家,他在不同时期所探索的自然哲学、同一哲学、肯定哲学、艺术哲学以及宗教哲学等思想体系,都是具备其严格内在逻辑,同时又采取多变多阶段的灵活表达方式,并在它们之间保持严密的同一性原则。

首先,谢林具有独特思想观点和多重性格,他的浪漫风格及其思想的生命力,使任何试图在谢林哲学中寻求固定不变或始终一贯的思路的努力,都会陷于失败。他不愧是哲学上的普罗特斯神(Proteus),以其善变的面孔而著称。为此,把握谢林的哲学思想,既要从他不断创新的历史特征去分析,又要清楚地区分他在不同时期的思想及其内在关联;也就是说,不能满足于从整体宏观的角度,还要从各阶段各部分的微观分析角度,全面地把握谢林哲学思想的特征。其次,警惕重蹈传统哲学史家的系统化思路的覆辙,必须看到谢林并不把自己禁锢在德国古典哲学关于主体性的形而上学思维模式的框架内,而是力图探索走出主体形而上学的范围的新思路,努力创建某种被称为"后形而上学"而彻底解放个人思想创造力的新思维模式。正因为这样,谢林的哲学思想在当时的德国开辟了新的视野,为当时及其后德国哲学的新发展提供了各种创新的可能性。再次,谢林虽然在不同时期活跃地更新其思想,但他始终未放弃"体系"的观念;但重要的是,谢林所追求的"体系",是无限制的和非自恋性的直观性理智总体化成果,也是永远开放的创新过程本身。最后,谢林对当代哲学发生越来越强烈的影响,他的自然哲学启发了当代思想家超越自然科学视野探索自然的各种可能性,从自然的本来面目,展现自然本身的深不可测的内在奥秘,为开辟原汁原味地研究自然的新生态哲学奠定了基础,而谢林对笛卡尔的主体性观念的批判,则引导了尼采、海德格尔和拉康等人,不再把思维的主体当成稳定清晰的逻辑中心,致使他在当时对黑格尔的批判活动,长期地在他逝世之后的各时期、特别是当代西方哲学家当中产生强烈的回响。

谢林；黑格尔；德国古典哲学；自由；浪漫主义；自然哲学；
同一哲学；艺术哲学；神学；神秘性；理智的直观性；启示；
绝对；先验观念论；神正论

谢林（Friedrich Wilhelm Joseph Schelling, 1775—1854）天生奇才，个
性突出，情感丰富，思想敏捷，不愧为德国古典哲学创新精神的一个典范。
他在一生中追求个人高度自由，以其充沛的生命力始终热衷于创造并追
求卓越，促使他永不满足于平静庸俗的生活，也不愿意受制于已有的权
威，不断地向自身提出挑战，试图把自己一再地引向更高的精神境界。但
是，谢林所处的时代，德国正面临历史的种种挑战，德国社会的内在矛盾
以及统治者的腐败，当时教育制度的死板规则，都严重地限制了谢林的才
华的充分发挥，以致使他遭受许多压力，在思想发展过程中，一再地改变
自己的理论内容及其表达方式；而且，在谢林所处时代的哲学领域中，也
存在多种不利于谢林自由发展个人思想创造的复杂因素，其中包括与他
同时代并曾经是作为亲密朋友的黑格尔的干扰，致使谢林的思想发展历
程曲折复杂，充满着变数。但对他来说，毕竟是创新与提升自身的欲望成
为了他主动冲破个人思想界限及克服外界种种障碍的无穷动力，使他一
再地试图越出古典哲学本身的模式并冲出时代精神的约束。对于谢林哲
学思想发展的复杂性及其多质性，一方面必须将其放在18—19世纪德国
以及整个欧洲思想文化的广阔视野中考察，摆脱传统哲学史对谢林思想
发展的片面分析模式；另一方面还要考虑到谢林个人的富有创新精神的
特殊性格，使谢林思想的多样性和多变性都与历史时代的宏观维度及谢
林个人复杂细腻的微观维度联系在一起。除了哲学理论上的创造，谢林
还在文学、艺术和宗教的更广阔、更神秘以及更艰深的领域中考验自己的

智慧和情感,抒发他对人生、宇宙及各种可能的世界的理念。这种性格使他也形成独特的浪漫主义情怀和文风,成为德国 19 世纪上半叶多元化的浪漫主义流派中的一位重要代表人物。但谢林又是一位谨慎思考的沉思型哲学家,他在不同时期所探索的自然哲学、同一哲学、肯定哲学、艺术哲学以及宗教哲学等思想体系,都是具备其严格内在逻辑,同时又采取多变多阶段的灵活表达方式,并在它们之间保持严密的同一性原则。因此,研究谢林的思想演变过程,一方面是深入考察德国古典哲学发展的复杂性的一面镜子,另一方面也成为揭示 19 世纪德国启蒙运动晚期与同时代浪漫主义和宗教哲学之间的微观复杂关系的关键。

第一,谢林具有独特思想观点和多重性格,他的浪漫风格及其思想的生命力,使任何试图在谢林哲学中寻求固定不变或始终一贯的思路的努力,都会陷于失败。他不愧是哲学上的普罗特斯神(Proteus),以其善变的面孔而著称。为此,把握谢林的哲学思想,既要从他不断创新的历史特征去分析,又要清楚地区分他在不同时期的思想及其内在关联;也就是说,不能满足于从整体宏观的角度,还要从各阶段各部分的微观分析角度,全面地把握谢林哲学思想的特征。第二,警惕重蹈传统哲学史家的系统化思路的覆辙,必须看到谢林并不把自己禁锢在德国古典哲学关于主体性的形而上学思维模式的框架内,而是力图探索走出主体形而上学的范围的新思路,努力创建某种被称为"后形而上学"而彻底解放个人思想创造力的新思维模式。正因为这样,谢林的哲学思想在当时的德国开辟了新的视野,为当时及其后德国哲学的新发展提供了各种创新的可能性。第三,谢林虽然在不同时期活跃地更新其思想,但他始终未放弃"体系"的观念;但重要的是,谢林所追求的"体系",是无限制的和非自恋性的直观性理智总体化成果,也是永远开放的创新过程本身。第四,谢林对当代哲学发生越来越强烈的影响,他的自然哲学启发了当代思想家超越自然科学视野探索自然的各种可能性,从自然的本来面目,展现自然本身的深不可测的内在奥秘,为开辟原汁原味地研究自然的新生态哲学奠定了基础,而谢林对笛卡尔的主体性观念的批判,则引导了尼采、海德格尔和拉康等人,不再把思维的主体当成稳定清晰的逻辑中心,致使他在当时对黑格尔的批判活动,长期地在他逝世之后的各时期特别是当代西方哲学家当中产生强烈的回响。

一、诗性生存与诗性哲学的展现

谢林是德国启蒙时代"狂飙突进运动"(Sturm und Drang Bewegung)的杰出思想代表之一,也是德国古典哲学的一位优秀代表,又是 18 世纪末至 19 世纪中叶浪漫主义运动的哲学典范;他既是哲学家、思想家、神学家,又是诗人和美学家;他和费希特都富有激情,在某种程度上有类似之处,但谢林在思想情感上,既追求放荡不羁的风格和无所顾忌的自由个性,又在哲学创造中显示严谨细腻的沉思精神,致使他在哲学思辨能力方面不亚于黑格尔,同时又能够避免像黑格尔那样追求系统化的倾向,而在情感方面,谢林也略别于费希特而能够尽情地使自己的个人激情纵然成创作的思想激流,使他不愧是同时代浪漫主义思潮的重要代表人物之一。谢林个人不论在生活经历的曲折性,还是在思想情感的复杂性和矛盾性而言,都无愧是戏剧性和传奇性历史人物的标本,因此,对于他的思想及其作品,无论如何都不能采用理性主义或经验主义的传统单一性观点和方法去理解。也就是说,谢林的哲学思想充满多元性、多变性、多质性,即使在他的既定论述形式中,也同样留下多方面和多方向的可能变通思路,为读者提供重新思考的广阔维度。就此而言,在谢林著作中的许多论述,包含着多元的潜在性思想观点,也蕴含丰富的启示性表达方式,值得读者在阅读时实现新的思想的再生产,并基于此实现自己的思想创新。

谢林的思想及其风格的形成和发展,简直就是他本人一生追求的"诗性生存"及创造性生命力的自我展现过程;在当时德国思想文化发展史上,谢林无可争辩地成为了独一无二的文化巨匠,与同时代其他著名思想家和文学家并驾齐驱,成为18—19世纪德国和欧洲思想创作天空的一颗明星。

谢林对自身的独立创造精神抱有充分的自信。他认为,思想的创造威力,归根结底,决定于个人主观思想的创新意志,决定于个人主体性的主动精神,所以,他特别强调:"对先验哲学来说,如果主体的东西是第一位的东西,而且是一切实在的唯一根据,是解释其他一切的唯一原理,那么,先验哲学就必须从对客观实在的普遍怀疑开始"。对他来说,凡是未经个人独立思考和未经主观反复证实的事物,都是值得怀疑的。至于被社会大众所推崇的各种权威,对他来说,更是值得首先加以怀疑和反思的对象。正因为这样,谢林并不盲目顺从各种现成的教条和规则,也不盲目追随特定的理论观点。只有自己所创造出来的思想观点和理论,他才给予信赖并不断地加以充实和发展。但是,谢林的怀疑态度,并不像笛卡尔那样,只是立足于理性本身,而是强调一种内在智能,一直直观性理智,冲破理性的范围,在人的身体和精神所及的所有领域,启动并发扬各种创造性力量,对现有权威发出挑战。在这样的基本思想的主导下,谢林一生不停地寻求新的发现和新的突破,使他的思想体系始终处于充满活力的有机生命活动状态。

谢林思想中的丰富创造力,除了由于他个人具备的奇特的才华和坚强的自我创造意志以外,还源自他对于以往杰出思想家的思想成果的广泛吸纳和精细消化,同时也由于他始终坚持与同时代思想家进行热烈的对话和公开的争论。谢林自青年时代起,直至离世为止,始终没有停止过钻研和仔细阅读自古希腊以来诸多杰出思想家的作品,也没有放弃过与同时代思想家进行争论的机会;同样的,谢林也始终不满足于现状,持续地维持创新的饱满精神,不畏艰苦地向更高的新思想维度进行提升。

古希腊从"前苏格拉底"经亚里士多德直至"希腊化时期"的各个杰出的思想家和哲学家的作品,都是谢林反复精细阅读研究的对象;他自少年时代就钻研柏拉图和亚里士多德的著作,到了大学时期,他更深入地阅读钻研古希腊哲学和文学作品,尤其喜爱柏拉图、亚里士多德、伊壁鸠鲁和柏罗丁的作品,同时熟读中世纪哲学著作,把当时的哲学与神学结合起来加以研究,使他从青年时代就很熟悉从希腊化时期到中世纪晚期的经典著作,对于伊壁鸠鲁、柏罗丁、圣奥古斯丁、托马斯·阿奎那和安瑟尔谟等人的思想以及同时期的文学著作进行全面细致的研究。所有这些,奠定了谢林对古代至中世纪的思想研究的坚实基础。

不仅如此,而且,谢林的惊人充沛学习精神,也使他毫不减弱对文艺复兴至16世纪所谓"古典时代"的思想家和文学家的研究强度。他尤其深爱布鲁诺和维科,同时深入研究文艺复兴时代的自然科学发展史,对近代自然科学史的发展进程了如指掌,为他后来研究自然哲学奠定自然科学史的方法论和实证学识的基础。

谢林对启蒙运动前期思想家也抱有深厚的感情,对斯宾诺莎、笛卡尔、霍布斯、莱布尼茨、沃尔夫、康德等人,也涉猎甚深,不畏艰苦地进行研究。这一切,都为谢林的思想创造提供了丰富的启示。值得指出的是,谢林尤其对斯宾诺莎哲学情有独钟,特别执着于自然神论的思路,致使谢林钟情于自然和精神,把自然和精神当成最富有创造力量的生命体,寄予自然和精神极大的期望。

当然,谢林的研究方向,并不满足于以往已经死去的思想家;他的目光还转向与他同时代的赫尔德、歌德、费希特、黑格尔和荷尔德林等人,时刻密切关注他们的任何最新思路,也使他们成为谢林灵活对话的创作伙伴。

谢林的聪慧及其创造精神,自然地成为他反思和批判的重要思想力量,以致使他在研读他人作品的同时,又能够成功地消化和超越他人思想成果,促使谢林思索不止,涉笔成趣,独来独往,一生中不停地把自己的思想理论推向新的高度。与此同时,谢林的个性和思辨精神,又使他逐渐地形成独辟蹊径的风格,兼有豪放不羁和悲观独处的矛盾思想风格。谢林擅长于独自沉思,对自己的内在精神创造力量充满自信,往往沉醉于内在省思,把自己内在世界中的潜在力量发挥到极致,并善于将内在性与自然界的神秘因素结合起来,通过哲学的想象思维,对自己的思想体系进行一再的回味和重构。

谢林起初深受基督教神学思想的影响,又受到荷尔德林诗性精神的感染。青年时代也受到费希特思想风格的影响,但他很快就发挥自己的创造精神,把费希特的"自我"同斯宾诺莎的哲学联系在一起,并进一步把费希特原有的浪漫主义精神加以发扬,改造成一种新型的"自然哲学"(Naturphilosophie)和"同一哲学"(Identitätsphilosophie)。

在谢林的思想发展中,可以明显地看到他的自由创造精神所发出的光辉,促使他一直把自由当成自己的生命本身。他自己宣称:"作为实在的和有生命的概念,自由据称是一种善和恶的能力"①。谢林珍视自由,也始终把它同道德上的熏陶联系在一起,使他在追求真理的同时,没有忘记对自身伦理情操的自我培育。然而,对谢林来说,归根结底,智慧、道德感以及生命艺术的提升,是同一地发生在自身生命的命运道路上。这就使他试图逐一地探索知识、自然、道德和自由的本质,并将自由的原则置于最高地位。

谢林的思想,早期深受他的导师施奴乐尔(Christian Friedrich Schnurrer,1742—1822)的影响。施奴乐尔是图宾根大学校长,既是哲学家、神学家,又是东方学家。他同谢林的父亲一直保持密切的友谊关系,并成为了谢林的博士论文的导师。谢林一生结交了许多名人雅士,包括歌德、荷尔德林、费希特、黑格尔等,他既与他们交往互动,又坚持自己的思想独立,使谢林本人的思想发展史及其著作,浓缩了18世纪末至19世纪中叶的德国文化史和思想史,成为当时德国的思想创造精神的一个化身。

所以,谢林远不是一位单纯追求建构思想体系的传统思想家。谢林对于世界的一切,始终采取怀疑态度,不愿意满足于已有的结论和判断;

---

① 谢林:《对人类自由的本质及其相关对象的中学研究》,北京:商务印书馆2008年版,第65页。

基于自由思想而进行怀疑的谢林,当然不可能屈从于费希特和黑格尔等人。

长期以来,人们只简单地把他归结为"德国唯心论"哲学家,没有深入地分析他的唯心论的特殊性,尤其没有把他的唯心论当成一种突出主观创造精神的主体自由哲学,也忽略了他的思想的活跃性、多向化和变动性,往往急于给他的思想定性,因而未能真正揭示谢林思想的丰富性和其中隐含的生命力。

同时,谢林在德国古典哲学中的地位,也绝不能简化为"康德—费希特—谢林—黑格尔"的单向发展模式中的一个中间环节的角色而已;谢林在德国古典发展时期的角色和地位是很复杂的,他的思想创造具有多向、多维、多变和多元的特征。被传统哲学史断言成为"康德—费希特—谢林—黑格尔"的单向发展模式中的一个中间环节,只不过是谢林的一个历史侧面。而且,从某种意义上说,谢林被纳入德国古典哲学发展系列的一个环节,是黑格尔创建自己的绝对精神哲学体系过程的一个人为结论。翻开黑格尔哲学体系结构及其论证过程,可以明显地看出黑格尔意欲使自己的哲学体系获得历史见证之用心。应该说,谢林既与费希特和黑格尔等人共同努力发展德国古典哲学,同时又是一位独立创作的思想家,他从来不愿意顺从于其他人的思路,总是尽可能发挥自由思考的能力,试图跳出同时代其他思想家所共同关心的论题范围,不拘一格地开创自身的新思路。所以,对于谢林哲学思想的研究,不能停留在德国古典哲学传统框架内,也不能放置在德国古典哲学一线性的发展维度内;而是必须对谢林各个时期阶段的多元化思想,进行微观的细致分析,并坚持使用非静态的动态式研究方法,对他的思路及其各个阶段的思想创造重点,进行密集的深度分析,引申出尽可能符合谢林自身思想风格的适当结论。

在谢林身上所体现出来的思想情感矛盾性和悖论性,典范地展示了集中在一位关键性哲学家思想中的理论概念体系的伟大历史意义。谢林思想情感的丰富性,固然是他本人特殊的才华的流露,但同时尤其是他所生活的 18—19 世纪的德国社会文化的复杂矛盾及其深远的历史基础的集中表现。

近 30 年来,不论是德国学术界,还是国际哲学界,都一再地掀起对谢林思想及其作品的再估价和再发掘的研究高潮,对于谢林哲学思想及其作品的反复研究,不但越来越深刻地揭示他的思想情感的丰富性及生命性,而且也展示了 18—19 世纪德国哲学思想发展历程的丰富性、复杂性及曲折性,显示当时德国哲学思想的深厚历史维度及其潜力;同时,也显示谢林个人及其同时代思想家们的张力关系,展现这种紧张关系中所隐含的思想威力①。而且,谢林比黑格尔更晚离世二十多年之久,使他能够比黑格尔更长久地影响 19 世纪下半叶德国哲学的发展趋势。

谢林晚年　直积极参与从黑格尔去世的 1831—1854 年之间的理论争论,也参与了从 19 世纪 40 年代兴起的现代性思潮的兴建工程,使他直接成为从德国古典哲学转向现代性的一个重要人物②。同时,谢林的哲学思想影响一直延伸到 20 世纪,他对于生命的独特哲学见解以及对于情感的丰富探索成果,都直接启发了当代西方心灵哲学、语言哲学、后现代主义以及当代自然哲学。

如前所述,谢林天生奇才,个性突出,情感丰富,思想敏捷,不愧为创新精神的典范。他在一生中追求个人高度自由,以其充沛的生命力时刻热衷于创造并追求卓越,促使他永不满足于平静庸俗的生活,也不受制于原有的权威,不断地向自身提出挑战,试图把自己一再地引向更高的精神境界。因此,谢林的思想发展历程是曲折复杂,创新与提升自身的欲望成为他土动冲破个人思想界限的无穷动力,使他也试图越出古典哲学本身的模式,在文学、艺术和宗教的更广阔、更神秘以及更艰深的领域中考验

---

① Andrew Bowie, *Schelling and Modern European Philosophy*: *an Introduction*, London: Routledge, 1993.

② Andrew Bowie, *Aesthetics and Subjectivity*: *from Kant to Nietzsche*, Manchester: Manchester University Press, 2003.

自己的智慧和情感。这种性格使他也形成浪漫主义情怀和文风,成为德国 19 世纪上半叶浪漫主义流派的一位重要代表人物。

谢林于 1775 年 1 月 27 日生于威尔登堡州斯图加特附近的列昂贝格(Leonberg)。他的父亲是一位乡村牧师。谢林从小就显露其惊人才智,十五岁(1790)即以第一名的优秀成绩进入图宾根神学院,同时研究神学、语言学和哲学。当时,他与黑格尔和赫尔德林连续三年同在教会创办的修道院(Stift)研究神学和哲学。1792 年,谢林获得哲学硕士学位(*Titel eines Magisters der Philosophie*)。1795 年谢林以两篇优秀的神学论文完成了他在图宾根神学院的学习和研究生涯。

要真正把握谢林的哲学及其形成和发展过程,一方面固然需要研读他的原著,但另一方面还要深入具体地了解谢林当时与前一代人和同时代人的哲学对话。须知,谢林是一位非常活跃的哲学家,他始终不停地与其他哲学家进行对话,甚至进行激烈的争论。谢林并不轻易接受他人思想观点。他自有独特的抱负,自有独创的思路。因此,探索谢林哲学思想的性质,必须始终把他置于活生生的哲学争论和对话中,具体了解谢林如何与费希特、荷尔德林、黑格尔等人进行讨论,又如何批判地接受前人的思想而建构自己的思想体系。

为便于掌握谢林思想的变化历程,人们往往把谢林的思想演变区分为不同阶段。但对于谢林思想发展的阶段性,历来存在激烈争论,至今未达成一致结论,主要的原因,如前所述,是因为谢林思想发展经历了非常曲折复杂的过程,难以通过简单的划分阶段性,来阐述他实际的思想进程。

传统的划分,主要有瓦尔特·舒尔兹(Walter Schulz)和赫尔斯特·福尔曼(Horst Fuhrmans)所提出的四阶段模式①;而尼古莱依·哈尔特曼

①　Walter Schulz:*Die Vollendung des Deutschen Idealismus in der Spätphilosophie Schellings*, Pfullingen 1975, p.13; Horst Fuhrmans:*Die Philosophie der Weltalter*, in: Studio Philosophica 14,1954, pp.2−17.

（Nicolai Hartmann）主张把谢林思想发展分为五个阶段①。但克里斯蒂安·依柏尔（Christian Iber）则主张分为六个阶段②。

按照舒尔兹的说法，谢林的思想经历四个发展阶段：第一阶段是受费希特影响的初期思想；第二阶段是创建同一哲学体系；第三阶段是重视神正论建设阶段；第四阶段是谢林的晚期哲学，由否定的和肯定的哲学所构成。

另一位研究谢林的专家赫尔斯特·福尔曼认为，谢林的思想，在1800年以前是他的早期阶段；从1800年至1806年是谢林的同一哲学创建阶段；从1806年至1827年，是谢林思想发展的高峰，而此后则进入最后的"晚期"阶段。

与上述划分不同，尼古拉依·哈尔特曼把谢林思想分为五个阶段：（1）1799年以前是自然哲学阶段；（2）1800年其后是先验唯心论阶段；（3）1801—1804年是同一哲学阶段；（4）1809年左右是自由哲学阶段；（5）最后是宗教哲学和神话学发展阶段。

综合以上各种分析谢林哲学思想发展阶段的不同观点，我们倾向于把谢林的哲学思想划分为四个发展阶段。

实际上，1794—1800年是谢林哲学思想发展的第一阶段，这一时期他潜心创建自己的自然哲学，主要探索哲学的基本原则以及"无条件性"。正如前面我们所说的，谢林哲学的核心概念是自由。从哲学理论根源来看，谢林的这个思路，主要是由于受到康德的思想影响、却又产生对康德哲学的反思态度。谢林试图有别于康德对自然的基本观点，他不想跟着康德那样，从"形式"的角度观看自然，把自然归结为从属于自然

---

① Nicolai Hartmann: Die Philosophie des Deutschen Idealismus. Berlin/New York 3. Aufl. 1974, p.112.

② Christian Iber: *Das Andere der Vernunft als ihr Prinzip: Grundzüge der philosophischen Entwicklung Schellings mit einem Ausblick auf die nachidealistischen Philosophiekonzeptionen Heideggers und Adornos*. De Gruyter, Berlin, New York 1994, p.6f.

必然规律锁链的实体系统。谢林阅读了康德的《纯粹理性批判》，深知康德从感性的空间和时间概念出发，把自然纳入认知主体的对象行列，并认定自然是无法逃脱必然性规律的锁链，致使康德心目中的自然，变成为被动地面对认知主体的物质性世界。由此出发，康德简单地认为，具有感性认知能力和知性范畴统一能力的认知主体，有能力把握自然所遵循的规律。其实，就在康德的这种论证中，已经显露出康德创建的自然认识系统的矛盾性和悖论性，正因为这样，康德只好把人的认识过程分割成两个相互割裂的阶段，即先验的感性阶段和先天的知性（理智）范畴阶段，而作为认知对象的自然，则被分割成"现象"和"理智"两个领域。这样一来，在康德那里，主体本身也不得不被分割成"认识主体"和"伦理主体"两个方面。康德自己看到了自身的矛盾性，所以，为了克服自然和主体本身的二元性，康德在《判断力批判》中设置了将认知与伦理活动统一起来的新途径，重新设定自然的二重性，即自然一方面是感性的现象形式，另一方面又是一种可以自然地产生自我决定机制的自由王国系列，具有必然的规律性。

当谢林重新思考自然的时候，他的机智思维能力发现了康德论证自然中悬而未决的主要问题，即：第一，主体本身是否具备实现自我超越的能力，以摆脱自己不再成为具有必然性的自然所制约的一部分？第二，在自然与自由之间是否有可能具有特殊的联系？这两个问题的核心，实际上就是如何看待人和自然的相互关系及其相互穿梭的可能性。

显然，康德余留下两个重要问题：第一，康德未能深入探索进行超越的主体，作为规定自然的主观立法力量，究竟如何形成？第二，康德没有充分意识到：只有首先解决具有超越能力的主体的形成，才能建构起连接自然与自由的桥梁。正因为这样，谢林的思想在第一阶段才投入很大的精力，试图解决康德余留的上述两个问题，并把这两个问题，归结为自由与自然之间的紧张关系。

谢林从斯宾诺莎和费希特的自然观念获得启发，看到了自然并非绝对外在于自我的被动实体,而是具有主动产生并理解主体的能力的潜在力量;也正是在这个意义上说,自然才有资格是真正的、作为一切事物的原本基础的"绝对自我"。这个"绝对自我"远非一般个人的自我所可以比拟的。处于这一阶段的谢林,在给黑格尔的信中说:"对斯宾诺莎来说,世界,也就是说与主体相对立的全部纯粹客体,就是一切。但在我看来,自我就是一切。批判哲学和独断哲学的根本区别,在我看来,就在于前者从绝对自我出发,这也就是从尚未被客体所制约的自我出发,而后者是从绝对客体或非我出发。从非我出发,归根结底,就要引导到斯宾诺莎的体系,而从自我出发就引导到康德的体系"①。

这时,谢林通过与泛神论的辩论,探寻把费希特与斯宾诺莎协调起来的途径,试图解决被绝对化的"自我"之生成为"一"与"大全"的过程。不久,谢林发现"绝对"中的意识面对被消解的危险,谢林通过他的《世界的心灵》等著作更重视自然本身,坚持自然的有机性及其自律性。因此,《先验唯心论体系》宣告了自然哲学优越于先验哲学的结论。

1800—1808 年是谢林的成熟时期,也是他的思想发展的第二阶段,他在这一时期独立深入地探索主观能力的性质、限度及其潜在可能性,重点地思考同一哲学。谢林显然已经具有独立而成熟的思路,一方面有别于康德,另一方面也有别于费希特,主动寻找解决主体的主观创造能力的性质及其超越可能性,探索主体进行自我超越和超越自然的路径及其潜在基础。

1809—1827 年是第三阶段,谢林对自然、个人和神,充满强烈的激情,重点地探索自由的可能性及其在上述三者之间的连接问题。

谢林思想发展的第四阶段是从 1827 年开始,他转向对充满矛盾的"肯定哲学"(positive Philosophie)的追求,在他的思想深处早已隐含的神秘主义和浪漫主义显得更加突出。

---

① 《黑格尔书信百封》,40—41。

肯定哲学，按照谢林的说法，主要是指最终完成一种意志的哲学，是实现一种自由的哲学；它同强调规律性和必然性的哲学针锋相对，也不可能通过归纳或演绎而预测出来。但谢林的肯定哲学的诞生，又恰好同当时刚刚登上理论舞台的实证哲学相遭遇，所以，谢林又指出他的肯定哲学的经验性质，强调它要重点地探索"世界的重大事实"，探索神的自由创造的成果。

所以，谢林的肯定哲学的形成，意味着谢林彻底走出康德、费希特和黑格尔的思想阴影，独自创造性地创建新的哲学理论，试图一方面超出理性主义的范围，深入主观能力内部，发掘人的主体创造能力的超越性、可能性及其限度，另一方面，总结当时自然科学新成果，重视经验活动的哲学意义，进一步探索经验的内在结构及其内向化的深度，为他在人心内部寻求无限创造精神的努力铺平道路。

谢林的思想情感的多种变化，不仅显示纵向的阶段性，也同时表现横向延伸的多变性，使他的思想情感变化，沿着难以简单概括的线路滑动，既充满着变化的多样性、多向性和多维性，又显示内容和本质方面的突变性、裂变性和断裂性，甚至包含越来越浓厚的神秘性。

所以，归根结底，对谢林的思想变化，不能简单地采用传统归纳法或历史阶段化的分析，而是要更深地把握谢林本人的思想情感特征，不要轻易对他的思想情感变化做出格式化的结论。

谢林的思想越成熟，他越思考多样化和多层次的论题，使他涉猎哲学本体论、知识论、伦理学之外的艺术创作、神的存在与自由意志的问题，也探索人心内部和自然界的无限力量和绝对性的存在可能性。

更具体地说，谢林的哲学思想，越到晚期，越深入探索艺术创作的神秘灵感、语言的自律性、绝对的存在以及"恶"的本体论基础等等。因此，谢林成熟阶段更集中探索艺术和宗教，探索无限和无形的世界及其与现实世界的复杂而微妙的关系。

实际上，谢林在1794—1795年期间，已经显示他意欲超越费希特哲学界限的意图。1794 年,当费希特发表他的《论知识学的概念》(*Über den Begriff der Wissenschaftslehre*)的时候,谢林也在同一年发表《论一般哲学的一种形式的可能性》("Über die Möglichkeit einer Form der Philosophie überhaupt")的论文。他在这篇论文中已经明确地指出:一般哲学的可能形式只能是"体系"(das System);只有通过体系,理性,作为"一"(als eine),才能依据其唯一的原则而被把握。然而,谢林所理解的体系不同于黑格尔,他并不像黑格尔那样,把体系看成是达到绝对真理的结果,而是明确认为:黑格尔只满足于对有限本身的自我否定,并试图通过有限的自我否定达到绝对,但真正的绝对只能相反,即必须从有限自身的反思,发现自身内部深处的无穷开发可能性及其无限的创造潜力,同时又意识到超越自身以及走向客观的自然的必要性。

早在他关于神学的第一篇论文中,谢林就已经明显地表现出对"恶"、"自由"、"历史"及"神话"等重大问题的严谨思考。所有这些问题,实际上成为了他一生始终关切的论题。谢林尤其关注神话问题,试图由此开展对康德知识论的批判。他认为,人类朝向理性的第一次努力,恰恰就是从其神话阶段中解脱出来。谢林把神话阶段纳入他所分析的人类历史的整体演化过程中,如果说理性是引导人类朝向自由的基本线索的话,那么,恶就是朝向更高阶段发展的催化剂。

在谢林当时的著作中,康德的影响还保留得相当强烈。谢林当时还是按照康德的理性三分法,根据理性的三种能力来划分理性本身。但是,谢林也同时已经深刻地意识到:为了综合不同的理性,必须建构自己的"体系"。

接着,在 1796—1797 年,他又到莱比锡大学研究自然科学和数学。自然科学打开了谢林的哲学视野,他决心把神学理论同自然科学的视野结合起来,探索一种新的自然哲学。于是,在 1797 年复活节,他出版了《一种自然哲学的观念》。谢林在书中所表述的自然既不是单纯物质性的有形体结构,也不是没有任何精神烙印的事物;同样的,费希特所说的自我,在谢林看来,也不是一种纯粹的自我,似乎没有一点自然的影子。恰恰相反,无论是自我还是自然,都是相互渗透的存在,而在自然中到处都渗透着精神的力量。所以,精神成为了支配所有现实的力量,是一种客观的存在。

1798 年,是谢林哲学生涯的又一个转折点,这一年,他发表了论述自然哲学的著作《论世界灵魂》。同年,谢林凭借这部著作任教于耶拿大学,和费希特成为同事。

耶拿大学是当时德国的思想文化中心,莱因霍尔德、费希特、席勒、歌德以及一群浪漫主义者,诸如施莱格尔兄弟、诺瓦利斯以及蒂克等都聚集在这里。

移居莱比锡和耶拿,使谢林思想迈向了哲学生涯的顶峰。他在这里结识了浪漫主义思想家斯列格尔和诺瓦利斯,而且与歌德来往甚密。

在耶拿,谢林的浪漫主义思想进一步加速了他同费希特的破裂。谢林与费希特是于 1794 年的时候在图宾根相遇的,当时,由于费希特表现了对于自由民主制的向往,引起了谢林对他的崇敬。而且,费希特也在那个时候宣布坚定不移地从自我出发,从而宣告了费希特从康德哲学体系中解脱出来。年轻的谢林本来就热切地向往个人自由,所以从那以后,他就以费希特为榜样,试图建立一种自由的哲学。但是,到耶拿之后,谢林已经越来越深刻地意识到费希特的自我哲学对他的约束,再加上浪漫主义精神的鼓励,使谢林终于决定离开费希特而自由创建自己的独立体系。

值得注意的是,正当谢林决定离开费希特的时候,黑格尔来到了耶拿,黑格尔撰写《费希特哲学体系和谢林哲学体系的差异》,谢林向耶拿大学推荐黑格尔,致使他们在 1801 年共同合作创建一份哲学杂志《哲学评论》,以便表述他们进行哲学创作的新特征。他们的共同心愿是创建一个新型的客观唯心论。

1803 年,谢林任维尔兹堡(Wuerzburg)大学教授。从那以后,谢林基本上已经脱离费希特和黑格尔的影响而独自创建了自己的哲学体系。

1806 年,成为慕尼黑科学院院士兼总秘书长。1820—1827 年任爱尔兰根大学教授;1827—1841 年,任慕尼黑大学教授;1841 年起任柏林大学教授。1854 年 8 月 20 日,他逝世于瑞士拉加兹(Ragaz)。

谢林一生充满了浪漫激情,率直豪爽,无所畏惧。1803 年,谢林与奥古斯特·威廉·斯列格尔(August Wilhelm Schlegel, 1767—1845,人称"大斯列格尔")的妻子加罗林·斯列格尔(Karoline Schlegel, 1763—1809)结婚,当时加罗林比他大 12 岁,而且,他们的婚姻生活也只是延续 6 年,加罗林便去世。

谢林一生撰写创作不断,著作等身。从 1794 年起撰写《一般哲学的一种形式的可能性》,并于 1795 年将它在图宾根发表。同一年,谢林发表《作为哲学原则的自我》(*Vom Ich als Princip der Philosophie oder über das Unbedingte im menschlichen Wissen*, 1795)。此后,谢林接二连三地发表其著作,主要的有:《论世界灵魂》(*Von der Weltseele, eine Hypothese der höheren Physik zur Erklärung des allgemeinen Organismus*, 1798)、《自然哲学体系初阶》(*Erster Entwurfeines Systems der Naturphilosophie*, 1799)、《自然哲学体系初稿导言》(*Einleitung des Entwurfs eine Systems der Naturphilosophie*, 1799)、《先验哲学体系》(*System der Transzendentalphilosophie*, 1800)、《论布鲁诺,或关于事物的自然的和神圣的原则》(*Bruno oder über das natürliche und göttliche Princip der Dinge*, 1802)、《关于科学研究方法的演讲》(*Vorlesungen über die Methode des akademischen Studiums*, 1803)、《关于人的自由的本质的哲学探讨》(*Philosophische Untersuchungen über das Wesen der menschlichen Freiheit und die damit zusammenhaengenden Gegenstände*, 1809)以及《现代哲学史论》(*Zur Geschichte der neueren Philosophie*, 1833—1834)等。

谢林的全集有很多版本。最早的版本是谢林逝世后不久在斯图加特出版的包含两部分的两套全集,即《谢林全集》第一部分共十卷(*Friedrich Wilhelm Joseph Schelling's Sämmtliche Werke*[*SW*], ed.K.F.A.Schelling, I Abtheilung Vols.1–10）及《谢林全集》第二部分共四卷（*Friedrich Wilhelm Joseph Schelling's Sämmtliche Werke*，［*SW*］，ed. K. F. A. Schelling，Ⅱ Abtheilung，Vols.1–4，Stuttgart：Cotta，1856—61）。

历经一个多世纪之后，由于对谢林哲学思想进行重新估价的需要，也由于不断发现新的原始资料，德国哲学界于 20 世纪 50 年代开始，重新编辑出版了《谢林全集》十卷本（*Friedrich Wilhelm Joseph von Schellings sämmtliche Werke.Hrsg.v.K.F.A.Schelling.1.Abteilung*：10 *Bde.*（＝ Ⅰ－Ⅴ）；*2. Abteilung*：4 Bde.（＝ Ⅺ－ⅩⅣ），Stuttgart／Augsburg 1856–1861.Nach der Originalausgabe in neuer Anordnung hrsg. v. M. Schröter，6 Hauptbde.，6 Ergänzungsbde.，München 1927 ff.，2.Aufl.1958 ff.）。

接着，20 世纪 70 年代之后，又陆续编写出版新的谢林著作集，其中，最重要的是：由曼斯菲尔德·弗朗克主编的《谢林选集》六卷本（M. Frank，*Friedrich Wilhelm Joseph von Schelling*，*Ausgewählte Schriften*，6 Vols.，Frankfurt：Suhrkamp 1985）以及从 1976 年开始由鲍姆加德纳（Hans Michael Baumgartner）、雅克布（Wilhelm G.Jacobs）、严晨（Jörg Jantzen）、格林格（Hermann Krings）以及赫尔曼·采尔德纳（Hermann Zeltner）共同主编的巴伐利亚州科学院《谢林全集历史批判版》多卷本（*Historisch-kritische Schelling-Ausgabe der Bayerischen Akademie der Wissenschaften.Hrsg.* Hans Michael Baumgartner，Wilhelm G.Jacobs，Jörg Jantzen，Hermann Krings und Hermann Zeltner，Stuttgart-Bad Cannstatt 1976 ff.）。

由于谢林哲学思想的复杂性以及由此产生的深远影响，德国巴伐利亚科学院委托卓尔格·严辰（Jörg Jantzen）、托马斯·布海姆（Thomas Buchheim）、威廉·雅可布（Wilhelm G.Jacobs）及基格贝尔德·佩兹（Siegbert Peetz）等专家组成谢林全集编辑委员会，负责从 1976 年起陆续编辑出版 80 卷的《谢林全集》（F. W. J. Schelling. *Historisch-kritische Ausgabe*），由斯图加特弗洛曼—霍尔兹布格出版社出版。

除了全集版以外，还有《谢林选集》，由弗朗克主编（Friedrich *Wilhelm*

Joseph von Schelling，Ausgewählte Schriften，6 Vols.，Ed.M.Frank，Frankfurt：Suhrkamp 1985）。

二、自然哲学

谢林对于世界及自我的无止境的探索,立足于他本人关于世界和自我的极端复杂性和神秘性的信念,也源自他对于生命创造性进程的基本观点。

谢林首先不相信自我禁锢的人性,同样也反对使人性顺从于不合理的制度。他认为,人不应该使自己约束于死板的教条,而是要解放自己,"脱离客观世界的恐怖状态",实行"大胆的冒险"①。

谢林远远地超出费希特,打破主体与客体、认识与实践的矛盾范围,进一步揭示了自然和历史广阔领域中的内在矛盾,甚至也把这些矛盾本身当成事物本身的内在性质,使他把矛盾观贯彻到个人以外的整个世界和宇宙,并论证这些矛盾是世界本身所固有的。谢林明确地认为,世界和宇宙的发展,包括人类社会在历史中的发展以及人类认识的发展,都是无例外地起因于内在的矛盾;换句话说,矛盾是发展的普遍动力,也是一切运动的基本源泉。

早在青年时代,谢林就试图超越费希特的"自我"范畴的限制,大胆地设想"自然应该是可见的精神,而精神是不可见的自然"②。在这里,谢林的同一性思想已经越出自我的范围,并把自然当成是自我的自我否定,同时也是精神的客观化。

显然,谢林试图在自我之上和之外,寻找更原始、更根本的绝对实体,即他所说的"绝对的同一性","这种更高的东西凌驾于客观事物和起决定作用的东西之上",也就是一种"绝对的主观事物与绝对的客观事物、

---

① 谢林:《论自我的哲学的根本》,1795 年版,第 157 页。
② 谢林:《自然哲学观念》,1797,见《谢林全集》第 2 卷,第 56 页。

有意识的东西与无意识的东西之间的同一性的根据",它"既不能是主体,又不能是客体,更不能同时是这两者,而只能是绝对的同一性"①。

绝对的同一性虽然是绝对同一的,但它隐含着矛盾的动力,就好像一切生命体隐含着自身的内在矛盾力量那样。谢林为了说明世界的多样性及其发展变化过程,设想了一种"原始冲动"以及形成这种原始冲动的"原始对立"。在这里,谢林为了避免"绝对同一性"的死板性质,他试图在"绝对同一性"内部寻求它自身实现自我创造的动力,同时也试图在其自身中发现其动力源泉。显然,谢林在这里已经触及最素朴的生命概念。

按照谢林的思路,他设想了推动绝对同一性形成内在矛盾的原始动力,即一种最原始的"理智"。"理智是以双重方式进行创造的,或者是盲目地和无意识地进行创造,或者是自由地和有意识地进行创造"②。

以往中国哲学界在探讨谢林哲学时,往往从他的同一哲学出发,并在很大程度上只集中分析他的同一哲学;而且,还往往把谢林的同一哲学简单地归结为"A＝A"的哲学。这是深受黑格尔哲学对谢林的评价的影响,没有顾及谢林本人的哲学思想的形成和发展历程,而是把谢林哲学当成从康德、经费希特到黑格尔哲学的一个发展环节,让费希特与谢林为黑格尔哲学的体系形成与发展"垫底"。这不仅把德国 18—19 世纪的哲学发展流程单一化,而且也整个地扭曲了历史本身,因为没有充分地考虑到费希特和谢林,作为杰出的哲学家具有他们自己的独特创造精神。

实际上,单从谢林自己的哲学思想形成过程而言,谢林一直认为哲学肇始于无限者的概念,而自然就是"无限者"的最原初的标志。谢林对哲学和自然的这种理解,又是同他自始至终无限地关切自然有密切关系。所以,他最早钟情于自然,专心于自然,并以自然作为他的精神主要寄托,沉思自然的性质及其与神和人的创造精神的内在关系。

具有丰富生命情感的谢林,自小就把自己比作自然的儿子,是自然让

---

① 谢林:《先验唯心论体系》,北京:商务印书馆 2006 年中文版,第 250 页。
② 谢林:《自然哲学体系初步纲要导论》,见《谢林全集》第 3 卷,第 271 页。

他和所有的人,成为世上活着的存在。个人的自我,再大再崇高,也远比不上自然。我们的一切来自自然,当我们面对自然时,我们所感觉的一切,都是自然,作为"绝对自我",在我们个人的"自我"中的一个渺小的反应。为此,要探索个人自我的一切奥秘,必须返回作为最初本源的自然。在这里,谢林恰恰看到了费希特的"自我"及其"绝对自我"概念的不足。

当然,作为先验观念论的继承者,在谢林的早期著作中,他也把自然看作是精神的胚胎生活阶段;就此而言,自然是精神的一个原初状态,并隐含着精神本身的自我生产和自我扩展的特征,甚至具有某种神秘性。他在《自然哲学体系初稿》中,论证了精神具有客观化的倾向,像自然一样能"自我生产"。当然,自然并不是"自我"的单纯产物,自然的无限多样性,证明了自然具有客观性。所以,自然就其内在本质而言,是朝向无止尽的活动性的实际发生作用的力量(Die Natur ist seinem innersten Wesen nach unendliche Tätigkeit,wirkende Kraft),它是无限本身,也是产生个体的自我的源初力量。

谢林的自我意识概念和绝对概念是相互循环地实现转化和互通的。自我意识一方面把绝对当成自然发展过程中的前提条件,它是"绝对"的生成产物;另一方面,作为精神的"绝对",又是自我意识的先验前提。这样一来,谢林引申出他的哲学的两大类型,即是说,先验哲学在自我意识中创建绝对的认识论基础,同时,先验哲学的生成也自然地导致自然哲学①。

在1797年发表的《一种自然的哲学观念》中,为了使自然与人之间建立起内在的生命联系,谢林一方面重申人类精神作为"有机化的自然"的性质,另一方面强调自然本身具有"一贯和确定的通向有机化的过程,完全清楚地显示某种旺盛的欲望冲动"②。在谈到自然中蕴含的欲望冲

---

① Christian Iber:*Das Andere der Vernunft als ihr Prinzip*,Berlin,New York 1994,S.112f.; Manfred Frank:*Eine Einführung in Schellings Philosophie*,Frankfurt a.M.1985,S.73.
② F.W.J.Schelling,*Ideen zu einer Philosophie der Natur*,1797,pp.8-9.

动时,谢林很具体地描述说:"这种冲动,仿佛在同粗野的物质角斗,时而胜利,时而屈服,时而以更加自由的、时而以更有限的形式突破它。这便是自然的普遍精神,它逐渐脱离粗野的物质而自己成长起来"。更加珍贵的是,谢林认为,自然所固有的不可见的冲动,是"追求一个共同的合目的性的理念以便无限地表达出作为我们精神的纯粹形式的那种共同的原始图像(Urbild)"。按照谢林对自然的这样的描述,自然就是我们之外的一种创造力,确证了神创造万物的精神力量的普遍存在。

显然,谢林的自然概念是有别于自然科学概念,它并不能单靠自然科学来认识,更不是科学的对象,而是与我们自身的生命运动密切相关,同生命中的精神活动相关。在这方面,谢林深受斯宾诺莎的影响,强调自然本身的自然性。谢林借用斯宾诺莎的概念,突出自然本身是也仅仅是"自然的自然"而已。在这个意义上说,自然是唯一的、单一的;换句话说,自然就是自然,自然没有别的,无非就是它自身。

所以,在谢林看来,自然不是局限于外在的对象而已,它不只是我们的感官所看到的那一部分,不是像一个现成的物体那样呈现成固定的结构,而是内含深不可测的内在力量,也具有由它自身所决定并由其自身发生的创造力量。归根结底,自然是与我们的生存以及精神创造活动有内在关联的"无限"。

所以,我们面对的自然,看起来只是一堆不动的对象或客体,但实际上却是不断生成的活生生的存在,是一直正在变化着和运动着的生命体。所以,自然就是自然本身所创建的自然。这样的自然,谢林称之为"潜能"(Potzenzen)。

但是,按照谢林的看法,自然又分成多层次;其中,第一层次,也是最低的层次,就是物体及其运动。第二层次是磁力和电力,它们属于更高一层的物体运动。第三层次是有生命的有机体,而人是这一层次中的最高存在。

谢林认为,即使是无机界也不是死的和凝固的,它只是一种"受阻的运动"和一种趋于变动的倾向。更确切地说,自然的多样化形式乃是精神在其中逐步地苏醒而自我成长的过程。这个发展规律是辩证法的三段式过程。如果精神并不是从一开始就潜伏于自然中,在这个进化过程的顶峰所出现的人类思想将是不可思议的。谢林说:人们所说的惰性的自然,无非是未成熟的一种理智;理智的性质早已在现象界中以无意识的形式潜含着和渗透着;最高的目标,即完全地成为其自身的对象,对于自然来说,只有通过在自身中的最高的反思,才能最后地达到,而这个在自身中的最高反思乃是人或理性。

这个明显地受到巴拉撒尔斯和莱布尼茨启示的自然哲学,企图在自然的现象之外把握那创立自然的最初原则,把握那作为"有生产能力的精神和理性本身"。

接着,谢林在论述精神的发展过程时指出:"精神只有靠自我客观化和靠自然化,才能实现自身的发展。这就好像艺术家并不仰赖着其作品的观念,但又不停地把这个观念加以形象地体现出来一样。"这种最初在自然界无意识地实现的精神的具体生产过程,在人的行为和历史的过程中,则体现为有意识的发展。当然,谢林强调,在历史中往往也出现许多在表面看来是很荒谬的事情。但历史归根结底是向着实现权力和实现道德性的方向发展。谢林还说,无意识和有意识的活动,最终是在艺术创作中相互配合。因此,在谢林的心目中,艺术活动乃是自然和精神、肉体与灵魂、个体性与普遍性相结合的最好标志。当然,这种结合也表现在客观精神的其他过程中。正因为这样,客观精神是可以在历史的多样的特殊表现形式中被我们把握住的。

谢林明确地说:"自然应该是可见的精神,而精神是不可见的自然。因此,在这里,在我们之中的精神与我们之外的自然之间的绝对同一性中,关于我们之外的自然是如何可能的问题,就获得了解决"(*Die Natur soll der sichtbare Geist, der Geist die unsichtbare Natur sein. Hier also, in der absoluten Identität des Geistes in uns und der Natur außer uns, muß sich das*

Problem, wie eine Natur außer uns möglich sei, auflösen)①。

总之,谢林认为,"绝对"依据创建的设计模式,通过自然,演化成各种显现其自身按阶段逐渐降级的表现形式,但所有这些演化及其过程,都是靠其内在创造性力量,而不是由外力所决定。

在谢林的自然演化模式中,我们一方面看到费希特的辩证思想的影子,另一方面又有黑格尔辩证法的因素。具体地说,就辩证法而言,谢林不同于费希特的地方,就在于拒绝将整个辩证法运动过程完全归属于"自我"的功效,因为对于谢林来说,自我远非单纯靠逻辑归纳程序所能够概括的,谢林将自我理解为一种能够自我生产和自我运动的绝对,具有超越逻辑程序的创造力量。所以,自我并不按照逻辑过程展现它的威力。也正是在这一点上,黑格尔后来集中批判了谢林的绝对化的自我概念。

谢林认为,要真正彻底了解自我的奥秘,唯有回到自然本身,因为自然充满着生命的创造力,它是解开我们自身奥秘的钥匙。

稍早于谢林的费希特认为,要把握整个现实世界的完整结构,必须从"自我意识"出发。早期谢林虽然以此为出发点,但同时强调自然自身必须具有现实性。如此一来,根据谢林的观点,费希特对于世界的基本思想观点是不完备的:一方面,费希特等人把理性世界的终极基础过分紧密地与有限的个人精神联系在一起;另一方面,他们又由于过分地从主观唯心论的角度看待自然,形成了对自然本身的威胁。

正因为这样,谢林自信,他所提出的自然哲学有可能成为关于自然统一体的完整理论。根据谢林的自然哲学,自然是所有客观事物的总体,而理智,作为造成自我意识的各种行动的复杂综合体,就显示为现实的等价物。

问题在于:在主观的精神与客观的自然之间究竟有没有联系? 如果有联系,那么,这种联系是如何可能的? 精神与自然难道只是一种二元的

---

① F. W. J. Schelling, *Ideen zu einer Philosophie der Natur*. In: *Werke*. Ed. Schröter, München 1927, Bd. I; Seite 706.

关系吗？对于这个最基本的形而上学和本体论问题，被称为"近代哲学之父"的笛卡尔曾经做出了回答。笛卡尔严格地区分了有形的、物质的、广延性的世界与无形的、精神的、认识的世界，试图切断两者的联系，并把两者当成各自独立的存在实体。正是斯宾诺莎开启了对笛卡尔二元论的批判先例。

就是在斯宾诺莎思想的启发下，在谢林的自然哲学中已经显露了他对笛卡尔二元论思想的批判，并进一步走上追求"绝对"的思路，谢林为此试图在自然本身之中，回答有限与无限、有形与无形、物质与精神的同一性关系，但他显然不同于黑格尔，因为黑格尔所追求的绝对，正如迪特·亨里希(Dieter Henrich,1927—)所指出的，是一种"把自身的有限当成对于其自身的否定关系的有限"①，而谢林则认为：由斯宾诺莎所开创的哲学思路，使两个看起来相互分割的有形世界与精神世界联系在一起，而这种相互联系的可能性，恰好来自一种"绝对"。

绝对是什么？"绝对"在自然中，又如何成为物质与精神、有形与无形、有限与无限之间既相互区分、又相互同一的真正根源？斯宾诺莎认为，追溯到万物的最初根源，只能追溯到神性存在，它是一种"原始根据"(Urgrund)。由原始根据出发，世界形成了广延性物质世界的"有形"存在形式和思想精神性世界的"无形"存在形式。所以，这两种存在都是统一的世界的两种存在样态。

谢林在斯宾诺莎哲学的基础上，完成了具有独特性质的新自然哲学，终于以新的姿态，灵活地回答了斯宾诺莎留下的各种问题。

三、同一哲学

谢林早期执着于寻求能够将"自然"与"精神"统一地协调并纳入一

---

① Henrich, D.*Selbstverhältnisse*, Stuttgart: Reclam.1982, p.82.

个体系的哲学理论,旨在揭示作为同一哲学基础的"绝对",在"无意识"和"意识"、自然和精神之间有可能达致同一的基础。所以,在谢林集中探索自然哲学之后,在他的思想发展过程的第二阶段,特别是1802年之后,谢林就致力于系统论述其"同一哲学"的原则。对谢林来说,从自然哲学到同一哲学的过渡是符合他的思想发展逻辑的,因为在自然哲学与同一哲学之间,本来就含有内在关系,只有创建同一哲学,才有可能将自然哲学中所阐发的基本观点进一步导向系统化。但就谢林的思想风格而言,体系化本身绝不会是形式化,也不会是完满化。谢林既然不追求严格意义的体系化和完满化,他的同一哲学也就不会是僵化和固定化。而且,谢林所寻求的同一哲学也绝不会与他的自然哲学割裂开来,两者之间仍然会相互补充和相互交叉,以致使两者经常会在某些重要方面发生重复和交叉。所以,从自然哲学向同一哲学的过渡是非常自然的,而且,在他的同一哲学中,他所探讨的基本论题,恰恰就是他在自然哲学中所探究的"绝对"以及在"绝对"中精神与自然、主体与客体的既同一又对立的灵活关系。

根据这个"同一哲学"的原则,主观的和客观的同一原则,既不是主观的,也不是客观的;同时,它也既不是有意识的精神,同样也不是自然本身。谢林说,这个唯一的原则,就是一种"绝对",或者,它是"主观与客观的同一性"。

但"绝对"并非抽象的和空洞的统一。它是绝对的理性,是事物的"自在"。由于它潜在地在自身中包含着一切事物,包含着一切区别和一切对立,所以,尽管它是统一的,但它又是具体的。作为对立面的单纯的可能性,它无疑是"绝对的随遇性",是"绝对的无差别",如同那茫茫黑夜消除一切区别一样:这种差别,既是绝对存在,又很模糊不清,隐含着不同程度的连贯性,又确实相互区别。但它的生命就表现在它在多样性中的展开,而在这展开过程中,它把在它自身中相互重合和协调的对立面加以相对地分离开来。整个世界就是这个发展过程的实现。

在这个"绝对"中,精神和自然在本质上并不是相区别的;它们作为"绝对"的两个因素和两个表现形式,并不构成真正现实的对立面,而只构成理想的或抽象的对立面。因此,精神和自然两者都表现在现象中,不管这些现象是处于何种不同的阶段。这种被谢林称为"数量上的差异",恰巧构成了世界上有限事物之间的多样性,但在内在本质上,这些事物都是"对立面的统一体",或者,是一种"总体性"。

谢林的这种试图把有限事物吸收到"绝对"中的"同一哲学",遭到了黑格尔的批判。黑格尔在《精神现象学》1807 年版序言中,严厉批判谢林的同一哲学。黑格尔指出:"正如费希特从'自我=自我'开始,谢林也同样从绝对直观出发,把它作为命题或定义来表述,就是说:'理性是主体与客体的绝对无区别'。它既不是其一,也不是其他,而是在其中一切对立都完全消除了的东西"①。

接着,黑格尔还指出:"谢林认为理智的直观或理性的概念是一个未经证明的前提,它的必然性是未经说明的。这乃是它的一个缺点,这一缺点使它采用了这种形态。看来谢林与柏拉图,以及新柏拉图主义者有共同之处,即把知识放在永恒理念的内心直观中,使知识无中介性地、直接地存在于绝对里。"用形式逻辑的公式来表达,谢林的绝对同一思想,可以简化为"A = A"。这种同一性哲学显然必须加以发展和补充,否则它将自灭于其自身的简单化思想中。

黑格尔显然没有真正把握谢林哲学的真谛,因为谢林所关注的始终是建构一个由"现实的"和"理念的"相互作用力而组成的活生生的世界整体。谢林在早期较为集中地探索表现在主观方面的精神究竟如何既在理念中存在并显示其威力,因而他较为集中地说明理念不只是存在于主观方面,而且也渗透到现实中,使现实包含着精神的力量。为此,谢林早期的自然哲学深入探索自然中的精神,并没有更多地考虑现实本身的

① Hegel, *Phénoménologie de l'esprit*, *préface*, Jena, 1807.

问题。

以往对于谢林同一哲学的传统研究,往往过分夸大了谢林同一哲学的体系性和封闭性,并把谢林所说的"同一"简单地归结为形式逻辑的"同一",甚至为此而引用黑格尔的概念式归纳,致使谢林的同一哲学被描述成死板的和封闭的自我同一体系。①

如果说,谢林早期深受费希特和康德思想的双重影响而导致他在自然中寻求一个新的出路,那么,到了19世纪初,当谢林更加成熟而使他有可能借助于自然哲学研究成果进一步发现创建新型先验观念论的可能性的时候,谢林便开始着力于开辟一个称为"同一哲学"的新型先验唯心论。这里特别强调谢林的"新型先验唯心论",是为了突出他的先验唯心论的特点,有别于康德和费希特的先验唯心论,并同时显示谢林的先验唯心论的特有的创造精神。

所以,同一哲学一方面不同于谢林早期的自然哲学,也不同于费希特和康德的先验唯心论,另一方面,谢林所要创建的同一哲学,是试图超越康德的二元论和费希特的绝对自我哲学,另辟蹊径,寻求把自然、自我和世界的各个方面及其内在的各个细节部分,灵活地联系在一起的一个新形而上学体系,而且还试图保障体系中的任何一个方面,都继续保持活跃的自我创造和自我超越能力,避免其体系中的各个方面和各个因素遭受体系本身的窒息而自我满足和自我封闭。

谢林的这样的先验观念论体系,不能单靠"唯心论"的简单标签就可以把握的;相反,谢林的先验观念论的基本特征,就是高度重视人的意识和精神的主动创造精神,强调人的意识和精神都是与自然和世界紧密联系在一起的创造力量,也正是在这个意义上说,谢林的新型先验观念论已经包含了丰富的辩证法和浪漫主义精神。

在这方面,谢林首先特别地从斯宾诺莎哲学中吸取营养,强调说:既

---

① Andrew Bowie, *Schelling and Modern European Philosophy: An Introduction*. London and New York, Routledge, 2002[1993].

然精神和自然能够相互转化和相互制约,它们就必须有一个共同的基础;并且,精神和自然也必然是从同一个最原初的活动性基质中产生出来;而这样一来,精神和自然乃是这一原始活动性本源的两个不同表现罢了。

如前所述,关于精神和自然同出于一个本源的设想,引导谢林进一步深入创建一种能够灵活而完满说明精神与自然的同一性的哲学,并在其中集中探索整个世界的同一根源。

与此同时,谢林还注意到同时期的费希特所给予的启发,他集中探索了作为全部知识的最初根源的"自我"及其内在固有的超越能力。但谢林意识到:仅仅停留在自我层面上,是远远不能全面说明世界的性质及其变化的复杂性,也不能彻底说明自我的绝对性本身。要真正全面地说明世界的本源及自我的本质,谢林发现:像费希特那样只强调"自我"是不够的。对于谢林来说,自我绝非一切,自我既不可能解决世界本源,也不可能解决世界的多样性和多种发展可能性。真正的自我,不是非我的前提,而毋宁是相反:非我是比自我还更加充满多种可能性,更加包含潜在性,这种充满潜在性的非我,实际上就是自然,就是自我的前提。

所以,谢林主张全面地重新思考自然与自我的关系,试图跳出康德和费希特对自我和对客观自然的狭隘观点。关键就在于:谢林找到了跳出费希特思想体系的核心观念,这就是把自我与自然连接在一起的"同一性"。这种把自我与自然连接在一起的同一性,不是抽象的逻辑统一体,而是包含丰富创造精神的"绝对",它是充满创造活动潜力的生命体,是富有创造精神的自我和可以导向精神力量的自然的统一体。

正因为这样,谢林认为,"绝对"并非单纯是自我的本质,与此相反,绝对应该既高于自我,又高于自然,成为他们两者的共同基础和本源。但这还不够。谢林还进一步认为,这个作为世界本源的"绝对",又必须与"自我"和"自然"共处,并始终紧紧地相互同一;这也就是说,绝对是自我和自然的同一基础;自然哲学和先验哲学,由于它们都原本根源于同一个

"绝对"并最终又朝向这个"绝对",所以它们在本质上是同一的。

在这里,谢林自始至终所要强调并加以贯彻的,是保证自我、自然和世界的自我创造生命力,让它们三者,既相互联系又相互差异,而且它们都在"绝对"中获得取之不竭的发展能量;同时,谢林还强调自我、自然和整个世界的连续性,强调它们之间不只是包含相互连接的可能性,而且还存在相互过渡的可能性,从而整体地构成一个攀向精神高度的发展阶梯,并在精神王国的不同层面,表现出世界的多样性、连续性、多质性和多层次性。

也就是说,谢林试图避免使他的同一哲学窒息在同一性中,所以,他所寻求的"绝对",绝不会是抽象而死板的概念而已,更不是形式逻辑所说的 A＝A 公式所表达的同一性,而是富有生命力并从各个方面都始终朝气蓬勃的最源初因素。

显然,"绝对"作为同一哲学的基本概念,在谢林那里,具有双重意义:一方面,从知识论层面,"绝对"乃是产生和推动认识活动的基本源泉和原初力量,它是属于精神范畴,但能够在知识领域内,引导主体与客体之间实现同一关系,并不断地将主体与客体的同一性,从比较简单的相对同一,导向更高的无条件的同一,促使自我与自然的相互同一,连续反复地朝向更高和更深方向推进,以致促使自我与自然,能够在"绝对"的范畴中实现真正的同一。

显然,作为认识论基础的"绝对",在谢林那里,还突出地显示它的"理智直观"能力,因此它既不同于康德所说的"物自体",也不同于黑格尔所说的"绝对精神"。所以,谢林的"绝对",在认识论层面,既没有像后来的黑格尔那样显示囊括一切"绝对真理"的意图,也不是脱离创造活动的形式化的框架。而且,绝对本身,并非黑格尔式的那种"绝对理性"的概念,而是强调理性与非理性、理智与直观、意志与感情、无限与有限的同一性:既强调两者的同一,又突出两者的区分;既强调两者都包含在其中,又突出两者皆源于同一性本身。

　　另一方面,从本体论层面,谢林强调"绝对"异于康德"物自体"和柏拉图"理念"的特点,坚持认为"绝对"具有源自其自身的存在的原始创造力量。在这一点上,谢林的同一哲学中的"绝对"已经包含了他的宗教哲学和神学思想的类似成分,也就是说,蕴含了神秘主义因素。

　　作为同一哲学的基础和根本始基,"绝对"是一切自我创造精神和力量的典范,它蕴含了个体和宇宙总体进行自我创造的奥秘,在某种意义上说,含有一定的神秘性。

　　如前所述,斯宾诺莎的自然神论思想对谢林发生了关键的启发作用。精神,对于谢林来说,是一种贯穿整个世界的生命力量,它是神所创造的一切事物的内在动力,也是构成一切事物的存在基础。

　　雅斯贝斯曾经指出,当斯宾诺莎说"神或自然(Deus sive Natura)"的时候,他所说的"自然"是 Natura naturans,即"一个行动中的有动力的自然,一种不断成长、不断变化的自然",而不是 Natura naturata,即"被动的或静止的自然"。所以,在这个意义上说,谢林的同一哲学也是一种"动力型的泛神论"(Dynamischer Pantheismus)。

　　因此,谢林在同一哲学中所说的"绝对",固然是他的自然哲学和同一哲学的根本概念,而且也是他所发展的富有特色的宗教哲学、语言哲学和艺术哲学的基本概念。

　　谢林建构同一哲学的过程是曲折的;这种曲折性,一方面表明谢林创建同一哲学的艰苦历程,另一方面也表明其中包含了谢林在不同时期进行哲学创造的不同重点论题,既显示了谢林同一哲学在不同阶段的不同成果,也表明他的同一哲学的多种表现形式。

　　在 1800 年出版的《先验唯心论体系》中谢林已经明显地把他的重点从当初提出的"自我意识"(Selbstbewusstsein)转向"绝对",强调"绝对"就是"同一性"(Identität)。这就是说,绝对一方面是一个无所不包的"无限者"(Unbedingte),并作为本体论意义的原始基质而成为一切的起点;另一方面,它又作为认识论意义的人的主体自我意识而成为认识过程的原始出发点①。显然,谢林已经意识到:他的新哲学的主要任务,就是通过主体与客体之间的相互协调一致(Übereinstimmung von Subjekt und Objekt)而实现同一性的原则②。但是,值得注意的是,谢林在这里所寻求的同一性,已经不是传统意义的同一性原则,即不是首先把主体与客体区分开来然后加以同一,而是把两者当成两个互为前提和互为条件的活动性力量,也就是说,谢林所要探索的主体和客体的同一性,是指两者中的任何一个,都不能脱离对方的存在而存在;或者说,两者中的任何一个的出现,势必导致另一个的产生。谢林的意图是通过这样的同一性,进一步把他的同一哲学,一方面同现实的独断论区分开来,另一方面又同主观的观念论划清界限,因为前者把超验的"物自体"当成知识的基础,而主观的观念论则试图在主体中完成主客体的同一性。

与此相反,谢林认为,自我的局限性(die Begrenztheit des Ich)一方面是由自我意识的行动自身所产生的,另一方面,这种客观地限定自我的行动本身,却又可以产生新的创造性行动,以便促使自我及其行动获得一再更新的可能性③。

在 1801 年发表的《阐述我的哲学体系》(*Darstellung des Systems meiner Philosophie*)中,谢林强调:一切具体和特殊的哲学,都以同一性原则为基础,因为只有同一,才能产生他所坚持的理性和他所要集中说明的现实。

谢林认为,作为理性和现实的基原的"绝对",是无视"主体"和"客体"的区别,因为它根本不去顾及在本质上次于"绝对"的"主体"和"客

---

① Christian Iber: *Das Andere der Vernunft als ihr Prinzip*, Berlin, New York 1994, pp.95-132; X.Tilliette: *Schelling. Une philosophie en devenir*, Bd.1: *Le système vivant* 1794-1821, pp.185-213; D.Korsch: *Der Grund der Freiheit. Eine Untersuchung zur Problemgeschichte der positiven Philosophie und zur Systemfunktion des Christentums im Spätwerk F. W. J. Schellings*, München 1980, pp.72-100.

② F.W.J.Schelling, *SW* Ⅲ, p.342.

③ Ibid., p.408.

体"的具体特点,"绝对"所集中关切的,是它自身必须高于和优于后两者;既然"绝对"高于、优于和先于一切,同时它又创造、决定和连接一切,那么,"绝对"就是一种既无所不包、又无所区分的存在;这也就意味着,在"绝对"中已经包含一切因素,同时也包含这些因素间的一切可能的相互关系。

1802 年发表的《进一步阐明》(*Fernere Darstellungen*)中,谢林似乎采用斯宾诺莎的语气,强调说:"一切都是绝对的,一切都是完满的,就好像神一样"。同样的,在同年发表的《论布鲁诺或事物的神行原则和自然原则》(*Bruno oder über das göttliche und natürliche Prinzip der Dinge*)及其后于 1802—1803 年发表的《艺术哲学》(*Philosophie der Kunst*)中,谢林都把自然与精神,从属于"绝对",并把它当成一个最高又最原始的"无所区分",一种"同一"和"对立"的统一本身。

到此为止,谢林的哲学思想发展已经达到了新的转折点。他从 1803 年 9 月到 1806 年 4 月,恰好在维尔兹堡大学任教,可以独立地思考自己的哲学体系,在思想上越来越远离费希特和黑格尔,更明确地创建自己的新哲学体系的更细腻和更细节的各个部分。

在 1806 年出版的《论自然中现实与理念的关系》①中,谢林根据同一哲学原则重新解释他的自然哲学,强调指出:自然有它现实的重力极点和它理想的光亮极点,两者都在有机体内达到同一。这样一来,同一哲学应该有三大部分:自然、精神和艺术;而它们的主体都是"绝对",也就是"同一性",因为它们的本质是同一的,"绝对"对主体(理念的)和客体(现实的)的区分,对"绝对"自身而言是无关紧要的,无所谓的,可以不加理会。总之,"绝对"就是作为主体的它自身与作为他者的它自身的同一性,它是永恒不变的,是贯彻始终的。

然而,1809 年后,谢林更倾向于具有历史性质的哲学,所以,他返回

---

① F.W.J. Schelling, *Sur la relation du réel et de l'idéal dans la nature* (1806) , trad. S. Jankélévitch in Schelling, *Essais*, Paris, Aubier, 1946.

到一个主体,但这个主体既不是自我,也不是自然,而是神,这就是谢林后来加以论述的宗教哲学。但是,由此也可以看出,谢林试图从历史发展同一性的视野,使他的同一哲学赋有自身的发展生命力。

四、艺术哲学

艺术哲学思想普遍地存在于谢林的各个时期的著作中,贯穿于谢林一生思想发展的整个过程。艺术的天分和自由创造精神联系在一起,构成了谢林哲学创造的基本动力,同时也使他始终关切艺术创造的问题,并把艺术创造精神与哲学探索统一在一起,成为谢林各个重要的哲学著作的重要思路。

自由是艺术创作的核心精神;而实现自由的基本条件,就是必须超越各种界限和限制,一方面使主体的生命力量,包括各种感性和理性、意识和无意识、情感与意志、本能与经验能力等各种生命因素或力量,都能够首先在生命活动内部,实现相互融合和交流,并相互促进;同时,另一方面,又能够在生命体与外界力量发生各种不同关系的时候,促使生命内在因素能够超越限制而实现内外力量的结合和流通,实现生命本身及其周围环境各因素的更新。这一切,构成谢林艺术哲学不断发展并不断丰富的重要动力,也是谢林艺术哲学之所以贯穿于他的哲学发展始终的思想基础。

谢林指出:美感是一切创造的真正动力基础。“我们所设定的创造的一切特征,都会在美感创造中汇集在一起”①。“激起艺术家的冲动的,只能是自由行动中有意识事物与无意识事物之间的矛盾,同样,能满足我们的无穷渴望和解决关乎我们生死存亡的矛盾的,也只有艺术”②。所以,谢林接着指出:“美学中的天才就等于哲学中的自我,就是说,最崇高

---

① 谢林:《先验唯心论体系》,北京:商务印书馆 2006 年版,第 298 页。
② 同上书,第 299 页。

的事物乃是绝对实在,它自己虽然绝不会变为客观的,却是一切客观事物的原因"①。在这个意义上说,谢林艺术哲学的"天才"概念几乎等同于他的同一哲学的"自我";也同样由于这个原因,又直接地与他的"绝对"概念联系在一起。这样一来,对于谢林来说,严格意义的艺术家,应该是一位天才;反过来,不具备天才的特质,就没有资格成为真正的艺术家。不同的艺术家,由于他们的天才特质不同,也就决定了他们之间的差异:天才成分厚重的艺术家,其艺术创作的深度和高度,就自然地高于那些天才成分较低或较少的艺术家。因此,要成为一位真正意义的艺术家,必须具备尽可能多的天才气质,因为只有那些具备充分的天才气质的艺术家,才能在其创作中充分发挥其天才能力,把握住世界的同一性,并通过其天才能力,可以在艺术创作中创造出惊人的作品。这些赋有天才能力的艺术家的艺术作品,不仅包含特有的美感,而且深刻地揭示了世界的本质,具有强大无比的审美魅力。

对于谢林来说,艺术哲学所探索的,与其是艺术本身,不如说是以艺术为基本形态的"绝对",一种可以称之为"唯一和大全"(Ein und Alles)的整体存在本身。艺术,归根结底,就是一种作为万物存在范本的"自在",是以其自身的存在,无需他物为条件,就可以确立其自身存在的"绝对存在"。"对哲学家来说,艺术是直接产生于绝对中的必然现象"②;换句话说,艺术是万物原始存在的基础,也是万物存在的最终目标,同时也是世界整体能够不断地自我生产、自我更新的最美样本。在这个意义上说,艺术就是作为世界万物的原始根基的"绝对"的自我直观和自我展现。

由此可见,在谢林的艺术哲学中,真正实现了他的自然哲学、同一哲学、自由哲学、宗教哲学的完满同一。

在1800年发表的《先验唯心论体系》中,谢林已经很明确地把艺术

---

① 谢林:《先验唯心论体系》,北京:商务印书馆2006年版,第302页。
② 谢林:《艺术哲学》,魏庆征译,北京:中国社会出版社2005年版,"绪论"第2页。

当成同一哲学基本原则的典范："艺术作品向我们反映出有意识活动与无意识活动的同一性"①。在这个意义上说，艺术就是一般认识的最高形态。谢林认为，在艺术创造中，已经完满地体现了感性、理智、现在、过去、未来的最高统一，同时也表达了自由与必然的同一。

1802 年出版的《布鲁诺对话》，进一步突出地表明了谢林哲学所追求的哲学最好状态，就是"作为真和美、哲学与艺术的关系问题"②。

早在谢林思想发展的第一阶段，当他在 18 世纪末热衷于创建自己的自然哲学体系的时候，就已经在探索"无条件性"的哲学原则的过程中，集中思考了康德所没有彻底解决的"自由"问题，并由此接触到艺术哲学的基本问题。

谢林试图由此走出康德的自由观念的范围，不再像康德那样，只从"形式"的角度看待自然，不把自然当成纯粹物质的被动系统，似乎自然只能成为由必然规律锁链系统所控制的"必然王国"。谢林试图把自然回归于自然本身，在自然内部，在自然的不可见的深层，发现自然的无限魅力，直观地显示自然本身的审美性质及其无限魅力。

因此，谢林很早就把自然理解成艺术本身；反过来，艺术就是自然，就是一个完整的自然整体，正是在自然中，展现了艺术的所有根本性质及其神秘性和审美性。

如果说，艺术和自然一样，具有完整性和神秘性，那么，观察艺术的本质，就必须像观察整个自然那样，放在历史发展的完整过程中，也就是在历史的漫长曲折的展现中，细心和系统地注意艺术的各种复杂的和难以把握的特征。谢林在《先验唯心论体系》中强调指出："哲学就是经历不同时期的自我意识的历史"；"就是说，把全部哲学陈述为自我意识不断进展的历史，而那种具体表现在经验里的东西，则仿佛不过是作为这部历

---

① 谢林：《先验唯心论体系》，北京：商务印书馆 2006 年版，第 302 页。
② 谢林：《布鲁诺对话》德文版编者跋，参见《布鲁诺对话》，邓安庆译，北京：商务印书馆 2008 年版，第 165 页。

史的纪念碑和证据之用"①。在这一点上,谢林几乎和赫尔德、席勒和歌德一样,都注重自然和艺术的历史性。

艺术的历史性,不仅显示艺术统一地全面展示世界的可能性,而且也表明艺术包含了整个世界的奥秘,隐含了世界形成和发展的神秘性的密码。

谢林在1795—1796年间,就明确地表示:自然绝不是与人相对立或相割裂的超然实体系统,而是与人,特别是与人的精神相重叠的具有某种神性智慧和力量的存在。谢林对艺术的神秘性的探索和论证,不仅把他的艺术哲学同他的同一哲学,而且也同他的宗教哲学连贯在一起。

与此同时,谢林还进一步把真理与审美统一在一起,使两者重叠和融合起来,成为人的存在的必要条件,也由此将自然世界与人类世界紧密地连接起来。谢林在当时所写的《德国观念论最早的系统纲要》中指出:美是统一一切的理念;真和美只有在审美行动中才能形成为"姐妹",而哲学家必须像诗人那样,赋有强烈的审美意识和力量②。谢林还明确地把自然与人的内在联系,奠定在人性和自然本身所固有的本质之中。

谢林批判康德把自然与认识和审美主体的人相互割裂的立场,一方面把人的主体进一步理解成为具备自我超越能力的积极主动的创造性生命体,使人的主体有可能彻底摆脱作为物质性的自然界对于自己的限制;另一方面又强调自然本身也包含不可见和无形的精神力量,有可能使自然本身产生导向自由的能力。在这方面,谢林也同时把自己与荷尔德林和黑格尔区分开来,因为谢林既不要使自己等同于周围同时代的思想家,也不愿意满足于追随他人的思路;对他来说,独立创造特有的思想创造道

---

① 谢林:《先验唯心论的体系》,北京:商务印书馆2006年版,第3页。

② F. W. J. Schelling, *Abhandlungen zur Erläuterung des Idealismus der Wissenschaftslehre*, 1796/97; *Über den wahren Begriff der Naturphilosophie und die richtige Art ihre Probleme aufzulösen*, 1801; *Philosophische Untersuhungen über das Wesen der menschlichen Freiheit und die damit zusammenhängenGegenstände*, Stuttgart, Philipp Reclam Jun., 1999, p.6.

路,必须一方面走出康德的思想影响,另一方面又要避免追随同道朋友的思路,因此,谢林努力从主体自身的创造精神中挖掘潜力。

在《作为哲学原则的自我》一书中,谢林强调自身主体的绝对创造力量,并一再重申:人的主体与自然,共同地存在"理念",而理念能够从根本上从审美的高度,统一人性与自然本身的一切力量,以便随时实现自身的超越①。

如前所述,谢林在 1800 年发表的《先验唯心论体系》已经非常重视艺术的本体论意义,不但艺术创造表现了万物创造的根本特征,而且,艺术作品本身也展现了世界的"绝对性"及其源自"绝对"的本质。对谢林来说,"艺术作品的根本特征就是无意识的无限性(自然与自由的结合)"②。

"一切美感创造过程都开始于对无限的矛盾的感受,所以,随着艺术作品的完成而来的感受,也必定是对于这种满足的感受,而且,这种感受必定又会转变成艺术作品本身"。显然,谢林对他的先验唯心论体系的描述和论证,既以对艺术的本体论研究为基础,又以对艺术的本体论意义为终结点:"如果说唯独艺术能用普遍有效性把哲学家只会主观地表现的东西弄成客观的,那么,要再由此得出这个结论,便必须期待哲学就像在科学的童年时期,从诗歌中诞生,从诗歌中获得滋养那样,与所有那些通过哲学而臻于完善的科学一起,在它们完成以后,犹如百川汇海,又流回它们曾经由之发源的诗歌的大海洋里"③。

谢林在 1802 年出版的《布鲁诺对话》中说:"真与美是同一的东西"④。谢林的这一理念,促使他把哲学、知识体系的建构、对自然的观察和分析以及对艺术的赞颂,联系在一起,构成他的整个哲学体系的基本内

---

① F. W. J. Schelling, *Vom Ich als Princip der Philosophie oder über das Unbedingte im menschlichen Wissen*, 1795.

② 谢林:《先验唯心论体系》,北京:商务印书馆 2006 年版,第 302 页。

③ 同上书,第 310 页。

④ 谢林:《布鲁诺对话》,北京:商务印书馆 2008 年版,第 1 页。

容,也成为他的哲学方法的主要特征。

　　谢林对艺术的爱好是根深蒂固的。他在耶拿时期所结识的浪漫主义作家和思想家诺瓦利斯、斯列格尔等人,进一步促使谢林对艺术创作给予特别的关注。谢林和浪漫主义者一样,认为艺术是理解所有不能单纯作为对象而显示的事物的重要途径。即使是自然,虽然自然科学可以在一定范围内对它进行研究,并揭示其规律,但整体来看,仅仅局限于科学,归根结底是把握不了自然的。同样的,哲学也不应该奢望全面理解自然界;哲学在实际上也无法真正地认识自然自身。只有当哲学、艺术、自然科学和宗教哲学连贯成统一的整体的时候,才有可能深入了解自然的奥秘。

　　所以,理解谢林的艺术哲学,始终不能脱离谢林与浪漫主义的紧密联系。谢林的《艺术哲学》和德国浪漫主义文学家、诗人一样,也强调诗歌同整个艺术的内在关系。谢林认为,任何艺术都是绝对的生产或绝对的自我肯定(确认)的直接模仿。诗歌使这种绝对的认识行动直接作为认识行动而呈现,因而使诗歌成为形象艺术的最高表现形式。

　　浪漫主义作家诺瓦利斯在谈到浪漫主义的精神的时候说:诗歌是人类精神的特殊的、也是最高的活动形式。谢林和诺瓦利斯一样,把诗歌当成世界奥秘的艺术表现形式。接着,诺瓦利斯又说:一切可以被思考的事物,都是被其自身所思考。诺瓦利斯的这句话,不仅典型地表现了人类精神的创造力量及其对其自身的反思意识,也典型地表现了浪漫主义对于一切自然事物的想象的无限超越程度。诺瓦利斯把想象和诗歌说成为人类精神的创造活动的基本形式,强调想象和诗歌是产生更高形式的实在性的象征性结构的主要手段:正是通过人类精神在诗歌中的自由自在的创造以及在创造过程中的自我思考,体现出浪漫主义所赞颂的人类精神的创造活动的自我意识和自我反思能力。

　　显然,诺瓦利斯的浪漫主义哲学,发扬了古希腊罗马时期的诗性哲学传统,强调诗歌创作与哲学创作的同一性及其相互补充性。

　　值得玩味的是,"诗歌"(poesy)的词源希腊字 poiesis 原本是指"生产"、"制造"和"创造"。语言在诗歌中的创造，典型地体现了人类精神的自由活动本质及其主动自我反思的能力。直到浪漫主义时代，西方人对于语言，特别是诗歌的语言的反思能力，才有了自觉的认识。谢林在这一方面，直接地发扬了浪漫主义的艺术理念。

谢林认为，自然界中包含许多无意识的领域和无意识的因素，也包含许多难以仅仅通过理性分析去把握的因素，因此，自然既是认识的对象，可以成为人的认识活动的客体，但自然本身又具有神性和内在精神，因此，自然含有内在的情感，含有既细腻、又宏伟的情感；当人们把它当成认识对象的时候，自然界往往又同时成为人的审美力量，一方面使自然本身变成为外在于人的美丽生命体，不但表现出绚丽的自然风貌，同时又流露出自身的神秘情感，似乎显示自然对于人的关切和照拂，因而在自然与人之间形成相互启发、相互调情和相互感应的统一生命共同体。

在《布鲁诺对话》中，谢林明确地认为自然包含原型的自然和派生的自然两部分，存在有限的时间系列和无限的时间系列，哲学家必须使思维与直观统一起来，既观察到有限的真理，又要重视永恒的真理，使自己跳出一般满足于经验观察结果的自然科学家的视野，使自己成为把握真理和审美统一的自由创造者。①

谢林认为，艺术品固然是一个经验性的存在，但它除了具备客观性质以外，它又包含复杂的超越主观和客观的因素，对于它的感受，必须同时交叉地通过意识和无意识，并又使主体与客体双方发生连接起来。谢林指出：当我们面前出现艺术品的时候，"自我只是当关联到作品的时候才是意识的，但自我当联系到生产本身的时候又是无意识的"②。所以，自我所面对的，有时是作为艺术品的"产品"（不管它是自然的，还是人为

---

① Friedrich Wilhelm Joseph Schelling,*Bruno oder über das göttliche und natürliche Prinzip der Dinge.Ein Gespräche*.Laipzig,Philip Reclam jun.,1989,pp.7-9.

② *Schelling's Sämmtliche Werke*,[*SW*],ed.K.F.A.Schelling,I Abtheilung,Vols.3,Stuttgart：Cotta,1856-1861,p.613.

的），有时是艺术的"生产"本身。一切活生生的生产活动，都是难以通过意识把握的。这也就是说，只有当对象是作为"产品"而出现的时候，意识才有可能发挥作用，而在大多数情况下，由于世界上的一切事物，都是具有其自身的生存自由，所以，主体所面对的大多数对象，其实都是难以把握的"生产"，也就是活生生的生命体，而且还是具有艺术价值的生命创造活动本身。在这种情况下，意识的作用是极其有限的。

谢林还进一步指出，现实并非单纯是一种可以由主观所把握的客观表象。在大多数情况下，作为对象而出现的客观表象，其实都是具有艺术性质，是各种各样的"生产"本身。所以，"艺术就是哲学的真正的和永恒的感受器和文本，一种哲学本身始终无法外在地表达出来的持续性文本"①。

艺术是无法说出的事物，它充其量只能靠无形与有形的交错关系才能被感受。哲学并不像艺术那样，哲学不能把握真正的世界，尤其不能表现绝对；而艺术却可以通过它的神秘不可测的力量表现绝对。

早在 1795 年所写的《关于独断论与批判主义的信》中，谢林就已经强调艺术在超越先验哲学中的特殊功能，并指出艺术是从哲学中走出而创建一个自由意志的世界的唯一途径。在 1801—1809 年间，谢林完成了《艺术哲学》。《艺术哲学》的撰写和思考过程是同他从先验唯心论转向同一哲学的过程相平行的。这一时期，谢林思想中的神秘主义与宗教意识越来越浓厚，因为经历了对世界的绝对实质的长期思考之后，他更加明确地认为：只有真正理解神的最高地位及其最原初的"源生性"，才能理解作为世界本质的绝对。与此同时，谢林也意识到：只有超越知识的范围，才能达到作为宗教目标的神秘深处的神性，也才能真正把握世界的复杂的现实的本质。就是在这样的思考过程中，谢林更加倾向于对艺术的思考，他认为正是靠艺术的创造活动，才能使哲学与宗教相连接，并由此

---

① *Schelling's Sämmtliche Werke*，[*SW*]，ed.K.F.A.Schelling，I Abtheilung，Vols.3，Stuttgart：Cotta，1856−1861，p.627.

把握世界的绝对本质。谢林说:"艺术与宗教之间存在着紧密的关联,失去艺术就无法使宗教达到真正客观的显现。同样,哲学也必须靠艺术的思维模式,才能与宗教相结合,更趋近于世界现实的绝对"。

谢林认为,哲学和艺术也有共同性,这就是它们都以物的形态为对象,并试图通过形态把握物的本质性。问题在于:任何物都势必以其形态呈现出来,所以,哲学和艺术都要面对各种不同的形态。

然而,正如谢林指出的,既然物和世界都只能通过形态呈现出来,那么,形态本身就已经隐含了本质;因此,通过形态,也就可以把握本质。艺术的高明之处,就在于通过具体的形态把握纯粹的形态,在其呈现的形态中表现纯粹的形态,并由此引导人们通过直观把握世界的本质。

谢林的《艺术哲学》包含(1)绪论、(2)艺术哲学的一般范畴以及(3)艺术哲学的特殊范畴三大部分。

谢林认为,艺术哲学是与整个哲学体系相同一的;也就是说,哲学永远是名副其实的本质统一体,哲学永远是绝对的统一体,它不能被它所研究的对象所分割,当哲学研究艺术的时候,哲学仍然是统一的和同一的。所以,艺术哲学就是哲学的同一系统本身,而且由于艺术更确切地表现了世界,所以,艺术哲学更体现了哲学的同一性质[①]。

如果说哲学只能呈现世界完整的统一体,那么,艺术也同样应该完整地表现世界本身。例如,音乐乃是自然界和宇宙本身的原型的节奏,借助于这一艺术它进入反映世界;雕塑艺术所创造的完美形态,乃是有机自然界本身之客观呈现的原型;荷马的叙事诗乃是同一体本身,犹如该同一体是历史在绝对者中的基础,每一画面,均展示理智世界[②]。

正因为这样,在艺术哲学中,一切研究考察,都必须"仅以无限者这一本源为出发点";也就是说,如果哲学是以"真"(Wahrheit)作为绝对者的真正原型的话,那么,对艺术来说,作为出发点的绝对者原型,就是

---

① 谢林:《艺术哲学》,魏庆征译,北京:中国社会出版社 2005 年版,第 15—17 页。

② 同上书,第 19 页。

"美"（Schönheit）。由此可见，真与美就是对唯一的绝对者进行直观的不同方式而已。

为了探索艺术的性质和地位，谢林首先从艺术的历史构成进行探索，他认为只有回溯到原始艺术的原生状态，才能揭示艺术的性质；也只有通过历史的考察，才能通过艺术本身确认世界万物和哲学本身的同一性。历史只有一个，正如世界、哲学、艺术、绝对，都只有一个一样。

谢林在《艺术哲学》的绪论中指出，关于艺术的探索，首先必须从艺术的历史构成开始。谢林认为，艺术的构成就是规定它在宇宙中的地位，也就必然涉及宇宙本身的起源问题，因此，艺术的本质首先是作为世界本质的绝对者的问题，也就是关于上帝如何靠其自身而直接确立。上帝的直接自我确立表明上帝是无限的实在，是无须任何他物而直接存在的，它也无须以有限的存在作为前提和条件。只要靠它自身的直接确定，同时它也是一种绝对的总体，绝对的统一，绝对的永恒，绝对的大全。正因为这样，作为上帝的艺术作品的宇宙，就自然已经包含着永恒的美。

既然要探索艺术的原初起源，谢林首先强调艺术质料的神话起源。神的理念对艺术来说是不可或缺的，而一切艺术形象，特别是关于神的形象，之所以可以成为现实的，乃是由于它们是可能的。

艺术的神性，决定了艺术创造的基本动力，就是天才，因为只有天才，才能无需经过任何观察或探索，就可以直接地创造出永恒之美。这样一来，天才也意味着对于理性和理智的否定，当然也包含对经验和感性的否定。也就是说，在艺术中，真正的美的创造，无需经过经验的观察，无需经过理性和理智的思考，无需任何反思，只要靠对于绝对的直观把握，就可以完满地达到自然、世界、历史过程的美的描述和表达。

希腊神话就是诗歌世界的最高原型。希腊神话在歌颂神的智慧和万能的同时，总是展现出各个特殊的神的不完备性。谢林在分析神话的重要性的时候，突出地论证了特殊性存在的绝对性和同一性。谢林说："艺术的各个形态应该成为事物的各种形态，犹如它们之在绝对者之中或者在自在之中。鉴于此,艺术的各个形态,作为特殊的形态,乃是绝对者中的特殊形态。"谢林一再强调艺术中的特殊性包含着"绝对",包含着同一性或完整性,旨在论证艺术对特殊与整体进行同一性的神性功能。

谢林由此指出,正是匮缺的属性和本质成为了神圣形象显现中所隐含的无限魅力的根源。任何生命的奥秘就在于绝对者和有限的综合。

绝对的混沌,作为诸神和世人的共同本原,乃是黑夜和幽暗。所谓混沌,就是对崇高者的基本直观,因为我们的感性直观在面对不可企及的崇高对象时,总是瞬间爆发出难以表达的敬畏情绪,也即刻涌现含混不清的羡慕及感动之情。因此,谢林认为,混沌可以成为无限者的象征。因此,对混沌的直观,一方面源自有限者对绝对者的直观,另一方面又来自绝对者本身内在本质所固有的原始混沌。正是通过对混沌的直观,我们的感性和知性才有可能趋向于对绝对者的认识。正是在这个意义上说,艺术具备优越于科学认识的神秘力量。

神话是所有艺术的最基本的创造条件,又是所有艺术创造的原始材料和原初土壤。没有神话,就不可能有艺术,也不可能存在整个世界。神话是艺术和世界本身的真正本源。神话绝不是杜撰出来的虚幻存在,而是世界本身;神话之所以具有这样的神秘魅力,就在于它乃是世界本身的无意识的表演,它是通过原始人的无意识的传播而进入人类文化的殿堂。没有神话,世界是不可理解的,也是无所谓是否存在的问题。

唯有通过神话,世界才首次呈现在人类面前,以各种多样的象征性结构,启示人类逐步地理解世界,表达世界的奥秘,并进一步启发人类通过语言阐述他们所理解的世界本质。

谢林认为,唯有通过神话,世界的特殊性和同一性才达到完美的统一;世界才显现出它的宏伟和崇高,才富有魅力。这样一来,神话不仅为艺术的创造提供启示,而且也为世界增添活泼的生命力,使艺术和世界双双成为比翼双飞的审美理念,展现出它们的存在价值。

对艺术表现来说,其魅力以及其效果首先就在于:它们都被严格限制,同一神性中相互排除的品格因而相互摒斥又相互区分,而且还在于:在这一限制中,每一形式将整个神性包容于自身之中。正因为如此,艺术达到相互迥异和别具一格的形象,其中每一形象仍然包含总体性和全部神性。①

谢林在考察艺术世界或形象艺术的实在范畴时,首先研究了音乐。他认为,作为音乐的基础的声音,可以使无限者呈现于有限者,并以不可区分性显现出无限者的基本特征。延续性是音乐不可避免的形态,因为时间是无限者呈现于有限者所采取的普遍形态,而主体中的时间要素就构成为最初的自我意识。谢林认为,哲学应该以音乐为模式,要学会像音乐家那样进行思索,善于把物质、形体、有限性和无限、无形及深不可测的实在联系在一起。所以,音乐是灵魂的实在的自行活动的"数",是一种无意识与自我遗忘的数。谢林借用古希腊毕达哥拉斯的数的概念,把音乐直接地在哲学、艺术、宗教的三结合中加以说明,给予音乐很高的评价,这对18—19世纪德国音乐家的创作提供了深刻的启示。

五、宗 教 哲 学

在谢林的同一哲学中,(神)上帝,作为"绝对的同一性"是非常重要的"质的同一性";由此才形成"绝对的无区别",一种"数量方面的同一性",而现实与理念、主体与客体之间的对立,就是源自绝对的无区别性,有限的世界也因此由此诞生。

在谢林晚期发表的著作中,他本人似乎越来越意识到其哲学的不完善性。1809年他发表《关于人的自由的本质的哲学探讨》时,他在弗朗

---

① 谢林:《艺术哲学》,魏庆征译,北京:中国社会出版社2005年版,第41页。

兹·冯·巴德(Franz von Baader,1765—1841)的启示下,着重探索了"现实性"的问题。弗朗兹·冯·巴德是德国18—19世纪哲学家、神学家、医生、自然科学家和城市建筑工程师,1796年起,开始钻研谢林著作,从此两人互为自己,相互影响,共同探索各种哲学和神学问题。当巴德在1797年撰写他的《基本生理学论丛》(*Beiträge zur elementarphysiologie*)的时候,他引用了谢林的许多自然哲学的观点。接着,在1798年巴德撰写《自然界和四维世界中的毕达哥拉斯正方形》时,他也引用了谢林在《世界灵魂》中所阐发的观点。但谢林本人也同样引用了巴德的研究成果而撰写《自然哲学体系草稿》。巴德在许多方面深受波墨的影响。所以,巴德在一定程度上是一位神秘主义者。

谢林在重新探讨现实性问题时,从巴德那里所接受的启发,恰巧也是波墨关于意志、自由和苦难的关系的思想。谢林由此意识到,如果苦难只是来自绝对的理性,苦难在世界上的出现就是不可思议的事情。谢林在解决现实性问题时,径直导向神正论(Theodizee),把探索苦难、罪过的起源当作很重要的问题来看待。因此,这一时期的谢林哲学也被称为"世界时代的哲学"(die Philosophie des Weltalters),简称为"创世哲学"。

在谢林那里,Weltalters指的是世界整体的创建和发展所必然经历的各个年代或时代。但谢林认为,世界在不同的历史时代所产生的变化,不是简单的归因于不同时代限度内的各种矛盾,而是更深地源自世界本身的内在结构及其复杂的力量张力。所以,"世界时代"意味着世界自身的内聚力和外张力之间的相互拉扯和竞争过程,它展现了世界历史和在整个世界历史中所创建的复杂力量;所以,发展的世界和历史两方面,都是一个完整的总体。

谢林不同于黑格尔的地方,恰恰就在于他时刻关切生存本身及其精细的力量变动走向网络的多种可能结构。谢林从波墨和斯宾诺莎以及莱布尼茨的神正论(神智论)及神秘主义中得到启发,对人的本质、神以及语言的奥妙进行了除了理性以外的"非逻辑"的说明:世界的变化,并非那么合逻辑的,而是非常曲折,甚至不合"常理"和"不合逻辑"。

在《关于人的自由的本质的哲学探讨》一书中,谢林指出,以理性去说明最高的存在,即"上帝",是完全可能的;因为只有通过这种理性的说明,才能进一步说明我们本身的存在,才能在我们的心里深处牢固地确立关于最高的存在的概念。但是,用理性说明神,必须从更高和更复杂的角度来理解。接着,他和莱辛一样认为,《圣经》中所启示的真理之转化为理性的真理,是完全必要的。这一转化将有益于整个人类。但是,通过这一途径,并不意味着顺从普通的逻辑和一般人所理解的理性,而是从更全面角度理解理性及其与直观、感性、情感、非理性等复杂因素,包括各种难以通过日常理性所理解的各种神秘因素。因此,谢林一旦接触到宗教和最高的神的时候,他的哲学体系中就出现了越来越多的神秘主义成分。

谢林和波墨一样,对"上帝"进行了三种分析:第一,"无区别时期":这是神性的最原始的基础和最原始的浑沌无别的阶段;第二,进入"根基"(或"原因")与"存在"相区分的阶段;第三,区别性相同一和相协调的阶段。谢林指出,在"创世时期"(das Weltalter),人类恰巧通过其"罪过"而导向上帝(实际上,谢林用"创世时期"这个词的目的,是有意地要同费希特在 1806 年所发表的《当代的特点》一书中所用的"当代"概念相区别①)。在谢林看来,人只有在上帝之中,才有可能享受自由。

但是,在 1812 年批判雅可比的时候,谢林在其著作《雅可比关于神性事物的著作的纪念意义》(*Denkmal der Schrift Jacobis von den göttlichen Dingen*)中又强调他自己的哲学乃是"自然主义、斯宾诺莎主义和无神论"。他说,所谓上帝,对他来说既是开端也是终结:作为开端,它是"隐含的上帝"(Deus implicitus),是"无人格的无区别性";作为终结,它是"显现的上帝"(Deus explicitus),是有人格的,含有存在的主体的意义。而且,上帝不仅是精神和逻各斯,而且也是"自然",即上帝本身及一切事

---

① 费希特原著《当代的特点》(Die Grunzüge des gegenwärtigen Zeitalters),其中使用的 Zeitalter 是普通意义上的"时代",而谢林使用同一语词却赋有"创世时期"的意涵。

物的存在的基础。正因为这样，"自然"乃是含混不清的"趋势"和盲目的欲望的总和。显然，就在谢林的这种类似于"自然神学"的复杂观点中，"神"的自然形态具有某种神秘的性质。

所以，谢林认为，在"绝对"（自然或神）中包含着一种"张力"，这种起初表现为非理性的力量，可以变为理性的力量，变为精神。在人的身上也有类似的张力，所不同的是：人的身上还同时存在"分力"，这种分力表现在人的欲望的间或的盲目性。

在谢林的哲学活动的最后时期，进入所谓"肯定哲学"阶段。1841年，有"皇座上的浪漫主义者"之称的德皇弗列德里希·威廉四世，召请谢林前往柏林，以便抵销黑格尔辩证哲学的传播所造成的影响。当谢林讲授肯定哲学的时候，克尔凯郭尔、巴枯宁、洪堡及恩格斯等人都跟随听课。

谢林的肯定哲学讲座先后分三阶段进行：第一阶段是论述肯定哲学的基础，强调它是相对于笛卡尔以来发展起来的否定哲学而建构的；第二阶段是"神话哲学"（*Philosophie der Mythologie*）；第三阶段是"启示哲学"（*Philosophie der Offenbarung*）。

所谓"启示"，原本是神学中所使用的一个概念，表示通过同神或超自然力量的某种特殊沟通，可以获知一些有关神的真理或知识。《圣经》《新约》中的"约翰启示录"（Offenbarung des Johannes）就是使用罗马希腊化时代的希腊语词άποκ άλυψιs（*apokálupsis*），向当时的基督徒给予"启示"，试图暗示世界末日以及神对基督徒的拯救或"救世"。

从此，谢林对辩证法越来越不感兴趣，集中精力寻找所谓的"人的奥秘"和"历史与上帝的奥秘"。他的哲学中的神秘主义、信仰主义的成分越来越明显地显示出来。

本来，在谢林的同一哲学中，神（上帝），既然是万事万物的创造者，它是作为"绝对的同一性"的非常重要的"质的同一性"，因为只有这样才形成"绝对的无区别"，一种"数量方面的同一性"，即源自同一个最初的源头。由此出发,才有现实与理念、主体与客体之间的对立和同一,才有可能形成多样的世界万物。所以,正如我们在前面所已经指出的,谢林的同一哲自然哲艺术哲学,原本都已经包含了宗教哲学的性质,他在晚期所突出说明的"启示哲学"实际上只是他前期复杂思想发展的一个结果。

影响谢林很深的斯宾诺莎,很早就认为,像笛卡尔那样以二元论哲学思想诠释世界和神的存在,是行不通的。斯宾诺莎提供了"原始根基"(Urgrund)这个基本概念,作为整个世界原初起源的出发点,并把这个"原始根基"理解成具有神性存在的性质,强调它是包括广延性和思维性在内的整个世界万物存在的基本样态的最初根据。这样一来,当谢林试图以"绝对"囊括整个世界的性质和原初动力的时候,便很自然地提出了"原始存在"(Ursein)①的概念,赋予了"绝对"本身一种神性的存在性质,并认为"绝对"作为同一的最高典范,充满了对万物的"爱";而所谓真正最高的"爱",就是把万物归结为"原始存在"的统一体的神秘力量。

由此出发,谢林认为,自然和精神,都是同时地具备"现实"和"理念"的性质,它们都是"现实/理念式的存在"(real-ideales Sein),因为它们都源自具有神性的"绝对"。

如果说,斯宾诺莎那一代思想家都深深地受到自然科学成果和宗教神学思想的双重影响的话,那么,到了谢林那个时代,特别是在 18—19 世纪的德国,这种源自文艺复兴时期布鲁诺和伽利略等人的"自然科学/宗教神学"的双重思维方式,仍然强烈地影响了谢林一生哲学思想的发展过程。

当谢林构建他的同一哲学的时候,他就已经很明确地认为,作为万物原始根基的"绝对",是世界一切存在的共同基础,它不只是理念的,而且也是现实的;它既有无限创造性,又有实际的局限性,它既含有内在的无

---

① Friedrich Wilhelm Joseph Schelling, *Philosophische Untersuchungen über das Wesen der menschlichen Freiheit und die damit zusammenhängen Gegenstände*, Stuttgart, Philipp Reclam Jun.1962,p.62.

限创造力量,又隐含受限于有形存在物的具体维度,显然,它涵盖了自然和精神两方面的所有性质,使得万物最后获得真正的同一性,也使万物又自然地同一于万物的造物主,即上帝。

谢林的《布鲁诺对话》进一步明确地指出:"我们按其本质把绝对(Absolute)规定为既非理念的,也非现实的,既非思维也非存在。但在与事物的关系上,它必然地以同样的无限性,既是这一个,也是另一个,因为鉴于它的无限性,我们说,所有存在着的东西,只要它是现实的,也是理念的;只要它是理念的,也是现实的"①。由此可见,在谢林的同一哲学中,宗教哲学也是一个重要的内容。

应该说,谢林对宗教的研究,是从对于神话的探索开始的。早在1793 年,谢林就发表《论神话:历史言语和远古世界的哲学语言》(*Über Mythen, historische Sagen und Philosopheme der ältesten Welt*),开启了他对神话和宗教的研究生涯;而且,他对于宗教的研究,从一开始,就与神话研究结合在一起。我们将在随后的探索中看到:恰恰是神话研究,使谢林的宗教哲学导向启示神学的思路。

在早期阶段,谢林把神话理解为一种"意识形式"(eine Bewusstseinsform),通过某种图像力量和感性的结合呈现出来。对谢林来说,历史的神话的目的,就是实现在历史中的"真理的哲学展现"②。但是,谢林强调说,真理的历史的和哲学的两种展现,是很难直接同一地引申出来,因为历史的神话只能将过往的事实通过伦理的筛选而展示出来,而哲学的神话又只能在历史的描述中显示出来。

当谢林在 19 世纪初返回慕尼黑的时候,他再次获得机会,重温早期已经萌芽的神话和神学思想,并与他周围一群神秘主义思想家频繁讨论雅可布·波墨的神秘主义,试图像波墨那样,协调"绝对"与"有限的现实"的矛盾。起初,谢林还更多地把自己的神秘主义思想集中到艺术哲

---

① 谢林:《布鲁诺对话》,邓安庆译,北京:商务印书馆 2008 年版,第 41 页。
② Friedrich Wilhelm Joseph Schelling, *Über Mythen*. AA I, 1, 212(SW I, 57).

学的探讨中,接着,谢林通过艺术哲学的探索,越来越发现"自然"、"人"、"世界"与"神"之间的同一性,并首先在1802年发表《布鲁诺对话》,并在1804年发表《哲学与宗教》,然后,在1809年发表《对人类自由的本质及其相关对象的哲学研究》,更集中地探讨宗教。到了1815年,谢林更加狂热地着迷于神话研究,把他自己从最早的时候就已经开始进行的神话研究,进一步更系统地与宗教神学研究结合起来,试图超越当时流行一时的理智主义思路,不相信启蒙运动对理智的推崇,强调"启示"的重要性,认为对于神及其奥妙的创世活动,不能单靠理智或经验观察,而只能靠神的特殊的启示,才能有所体会。

谢林一再指出:人的理性是有限的,只有上帝的直接启示,才有可能理解充满奥秘的神及其所创造的世界;而神的启示,不是直接通过语言,而是通过一系列包括非理性因素所构成的神秘象征性结构和形式,向人们展示世界的奥秘。

当然,谢林和波墨一样,认为神就好像生命、力量和意志那样,既神秘、又不神秘,甚至有时还可以与我们人世间的事情发生关联。谢林通过对16—17世纪波墨等人的神秘主义思想的探索,在他的反思中隐约意识到身外的宇宙万物的奇妙和谐及其相互默认对话的复杂进程,体验到宇宙的无限大和无限小的存在及其不可测性,同时也感受到自身精神世界的令人赞叹的神秘性质。但他尤其体会到个人精神世界与宇宙的奇妙对话的可能性及其潜在性。他由此发现宇宙和个人生命及其有形无形之间的不断转化的深邃性及令人迷惑性质。他还认为,在宇宙万物与个人生命的碰撞和对话中,时时有可能出现奇迹,把人带到一种无限的精神境界,甚至可能与神相遇。

波墨认为,上帝是没有任何规定的最高存在,是无限的,是"永恒的无",是无底的深渊。波墨说,这种虚无的上帝就是"无根底"(der Ungrund),它既不需要任何东西作基础,也不需要寻找任何基础。从作为"无底"的上帝过渡到有意识的上帝和作为创造者的上帝,要经历一个遵循着对立原则的阶段。这就是说,没有对抗,任何事物都不能自我表现。据谢林所说,这个对抗的根源就在于第一原则本身。所以,这个第一原则必须具备两个最基本的对立因素。

波墨认为,这个在第一原则中的最初对立因素,乃是意志和欲望。意志表现出神的智能方面,它属于精神和心灵,它是一种善的意志。反之,欲望是一种充满着焦虑不安的、痛苦万状的和动乱的力量,它毋宁是一种想成为绝对者的暴力。不经过这两种因素的对立和矛盾,"无底"不能变成为"上帝"。但恰巧是作为一部分具有暴力性质的上帝,却成为"现实性"的普遍根源,成为运动和生命的源泉。而且,也恰巧是神的这一部分看起来似乎很荒谬的因素,成为了现世痛苦和罪恶的根源。当然,在上帝那里,欲望是激不起痛苦的,因为它始终都存在着起支配作用的属于精神方面的"意志";这种"意志"是一种"永乐的神性"。人间的痛苦却表现一种与上述神性相反的原则;在人身上,精神不是支配着欲望;而是欲望驾驭着精神。因此,暴力便采取自我施暴的形式。人间的痛苦之所以变为现实,归根结底,是因为上帝作为最高的创造者掌握了自己的绝对自由;上帝在自己内部的矛盾面前所表现的自由,上帝的精神性的意志对于其欲望的绝对统治,成为了人间欲望占上风的根源,成为现世痛苦的最初原因。

正是波墨的这种观点,成为了谢林宗教哲学中解释善与恶关系的基础,并由此强调:作为最高存在和最初根源的神,也包含着善与恶的对立,它蕴含了实际生活中的各种复杂的善恶关系。

谢林的宗教哲学还从 17 世纪以来发展的神正论中获得启示,认为世界既是光明的,又是黑暗的;既是清晰的,又是模糊的;既是稳定的,又是变幻莫测。同样的,自然界并非绝对与人类精神世界相隔绝;而是有可能互通的两个世界。这样一来,谢林便进一步加强了对充满奥秘的世界,进行心醉神迷的探索。而且,谢林对宗教的强烈兴趣,又同时受到他对艺术的执着追问的影响,使他确信:在可见的世界的另一面,存在着世人想象不到的奇幻世界,哲学家因此也应该向诗人学习,使自己变成为追求迷幻世界奥秘的探索者。

在艺术哲学中,当谢林集中探索艺术哲学的根本问题的时候,一再强调:艺术哲学与整个哲学的同一性,特别强调艺术的本质,首先是作为世界本质的绝对者,也就是关于上帝如何靠其自身而直接确立的问题。在艺术哲学中,谢林试图论证,上帝的直接自我确立直接地表现了上帝是无限的实在,是无须任何他物,无须以有限的存在作为前提的唯一"自在"。唯有靠其自身来直接确定,它才是一种绝对的总体,绝对的永恒存在,绝对的大全。神的这种唯一的特性,恰好论证了神是创造大全的宇宙的唯一创造者,也表明神的创造物必定包含永恒的美。

谢林在艺术哲学中,更深入地说明,神,作为绝对者,乃是唯一的直接源出于其理念的完满存在。由于神是唯一的直接源自其自身的理念而存在,所以,神是一切存在的唯一创造者。换句话说,神直接由其自身确立,而神的确立(Affirmiertsein)就是神的实际存在(Realsein)①。在这里,谢林几乎完全重复了中世纪经院哲学关于神的存在论论证的模式。

谢林指出:神作为自身之无限的确立的本源,实际上将自身作为无限确立者、无限被确立者以及此者与彼者的不可分体都同一地予以包容,但并不因为如此而使它本身变成某种存在者。换句话说,凭借理念,神将自身作为无限确立者(因为它就是自身之确立),并由于同样缘故,作为无限被确立者予以包容。继而,既然被确立者和确立者乃是一体,它便将自身也作为不可区分者予以包容。而它本身并不是其中的某者,因为它本身无非是该无限的确立,也即:作为无限者,它无非是将它们包容;然而,包容者并非与被包容者同一,例如:长度=体积,宽度=体积,深度=等于体积,而体积本身则因为如此并不是其中的某者,无非是绝对的同一、无限的确立、其本质。换句话说,神无非是它所是者,无非是无限的确立之

---

① 谢林:《艺术哲学》,魏庆征译,北京:中国社会出版社 2005 年版,"绪论"第 23 页。

力所致者;由此可见,神作为确立自身者,作为被自身确立者,以及作为不可区分者,无非又是来自其本身之无限的确立。

神作为确立自身者,也可被表述为全部实在性包容于自身的无限理念性,而作为来自其自身的确立者,被表述为将全部理念性包含容于自身的无限实在①。因此,神还是直接由于其理念而成为绝对的大全(das All)。

谢林不但在艺术哲学中注重于从本体论方面论证艺术的神性本质,而且,也在探索艺术的原初起源时,当谢林强调艺术质料的神话起源时,又一次把他的艺术哲学与宗教哲学统一起来。谢林指出,神的理念对艺术来说是不可或缺的,因为一切艺术形象,特别是关于神的形象,之所以可以成为现实的,乃是由于它们是可能的,也就是说,它们都是源自神的大全。

谢林特别强调神的绝对性、大全性(Allheit)、总体性(Totalität)、永恒性。在谢林的宗教哲学中,神的存在不仅是由于世界本身是奇妙的,而且,更重要的是,世界的这种奇妙性,是一直在变动不定的。谢林认为,世界的所有这些奥秘,其根源就在于:创造这个世界的神,它本身就是包含"现实"和"理念"两种力量的生命本身。既然神就是生命,它就具有生命的基本特性,这就是始终生生不息的变化更新,不但是一种绝对无差别的开端,也是永远寻求创作活力的绝对的存在,它以"现实"和"理念"的浑然一体的存在方式,始终在"现实"和"理念"的活跃互动的创新关系中获得新生并由此不断创造新的世界。

在《对人类自由本质及其相关对象的哲学研究》中,谢林以极大的热情和锐利的智慧,操用创造性的语词,描述神的真正面目,揭开神的充满矛盾、充满活力、充满悖论的生命性质。

为此,谢林先后批判柏拉图主义和亚里士多德主义对于神的传统观

① 谢林:《艺术哲学》,魏庆征译,北京:中国社会出版社 2005 年版,"绪论"第 24 页;引用时,根据原文稍作修词方面的改动。

点,不再使用传统神学的那种冷冰冰的语言,破天荒地把基督教的神,描述成充满理智与意志、爱与恨、善与恶、光明与黑暗、现实与理念等矛盾力量,使神显示它的神秘不可测和令人不寒而栗的双重性格。但不同于传统的神,谢林所描述的,是拥有生机勃勃生命运动力的"绝对"。

神,作为最高的存在,自然地成为绝对的同一性的起点和首要创始者;但神并不满足于自身的绝对同一性,因为神既然是万事万物的创始者,就必须照顾到整个世界万事万物的存在,也就是说,神必须考虑到自身的绝对同一性,也可以在万事万物中体现出来。

谢林认为,神的绝对同一性与万事万物的同一性之间,原本存在一种神秘的内在关系。这种内在关系的基础,恰恰是存在于神的绝对同一性之中,因为神的绝对同一性已经包含了最复杂的差异性和对立性。

从神的绝对同一性到万事万物的同一性,不是一蹴而就的;谢林指出,神的绝对同一性必须通过"人"作为中介,把神的绝对同一性转化成为千差万别的万物的同一性。

从上帝的同一性出发,那么人类必然有其天生的自由,谢林认可这一点:自由感在每个人的内心直接打下了烙印。然后他试图调和由这种自由所产生的恶与作为基督教上帝本身的至善之间的矛盾。在这里,谢林重建了一种神义论,声称由于所有的存在都基于上帝,那么上帝本身存在的根据只能在上帝内部,所以上帝就能成为上帝自身和上帝存在的根基,也就是上帝中的自然。这一上帝中的自然的划分重新定义了上帝自身,即上帝自身虽是至善,但它是尚未完成的,尚在形成中的。上帝为了启示其自身的至善,只通过其自身是无法完成的,所以它的启示就必须经过一种中间产物,即"人"。没有人的存在,上帝无法认识其自身的善,而没有上帝,人的存在就没有根基,人和上帝就这样在谢林那里找到了联系。

在谢林看来,人对于善和恶的自由只是上帝启示其自身作为至善的手段,而恶和善一样也是自由的产物,所以恶是无法消除的。善和恶本身在原初状态中不存在对立，而是可以互相转化。谢林不同意康德式的以理性自律作为基础的道德律，而是认为人的本性在于领悟上帝的启示。上帝将为恶的自由赋予人类，从而上帝本身才避免成为一种恶，人类这一为恶的自由才使上帝的启示行为有了领地。所以，人类在世的目标，就是向至善的规划和提升，而实现这一目标，也只能靠人本身既能为善，也能为恶的自由，在神的庇护下不断地进行自我修身，认真地把握复杂而曲折的创世过程。

最后，对于人本身存在的力量的确认及自信，使得谢林从神学回到了人类本身的存在。谢林宗教哲学对人的存在的探索，使他发现了人的存在本身的内在矛盾，看到了人生在世的艰苦性、悖论性及其克服自身矛盾的可能性。谢林在这方面的思想，大大启发了聆听谢林授课的克尔凯郭尔，使谢林后期的思想在一定程度上成为了克尔凯郭尔的存在主义神学和哲学的最早启蒙者。

总之，在世界所发生的一切不同现象中，总是蕴含作为"绝对"的神的各种启示，有待人们通过自己的精神反思及各种奇异想象力，尤其通过人们的非理性的直观能力和各种情感变化，灵活地揭示神的启示。

谢林在宗教哲学方面的成果，远远超出同时代其他哲学家的宗教研究范围，他不只是把宗教仅仅归结为某种同世俗世界相对立的超然活动，而且还把宗教当成理解自然、人类以及世界的本质的基础，试图在宗教中探索作为整个宇宙和整个存在的根基的"绝对"，使他真正越出了德国古典哲学的思辨性，一方面发扬了斯宾诺莎自然神论思想，从自然本身的复杂性及其神秘性，去理解宗教和世界的根源，另一方面把宗教直接地同人的本质联系在一起，特别是同人的生命联系在一起，重新理解生命的创造性质以及人的生活本身的神秘性质，简直成了存在主义思想的最早启蒙者，不但为存在主义提供了从异化的角度研究宗教的范例，同时也为存在主义对人生的宗教性诠释奠定基础。

六、谢林的继承者及其历史影响

在谢林哲学的影响下,一批重要的哲学家成长起来,他们是由不同年代成长和深受不同思想影响而形成自己的哲学体系的思想家,最主要的人物,首先是谢林的同时代人,包括:克莱恩(Georg Michael Klein,1776—1820),谢林的同一哲学体系的忠实阐释者;雅可布·瓦格纳(Johann Jakob Wagner,1775—1841),坚持谢林前期哲学的泛神论,反对谢林晚期哲学的神秘主义倾向;对诠释学做出特殊贡献的阿斯特(Georg Anton Friedrich Ast,1778—1841),他是谢林那个时代的哲学史专家,特别是柏拉图哲学的最好阐释家;里兹纳(Thaddäus Anselm Rixner,1766—1838),著名的《哲学史教科书》的作者;洛伦兹·奥肯(Lorenz Oken,1779—1851),自然主义者;尼斯·冯·艾森贝克(Nees von Esenbeck,1776—1858),《思辨哲学体系》和《自然哲学》的作者;勃拉斯(B.H.Blasche,1776—1832),《启示哲学》(Philosophie der Offenbarung,1829)的作者;德洛列(I.P.V.Troler,1780—1866),《人类知识自然论》的作者;艾森迈尔(A.K.A.Eschenmayer,1770—1852),《走向自然哲学的哲学》的作者;加鲁斯(Karl Gustav Carus,1789—1860)及克劳斯(Christian F.Krause,1781—1832)等人。

这一代追随谢林的哲学家,在他们各自领域中又进一步发挥了个人的新观点,从而进一步扩大谢林哲学在黑格尔逝世后的半个世纪内的影响,促使德国古典哲学的加速分化,并从各个角度,实现有利于繁荣新型哲学发展的"再出发"。

与此同时,在柏林大学与俄国思想家巴枯宁一起听课的丹麦神学家、哲学家兼文学家克尔凯郭尔,在他的指导教授弗列特里克·克里斯蒂安·基贝尔恩(Frederik Christian Sibbern)的指导下,于1841年写就论文《论讽刺概念及其与苏格拉底的持续关联》(On the Concept of Irony with

Continual Reference to Socrates),环绕"讽刺"(讥讽)的隐喻启示的灵活形式,集中探讨理性论证之外各种可能的论述方式。

谢林还深远地影响了在他之后的思想家,包括叔本华、尼采、狄尔泰等人,使他们能够朝着理性之外的广阔领域思考哲学创造问题。正因为这样,谢林还被认为是当代存在主义思潮的启蒙者之一,而在 20 世纪纷纷反思现代性的历史时刻,谢林强烈地影响了海德格尔、维特根斯坦、哈贝马斯及德里达等人。

拓 展 阅 读

一、必读书目

1. 谢林:《先验唯心论体系》,北京:商务印书馆 2006 年版。

2. 谢林:《布鲁诺对话》,邓安庆译,北京:商务印书馆 2008 年版。

3. 谢林:《艺术哲学》,魏庆征译,北京:中国社会出版社 2005 年版。

二、参考书目

1. 高宣扬:《德国哲学通史》(1—3 卷),上海:同济大学出版社 2007 年版。

2. 高宣扬:《德国哲学概观》,北京:北京大学出版社 2011 年版。

39

黑 格 尔 哲 学

张 志 伟

实体即主体。

——黑格尔:《精神现象学》序言

凡是合乎理性的东西都是现实的,凡是现实的东西都是
合乎理性的。

——黑格尔:《法哲学原理》序言

哲学的最高目的,就在于确认思想和经验的一致,并达到
自觉的理性与存在于事物中的理性的和解,亦即达到理性与
现实的和解。

——黑格尔:《小逻辑》第 6 节

————— ❦ —————

德国古典哲学以康德哲学为开端,以黑格尔哲学为结束。黑格尔以其
精湛的辩证法将人类精神所有领域的知识熔为一炉,形成了一个包罗万
象、堪称百科全书的客观唯心主义形而上学体系。按照黑格尔的基本观

点,宇宙万物之存在的根据和基础不仅是实体而且是能动的主体,因而宇宙是一个由其内在矛盾所推动的自我实现的过程,这个过程亦即绝对从潜在、展开到现实的自我运动、自我发展、自己展开自己、自己实现自己的过程,而人类精神对于绝对的认识活动则使绝对获得了自我意识,潜在的绝对由此而成为现实的绝对精神。黑格尔首先通过《精神现象学》描述了人类精神从感性确定性直到绝对知识的艰苦漫长的认识过程,在此基础上形成了由逻辑学、自然哲学和精神哲学等三大部分所构成的哲学体系,其中逻辑学讨论的是单纯本质性的因素,绝对在此处于潜在的阶段;自然哲学讨论的是绝对的外化,本质性的因素展开为自然界;精神哲学讨论的则是绝对最终通过人类精神的认识活动而回到自身,最终达到了自我意识从而成为现实的过程。在某种意义说,黑格尔哲学不仅是德国古典哲学的概括和总结,而且是整个西方古典哲学的概括和总结,他的哲学活动使古典哲学的潜能得到了淋漓尽致的发挥,最终实现了古典哲学梦寐以求的理想,标志着形而上学的完成,但是也标志着形而上学的终结。

黑格尔哲学是西方哲学史上最晦涩难懂的哲学理论之一,理解和把握黑格尔哲学需要注意以下几个方面:

首先,像以往的哲学家一样,黑格尔试图一劳永逸地解决所有的哲学问题,使哲学成为科学,而黑格尔不同以往之处则在于他不是站在自己的哲学立场,而是自觉地站在哲学史的高度看待哲学,从而获得了深厚广阔的历史视野。与此相关,黑格尔力图不是从单纯的人类精神而是从宇宙来理解人类精神与宇宙之间的关系,从而在一定程度上克服了近代哲学二元论的局限。

其次,理解黑格尔哲学的关键是理解他的哲学基本原则即"实体即主体",唯有理解了实体即主体的原则,才能真正理解黑格尔哲学。黑格尔致力于将近代哲学的主体性原则与古代哲学的客观性原则结合起来,主张宇宙万物的实体自身就具有能动性,因而是一个自我运动、自我实现的过程,黑格尔哲学所描述的就是这个辩证运动的发展过程。

再次,从整体上理解黑格尔哲学。黑格尔力图再现宇宙万物自我运动的辩证过程,其辩证法以对于否定性的辩证理解为核心,展现了事物从潜在、展开到现实的发展过程。这个过程既是离开开端而前进,也可以看作是向开端的回归,因为事物越是向前发展就越是接近自身本质的实现,所以发展亦即本质的实现。在这个发展过程之中,某个阶段在内在矛盾的推动下扬弃了自身而发展为更高的阶段,而其自身中的合理因素则保存到了下一个阶段,整个过程的最终结果就是包容所有合理性因素的大全。

最后,黑格尔是西方哲学史上最大的形而上学家,因而要了解黑格尔哲学必须了解西方哲学形而上学的历史,要了解形而上学必须了解黑格尔哲学。黑格尔在一定程度上实现了古典哲学的理想,即证明宇宙的合理性,如果将他的哲学所讨论的内容归结为一句话,那就是合理性与现实性的辩证关系。

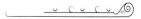

形而上学;实体即主体;绝对;绝对精神;思维与存在的同一性;历史与逻辑的一致;逻辑学;自然哲学;精神哲学;辩证法;扬弃;自在;自为;自在而自为

作为德国古典哲学最后也是最大的一位代表,黑格尔不仅从其哲学立场出发对德国古典哲学进行了概括和总结,而且也被看作是古典哲学的集大成者。当然,这里所说的"集大成者"并不是像黑格尔所说的那样将前此以往的哲学统统包容于自身之中,而是说,黑格尔哲学将古典哲学的基本思路发挥到了极致。就此而论,我们也可以说,黑格尔哲学标志着古典哲学的终结。

黑格尔是有史以来最伟大的哲学家之一,不过在哲学史上他的哲学的命运与一向深受人们重视的康德哲学相比,却可称得上是坎坷曲折了。在世之时,黑格尔的事业如日中天,在哲学界几乎取得了一统天下的地位,但是他去世后不久,黑格尔学派就解体了。不仅如此,由于现代西方哲学扭转了哲学的方向,坚决与古典哲学划清界限,对传统形而上学采取了激烈的批判态度,因而黑格尔作为传统形而上学最大最典型的代表人物,理所当然地成了传统形而上学的"替罪羊"。他的哲学一而再再而三地受到人们的批判,甚至可以说几乎现代西方哲学的所有流派无一不是从反黑格尔哲学而起家的,虽然在许多流派中都可以找到黑格尔的影子。大约20世纪30年代以后,黑格尔哲学才慢慢地重新引起人们的重视。今天,我们终于可以不带任何偏见,比较客观地评价黑格尔哲学的历史地位了。然而由于种种原因,重新理解黑格尔,还其哲学以本来的面目,仍然是一项艰巨的工作。

黑格尔哲学一向以晦涩难解著称于世,它的辩证性和丰富深邃的内容给人们的理解留下了极其广阔的自由空间,以至于研究黑格尔哲学的人们不得不承认,谁若想理解黑格尔,只能靠他自己,甚至有人宣称,有多少研究黑格尔的人,就有多少个黑格尔。理解黑格尔的难处在于其哲学是一个前无古人后无来者的庞大体系,他几乎把当时人类理性所涉及的全部领域都纳入到其哲学体系之中,而其深刻的辩证性亦使人们很难确切地把握他的思想。更重要的是,黑格尔哲学体系的任何一个环节或片断都像"全息元"一样,它们中的每一个都贯彻或体现着其哲学的所有基本原则和方法,这就向所有试图理解黑格尔哲学的人提出了挑战。但是也正因为如此,黑格尔哲学对于任何深入于其中的人们始终保持着迷人的魅力。

一、生平和著作

黑格尔生活的时代正是世界历史发生着波澜壮阔的激烈变革的时

代。哥德曾经在一次谈话中这样说道:"我所以得天独厚,是因为我出生在世界大事纷至沓来、方兴未艾的年代"。① 黑格尔虽然比哥德小 21 岁,但是哥德所经历的重大事件他大部分都经历了:1776 年北美独立战争、1789 年法国大革命、拿破仑席卷欧洲以及他的失败等等。后来在《法哲学原理》中黑格尔深有感触地写道:"哲学的任务在于理解存在的东西,因为存在的东西就是理性。就个人来说,每个人都是他那时代的产儿。哲学也是一样,它是被把握在思想中的它的时代"。② 黑格尔是他的时代的产儿,他有幸生活在一个激动人心的年代,并且用他的思辨语言把握并表现了他那个时代的精神。

1770 年 8 月 27 日,格奥尔格·威廉·弗里德里希·黑格尔(Georg Wilhelm Friedrich Hegel)生于德国维腾贝格(Wittenberg)公国的首府斯图加特市,父亲是税务局的书记官。1785 年黑格尔进入斯图加特市文科中学,当时他爱不释手的是一本叫作《索菲游记》的市民小说,后来叔本华知道之后曾经不无恶意地说,少年时我醉心的是古希腊悲剧,而黑格尔却在读这样的书。确实,从黑格尔少年时代的情况看,谁也不会预料到这个陶醉于市民小说的少年后来脱胎换骨,成了一位思想深刻的哲学家。不过另一方面,黑格尔的学习成绩很好,在中学里名列第一。1788 年毕业时,他所在的这届学生中有 4 个人被送入图宾根神学院,他是其中之一。在神学院中黑格尔与两个同学结下了诚挚的友谊,一个是与他同时进入神学院的荷尔德林,今天被人们看作是与席勒和哥德比肩并列的伟大诗人,一个是 1790 年入学的谢林,曾经在黑格尔还默默无闻之时就已经名扬天下的哲学家,这两个人后来都对德国文化产生了深刻的影响。1789年的法国大革命受到了德国进步势力的热烈欢呼,据说黑格尔曾经与朋友们一起模仿法国人种了一棵自由树。当然,后来他与大多数同情革命的德国人一样,并不赞成雅各宾派所实行的恐怖行动,但是他终身都没有

---

① 转引自阿尔森·古留加:《黑格尔小传》,北京:商务印书馆 1980 年版,第 3 页。
② 黑格尔:《法哲学原理》,北京:商务印书馆 1982 年版,第 12 页。

改变对法国革命的肯定态度。即使是在普鲁士专制统治最黑暗的时候，每年的 7 月 14 日黑格尔都要为攻占巴士底狱举杯庆祝一番。①

1793 年，黑格尔以优异成绩从神学院毕业，已经具备了相当的哲学素养。后来人们根据他的毕业文凭认为黑格尔当时在哲学上"毫无成效"，其实是一种误解。原来他的毕业文凭上写的是"在哲学上十分努力"，由于字迹不清，拉丁语的"十分（multam）"被看成了"毫无（nullam）"。毕业后黑格尔没有成为神职人员，而是像康德和费希特一样，到瑞士的伯尔尼做了家庭教师。在此期间，黑格尔留下了许多手稿，这些在他生前没有发表的早期著作的主题主要是政治和宗教问题，后来还包括政治经济学，它们在今天已经成了黑格尔研究者们经常讨论的话题。经过了一段时间的徘徊与迷茫，黑格尔终于超越了启蒙主义彻底否定现实的片面性，以辩证法的思想使理想与现实达成了"和解"。青年黑格尔与著名诗人哥德建立了通信联系，两人的友谊保持了终身。哥德对黑格尔厚爱有加，热情关怀着他的成长，黑格尔则始终对哥德恭敬备至，甚至在他功成名就之时仍然称自己是哥德精神的儿子。② 1801 年黑格尔写作出版了《费希特与谢林哲学体系的差别》，在某种程度上凸现了谢林与费希特之间的分歧。同年，黑格尔通过论文答辩，成为耶拿大学哲学系的编外讲师。从 1802 年开始，他与谢林一道主编《哲学评论杂志》。1805 年成为大学讲师，着手写作《精神现象学》，发誓要"让哲学说德语"。③ 1807 年迁居班贝格（Bamberg）任日报编辑，第一部成熟的哲学著作《精神现象学》出版，1808 年 11 月成为纽伦贝格（Nuernberg）文科中学校长。黑格尔于 1811 年和玛丽·冯·图赫尔结婚。

与费希特和谢林相比，黑格尔堪称大器晚成。谢林比他小 5 岁，但是 20 多岁就成了声名显赫的大学教授，而黑格尔最初只是谢林的追随者。

---

① 参见伽达默尔：《科学时代的理性》，北京：国际文化出版公司 1988 年版，第 25 页。
② 《黑格尔通信百封》，苗力田译，上海：上海人民出版社 1981 年版，第 130 页。
③ 同上书，第 202 页。

直到黑格尔发表了《精神现象学》之后,他才真正超越了谢林创立了自己的哲学体系,并且逐渐登上了德国哲学的王座。

1816 年黑格尔迁居海德尔贝格(Heidelberg),任海德尔贝格大学哲学系教授,从 1818 年开始任柏林大学哲学系教授,1827 年主编《科学评论年鉴》,以他为中心形成了黑格尔学派。柏林时期是黑格尔事业的鼎盛时期,他在 1829 年当选为柏林大学校长,1831 年因病逝世。黑格尔与当时的普鲁士专制政府之间的关系经常是人们批评黑格尔思想保守的一个口实,人们指责他为专制制度做辩护。这样批评黑格尔的人如果不是不了解他所处的那个时代,不了解他在教学和著述方面所受到的限制,就是没有真正理解黑格尔哲学。

在某种意义上说,黑格尔哲学在当时的传播和为人们所理解可能更多地是由于他的教学活动。当然,关于黑格尔讲课的效果在当时就有不同的看法,不过他去世之后出版的一系列讲演录的确给我们留下了深刻的印象。显而易见,这些讲演录比起他的哲学著作更易于为人们所理解。

黑格尔在思想成熟时期正式出版的哲学著作有四部,这就是:《精神现象学》(1807 年)、《逻辑学》(1812—1816 年)、《哲学全书》(1817 年,1827 年第二版,1830 年第三版)和《法哲学原理》(1820 年)。其中《哲学全书》与《法哲学原理》都是教学纲要,因而黑格尔真正意义上的哲学著作就是《精神现象学》和《逻辑学》这两部书。为了区别起见,人们一般将《逻辑学》一书称为《大逻辑》,而将《哲学全书》中的"逻辑学"部分称为《小逻辑》。黑格尔去世之后,他的友人和学生编辑出版了《黑格尔全集》,其中包括根据学生们的听课笔记整理而成的一系列黑格尔讲演录,有《历史哲学讲演录》、《美学讲演录》、《宗教哲学讲演录》和《哲学史讲演录》等。目前,《黑格尔全集》德文版有六个版本,其中反映了最新研究成果的是第六个版本《黑格尔著作集》(历史评论版)。[①]

---

① 参见张慎主编:《西方哲学史(学术版)》第六卷,南京:凤凰出版社、江苏人民出版社 2005 年版,第 423—424 页。

黑格尔在哲学史上堪称百科全书式的哲学家,他对当时的各门学科多有精通,并且将它们纳入自己的哲学之中,形成了一个包罗万象、博大精深的客观唯心主义哲学体系。黑格尔与众不同之处在于他比一般的哲学家站得都高,他是站在哲学史的高度来看待哲学看待自己的。黑格尔一方面表现得很谦虚,他不是把他的哲学看作是自己的独创,而是看作整个哲学史发展的必然结果,但另一方面又显得十分狂妄,将自己的哲学看作是整个哲学史的概括和总结。无论如何,黑格尔哲学标志着古典哲学的终结,他以其独特的方式实现了传统形而上学成为科学之科学的最高理想,也使曾经统治西方哲学长达 2000 多年之久的传统形而上学走向了终结。的确,黑格尔将古典哲学以形而上学为核心和基础的哲学形式淋漓尽致地发挥到了极致,以至于后来的人们发现,除非超越黑格尔,除非扭转哲学的方向,否则谁也无法进一步推进哲学的发展。

无论从哪个角度讲,黑格尔哲学都是哲学史上划时代的里程碑。

二、精神现象学

黑格尔哲学发端于他的第一部成熟著作《精神现象学》。在《精神现象学》中,黑格尔首次尝试使用一种辩证的方法来阐述他的哲学思想。与以往的哲学家们不同,黑格尔没有使用"理性"而使用了"精神"这个概念来表示人的本性。"精神"(Geist)既不同于理性也不同于意识,既不局限于认识能力,也不局限于自我意识或个体主体,而是能够包容一切的具有实体性、历史性、社会性的一个整体。当人们一谈到人、主体或理性的时候,他们的心目中所想到的通常是区别于外部世界的主观性的领域,而黑格尔意义上的"精神"其本性却是当它超出自身时仍然保持着自己的同一性,因而"精神"不仅是真正的能动性的力量,而且是客观性的实体性因素。在他看来,"精神"超出自身的过程实际上也就是"精神"成为它自己的过程,其结果就是"精神"将涵盖一切而成为"绝对精神"。对黑格尔来说,这同时亦是"绝对即精神"的最好也是唯一的证明。

《精神现象学》所描述的是人类精神经过艰苦漫长的认识活动从关于现象的知识而通达关于本质的知识的过程,这个"一般科学或知识的形成过程"也就是"关于意识的经验的科学":"意识在这条道路上所经过的它那一系列的形态,可以说是意识自身向科学发展的一篇详细的形成史"。① 由于人类精神认识绝对的过程同时也就是绝对自己成为绝对精神的过程,因而《精神现象学》亦可看作绝对精神之形成过程的生成史或"史前史"。

黑格尔晚年时曾经将《精神现象学》称为他的"探险旅行",实际上他要再现的亦是人类精神的"探险旅行"。在它之中,包含着黑格尔哲学的起源和基础。马克思在《1844 年经济学—哲学手稿》中曾经把《精神现象学》看作是"黑格尔哲学的真正诞生地和秘密"。② 的确如此。《精神现象学》不仅第一次提出了黑格尔哲学的基本原则,体现了黑格尔特有的辩证法,展示了黑格尔哲学的体系雏形,而且揭示了黑格尔哲学的起源,因而是我们理解黑格尔哲学的入门书,破解黑格尔哲学的秘密的一把钥匙。

《精神现象学》是西方哲学史上最为晦涩难解的哲学著作之一,也是一本前所未有的奇书。就通常的理解而言,这部标志着黑格尔哲学成熟的著作是很难归类的。黑格尔以恢宏的气势将从古至今的人类历史、思想史、文化史统统纳入了他的视野之中,把哲学、伦理学、心理学、文学、美学、宗教、政治、经济等等熔为一炉,再现了人类精神的发展过程,以其强烈的历史感和深邃的辩证法来解决哲学所面对的难题。当然,黑格尔在此所尝试的思辨方法也向所有试图理解它的人们的理解力提出了挑战。在这部著作中,黑格尔希望超越因为固执于有限的规定而无法把握事物之活生生的内在生命的"知性思维",他千方百计地试图突破确定性的界

---

① 黑格尔:《精神现象学》上卷,北京:商务印书馆 1981 年版,第 17、62、55 页。
② 马克思:《1844 年经济学—哲学手稿》,北京:人民出版社 1979 年版,第 112 页。

限,在肯定性中看到否定的因素,从否定性中发现肯定的环节,而且使用了大量的隐喻来表达他的思想。不仅如此,由于黑格尔强调真理是过程、真理是结果、真理是全体,所以他倾向于隐去他的立场而描述意识如何在自身的内在矛盾推动下所展开的辩证运动,结果就使得许多阅读这部著作的人很难把握究竟什么是黑格尔反对的以及什么是他赞同的,因为所有这一切黑格尔不会提前说明,只有到了最后才会真相大白。据说哥德只看了《精神现象学》的前几页就因为与自己的观念相左而弃之不读了,他读到的是序言中的一段话:"花朵开放的时候花蕾消逝,人们会说花蕾是被花朵否定了的;同样地,当结果的时候花朵又被解释为植物的一种虚假的存在形式,而果实是作为植物的真实形式出现而代替花朵的。这些形式不但彼此不同,并且互相排斥互不相容"。其实他如果翻到下一页就会看到"但是":"但是,它们的流动性却使它们同时成为有机统一体的环节,它们在有机统一体中不但不互相抵触,而且彼此都同样是必要的;而正是这种同样的必要性才构成整体的生命"。① 显然,黑格尔的主张实际上与歌德的朴素辩证法思想是一致的。②

在某种意义上说,黑格尔哲学所面临的问题就是康德哲学的问题。

1. 黑格尔哲学的问题

作为德国古典哲学的开创者和奠基人,康德以其批判哲学将事物划分为显象和物自体两个方面,一方面证明了科学知识的普遍必然性,另一方面亦通过限制知识而为自由、道德和形而上学保留了一片天地,确立了理性和自由这一德国古典哲学的基本原则。然而,由于其哲学所特有的二元论特征使康德始终无法建立一个完满的哲学体系,这就给他的后继者们提出了一个亟待解决的难题。应该说,康德的后继者们所关注的并不是体现着自然必然性的理论理性,而是体现着自由的实践理性,甚至在

---

① 黑格尔:《精神现象学》上卷,北京:商务印书馆1981年版,第2页。

② 参见伽达默尔:《科学时代的理性》,北京:国际文化出版公司1988年版,第19页。

某种程度上说,他们的思想都是从实践理性出发的。青年谢林在给黑格尔的一封信中说,"朝霞伴随着康德升起","自由贯彻全部哲学而始终"。① 青年黑格尔亦从康德的实践理性中看到了人的自由、价值和尊严,他认为"人类自身像这样地被尊重就是时代的最好标志,它证明压迫者和人间上帝们头上的灵光消失了",并且把理性和自由看作是永恒的口号。② 当然,尽管费希特、谢林和黑格尔无不对康德表示由衷的敬意,但是他们也都意识到康德哲学是不彻底的,如果要想将哲学推向前进,那就必须超越康德。

第一个向康德哲学发难的是曾经被人们看作康德哲学继承人的费希特,其矛头直指康德的二元论。在费希特看来,康德的批判哲学是不彻底的。康德在《纯粹理性批判》中为认识设定了两个不可缺少但却又是不可知的逻辑根据:一是在主体之外有一个不可知的自在之物(物自体),作为感觉经验的根据;二是在主体之中有一个同样不可知的先验自我,作为一切先天综合知识的逻辑根据,而实际上这个先验自我也就是《实践理性批判》中道德的意志本体。费希特认为,康德承认物自体的存在,这等于非批判地将因果范畴运用到了经验范围之外,所以与其哲学的基本原则是矛盾的。当康德把物自体看作是感觉表象的原因的时候,他等于将因果范畴非法地使用到了经验之外。另外,康德哲学虽然以先验性为特征,但是经验主义因素太浓厚了,而且他的二元论使其哲学无法成为一个一以贯之的哲学体系。为了消解康德哲学的二元论,费希特接受了笛卡尔的观点,主张哲学应该是从一个最高的原则出发而推演而来的严密的体系。对他来说,这个最高的原则就是"绝对自我"。在费希特看来,不仅知识的形式是主体自身先天所有的,而且知识的质料(内容)同样是由主体从自身之中所产生的,由此费希特便建立了一个以"绝对自我"为核心,通过"自我"与"非我"之间的矛盾运动而展开的"知识学"体系。

---

① 《黑格尔通信百封》,苗力田译,上海:上海人民出版社 1981 年版,第 40、41 页。
② 同上书,第 43、38 页。

　　然而,费希特的知识学至少有两个问题是其自身难以解决的:其一是绝对自我的实在性问题,其二是认识自身的矛盾如何克服的问题。费希特虽然以"绝对自我"为一切知识提供了实在性的根据,但是"绝对自我"自身之实在性的根据却付诸缺如。而且当绝对自我设定非我,从而产生了自我与非我之间的矛盾之后,这个矛盾是永远不可克服的。因为没有自我就没有非我,但只要有了非我,自我就不可能完全实现自身为自我。换言之,自我与非我之间的矛盾,在知识学内部是不可能得到解决的。人类在现实世界中寻求对非我的克服,追求自由和解放,然而永远也不可能达到这个目标,实现这个理想。因此,达到自我与非我的统一,实现人生的最高理想,只能是信仰的目标。

　　谢林最初是费希特的追随者,他一方面为康德哲学而欢呼,另一方面则认为康德虽然为哲学做出了结论,但是还没有前提。谢林同意费希特的观点,即哲学应该是从最高的统一原则出发按照逻辑必然性推演出来的科学体系,但是他最终意识到费希特哲学存在着深刻的局限性。费希特消除了康德的二元论,抛弃了物自体,以绝对自我为基础和核心建立了一个知识学的体系,然而他的哲学体系缺少坚实的基础,因为在自我之外仍然有一个无法克服的自然或客观世界。在谢林看来,绝对自我不足以充当哲学的最高原则,因为它始终受到非我的限制。首先,费希特认为自我无意识地设定非我,这种观点是自相矛盾的。自我之为自我不可能是无意识的,如果它无意识就不是自我。其次,自我与非我是相互限制的,因而所谓绝对自我是有条件的,实际上并不绝对。一方面,没有自我就没有非我,但是另一方面由于非我是自我实现自身的需要和场所,因而没有非我也就没有自我。按照谢林的观点,哲学的最高原则既不是自我也不是非我,既不是主体也不是客体,而是超越于自我与非我、主体与客体之上的无差别的"绝对"。然而,由于谢林坚持无差别的绝对与有差别的世界之间的绝对差别,最终在如何处理这个无差别的绝对与有差别的世界之间的关系以及关于绝对的认识等问题上陷入了困境。

黑格尔正是在这样的理论背景之下登上了哲学的舞台。

显然，黑格尔哲学所面临的直接的问题是如何消解康德的自在之物，将哲学建立为一个完满的有机体系，而就近代哲学而言，也就是解决思维与存在的同一性问题，更进一步说则是实现形而上学成为科学之科学的最高理想的问题。自笛卡尔以来，近代哲学在确立主体性原则，高扬主体能动性的同时，亦陷入了思维与存在的二元论困境而不能自拔。康德试图以彻底的主体性而将哲学限制在纯粹主观性的范围之内，从而避免认识论的难题，但却留下了自在之物的难题。康德之后，费希特和谢林都试图克服康德的自在之物，但是他们并不成功。费希特的知识学实际上是绕过了自在之物，由于谢林无法解决绝对的认识问题，因而也没有完成这个任务。当费希特面对知识学的基础问题时，他只好诉诸信仰，当谢林面对绝对的认识问题时，他也只好诉诸神秘性的理智直观和艺术直观。现在，黑格尔着手来解决这个难题。实际上，从《精神现象学》的"导论"看，这本书就是回答康德的问题的。

2. 理性的自我批判

康德主张在认识之前先来分析理性的认识能力，这种思路固然不错，但也存在着问题。批判哲学的基本精神是反对独断论，主张在把认识的基础问题搞清楚之前不要武断地妄下判断。然而当我们通过批判去分析理性的认识能力时，这种批判存在着一个不可忽视的漏洞。经过批判的理性认识能力固然因为批判而避免了独断论，但是批判本身却难避其嫌：如果我们承认批判也是理性的活动，那么批判本身亦同样需要接受批判，否则就难以保证批判的批判性亦即非独断性。这就意味着如果批判是可能的，那么批判就应该是理性的自我批判。

然而按照通常的观点，似乎理性的自我批判是无法进行的。知识的真理性就在于它与对象符合一致，但是由于我们只能认识意识范围之内的"为意识的对象"而不可能认识对象自身亦即"自在的对象"，因而永远也无法超出自身之外去比较知识是否与意识之外的对象符合一致,康德就是因为这个难题退回到了主观性的立场。然而黑格尔却从知识与对象之间的差别看到了解决问题的可能性:由于在认识之中存在着知识与对象之间的差别,我们就完全有可能根据这一差别来考察知识。当我们发现知识与对象是不相符合的时候,通常我们就必须改变知识以符合对象,从而形成了新的知识。然而原来的知识毕竟是根据相应的对象而形成的,现在知识发生了改变,这就意味着对象也与知识不再相当了,它同样需要改变自己以适应新的知识。因此,认识不仅是改变知识的过程,同样也是改变对象的过程,在认识活动中,不仅出现了新的知识,而且也出现了新的对象。这就是说,原来在认识中未被我们意识到的对象现在成为了为意识的对象,而对象的改变就意味着原来被意识以为是"自在的对象"的对象,现在变成了为意识的对象:

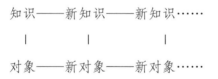

以认识的最初阶段——"感性确定性"——为例。"感性确定性"属于直接性的认识,不过它仍然可以区别为感性的对象和"意谓"这两个方面。感性认识的对象是"这一个"个别的具体事物。认识以对象为真理,因而它要求在对象中确证"这一个"。"这一个"可以分为"这时"和"这里",也就是时间和空间。当意识企图在对象中找到真理的时候,它却发现,无论这时还是这里都是消逝着的:"这时是上午",一转眼,这时就变成了中午;同样,"这里有一棵树",一转身,这里就变成了一块石头。于是意识发现,"这一个"的内容处于变化之中,唯一不变的是"这一个"本身,因而它不是个别性的东西,而是一个共相。当意识在对象中找不到真理的时候,它只好转向了自身,在"意谓"中寻求真理。然而它最终发现,

"意谓"的内容同样是变化着的,唯一不变的是"意谓"本身,因而"意谓"也是一个共相。于是以"这一个"个别事物为其对象的感性认识就走向了以共相为对象的知性。

因此,认识活动本身实际上是自己考察自己、自己改变自己的发展过程,所谓批判并不是我们站在理性之外对理性的考察,而是理性自己考察自己,这个理性自己考察自己的过程就是理性的自我批判,也就是理性的辩证法或辩证运动。正如黑格尔后来在《小逻辑》中所说的,"考察思维形式已经是一种认识历程了。所以,我们必须在认识的过程中将思维形式的活动和对于思维形式的批判,结合在一起。我们必须对于思维形式的本质及其整个的发展加以考察。思维形式既是研究的对象,同时又是对象自身的活动。因此可以说,这乃是思维形式考察思维形式自身,故必须由其自身去规定其自身的限度,并揭示其自身的缺陷。这种思想活动便叫做思想的'矛盾发展'(Dialektik)"。①

由此可见,黑格尔扬弃康德的自在之物的关键在于他把认识看作是一个由知识与对象之间的差别和矛盾推动的发展过程。康德对理性认识能力的批判基本上一种静态的结构分析,而黑格尔则认识到认识是一个由于其内在的矛盾而运动发展的过程。如果认识是一个过程,那么我们就得承认,认识不是一成不变的,而认识的发展变化则表明知识是处于变化更新的过程之中的,不仅如此,对象也一样处于变化更新的过程之中。

当然,康德的工作以及费希特和谢林对康德哲学的改造已经表明仅仅在认识论的层面不足以解决自在之物的问题,这促使黑格尔致力于打通认识论与本体论。如果我们接受黑格尔关于理性的自我批判的思想,如果我们像他那样把视野提高到本体论的高度来看待认识的辩证运动,那么我们就会发现,发生在认识之中的知识与对象之间的不一致实际上不仅是主观性自身内部的问题,同样也是本体论的问题。这就是说,知识

---

① 黑格尔:《小逻辑》,北京:商务印书馆 1980 年版,第 118 页。

与对象之间的矛盾并不是发生在实体之外的主体自身的问题,它意味着实体自身亦与其自身处于矛盾之中。认识活动"看起来似乎是在实体以外进行的,似乎是一种指向着实体的活动,事实上就是实体自己的行动,实体因此表明它自己本质上就是主体。当实体已完全表明其自己即是主体的时候,精神也就使它的具体存在与它的本质同一了,它即是它自己又是它自己的对象,而知识与真实性之间的直接性和分裂性所有具有的那种抽象因素于是克服了。存在于是被绝对中介了,成了实体性的内容,它同样是自我的财产,是自身性的,或者说,即是概念"。① 换言之,我们身处世界之中,就是这个世界的一部分。因而在我们的认识中发生的知识与对象之间的矛盾,表明这个世界本身还处于不统一不和谐的状态,于是认识的辩证运动就获得了本体论的意义:当认识扬弃了自在之物而达到了自身统一的时候,通过它的活动亦使世界本身达到了和谐和统一。黑格尔的《精神现象学》所展示的就是这个过程,它通过人类精神认识绝对的过程,表现了绝对自身通过人类精神而成为现实,成为"绝对精神"的过程。换句话说,人类精神的认识活动归根结底乃是绝对精神的自我运动,因为人类精神就是绝对精神的实际存在(Dasein),它履行的是绝对精神交付给它的任务。

通常我们认为康德哲学是批判的,而黑格尔哲学则是独断的。其实黑格尔哲学也讲批判,他的《精神现象学》就类似康德的《纯粹理性批判》,只不过《精神现象学》是把人类精神的一切认识活动都纳入了其中的某种理性的"自我批判"罢了。总而言之,《精神现象学》所描述的人类精神的认识过程就是按照"自我批判"的方式亦即知识与对象之间的矛盾运动而展开的。

3. 精神的探险旅行

《精神现象学》讨论的是意识的认识活动,不过黑格尔意义上的认识

---

① 黑格尔:《精神现象学》上卷,北京:商务印书馆 1981 年版,第 24 页。

论与通常的认识论不同，它不仅仅讨论感性、知性和理性的认识活动，而且将社会、历史、生活、实践、文化以及各种意识形态统统纳入其中，因而可以说是一种"广义的"认识论。从结构上看，《精神现象学》以上述认识的矛盾运动为基本形式，分为"意识"、"自我意识"、"理性"三大部分，其中"理性"又分为"理性"、"精神"、"宗教"和"绝对知识"，分别描述了个体精神的认识活动、社会精神的认识活动和关于绝对的认识活动，相当于后来《精神哲学》中的"主观精神"、"客观精神"和"绝对精神"三大阶段。

《精神现象学》中的"意识"这一章讨论的是个体主体的认识活动，包括"感性确定性"、"知觉"和"知性"三个部分。经过知识与对象之间的矛盾运动，意识从最初的感性认识深入到了事物的内部，把握了事物的本质和规律。于是它认识到，事物的本质和规律作为认识的对象其实就是普遍性的共相或概念，它们与我有区别，但是又与我同一因而是没有区别的，所以意识认识事物其实就是在认识它自己。因此，对于一个事物或对象的意识根本上就是"自我意识"，而且对于事物的意识只有对于一个自我意识才是可能的。于是"意识"就由此而进展到了"自我意识"。

关于"自我意识"的章节尤其是其中的"主奴意识"是《精神现象学》中最引人入胜的篇章之一。黑格尔在此提出了一个十分重要的思想：一个自我意识只有在另一个自我意识之中才能得到满足，才能认识并且成为它自己。因此黑格尔就给认识活动溶入了人与人之间关系的社会历史性的因素。一个自我意识要求通过另一个自我意识确证它自己的存在，它最初所采取的方式是对待物的方式，亦即消灭对方。然而当它视对方为物而加以消灭的时候，它自己是不可能由此而得到确证的，这就是说，自我意识的确证只有在相互承认的情况下才是可能的。于是自我意识不再以消灭对方为目的，它征服对方但保留对方的生命，把对方变成自己的奴隶，以此来证明自己的存在。主人役使奴隶为自己服务，奴隶从事劳动以满足主人的需要。然而，主人与奴隶之间的关系却由此而发生了倒转：主人由于依赖于奴隶而失去了自己的独立性，而奴隶在劳动中则通过对事物的加工改造或"陶冶"(bilden)而意识到了自己的独立性。随着自我意识的进一步发展,它终于把对于他物或对方的否定态度转化为一种肯定的态度,从而在相互承认中实现了自由。这就使它进展到了"理性"的阶段。

在《精神现象学》中"理性"下面又划分为四个阶段:"理性"、"精神"、"宗教"和"绝对知识"。作为"理性"其中的一个环节的"理性"既不是单纯主观性的态度,也不是单纯客观性的立场,而是两者的统一。因而"理性"就是意识确知它自己即是一切实在这个确定性,因为意识认识到一切实在就在它自身之内。在这一章中,黑格尔通过"观察的理性"亦即理论理性、理性的自我意识亦即实践理性和自在自为的理性亦即前两者的统一,描述了理性意识到它自己就是一切实在的过程。当"理性"意识到它自身就是它的世界、它的世界就是它自身的时候,"理性"就成为了"精神"。

黑格尔在"精神"这一阶段讨论的是人类社会的发展史。他把社会看作是主体与客体的统一体,这个统一体是一个从潜在的统一到分化而展开,最后又重新回到自身统一的发展过程。与此相应,"精神"分为三个阶段:"真实的精神(伦理)"、"自身异化了的精神(教化)"和"对自身具有确定性的精神(道德)"。在"宗教"这一阶段,黑格尔通过"自然宗教"、"艺术宗教"和"天启宗教"讨论了人类精神实现主体与客体之间的真正的统一,实现个人与普遍的社会的统一的过程。然而在他看来,这一切只有在哲学中通过对"绝对"的概念式的把握才能最终得到实现。于是我们就在"绝对知识"之中结束了精神的"探险旅行"。

对黑格尔来说,这个艰苦漫长的"探险旅行"既是精神的"伊利亚特",也是精神的"奥德赛":它不仅是人类精神远赴他乡,寻求关于绝对的知识的征程,同时亦是精神回归其自身,认识自己的还乡归途。因为人类精神认识绝对的过程就是绝对自己成为绝对精神的过程,所以人作为精神性的存在并不在绝对之外,不如说它就是绝对精神的代言人,因而当它认识了绝对之时,也就回到了自身之内。从这个意义上说,《精神现象学》也就是对于"绝对即精神"的认识论证明。

《精神现象学》完成之后,黑格尔意识到由于它的内容过于丰富,很可能使人们难以理解其哲学的基本精神,于是他又为这部晦涩难解的著作加上了一个"序言"来阐述其哲学的基本原则。虽然黑格尔一向轻视序言一类的东西,认为任何序言都不足以代替哲学思想的具体内容,但是《精神现象学》这篇序言却是不容忽视的,因为它与其说是《精神现象学》的序言,不如说是全部黑格尔哲学的序言。或者说,它是黑格尔向世人宣告其哲学登上哲学舞台的正式宣言。

黑格尔哲学的基本原则在此得到了深刻的阐发,这个基本原则就是"实体即主体"。

4. 实体即主体

黑格尔在《精神现象学》一书的序言中说道:"照我看来,——我的这种看法的正确性只能由体系的陈述本身来予以证明——一切问题的关键在于:不仅把真实的东西或真理理解和表述为实体,而且同样理解和表述为主体"。① 这就是黑格尔著名的"实体即主体"的基本原则。

通常我们将黑格尔关于"实体即主体"的思想看作是他的独创,其实第一个提出这一思想的并不是黑格尔,而是亚里士多德。亚里士多德在《范畴篇》中曾经从逻辑判断的角度为实体下了一个最基本的规定:"实体,在最严格、最原始、最根本的意义上说,是既不述说一个主体,也不存在于一个主体之中。"②在这里,"主体"即"主词",因而他的意思是说,所谓实体(ousia)就是只能充当命题判断中的主词而不能充当宾词的东西。当然,当黑格尔宣称"实体即主体"的时候,无论实体还是主体的概念都

---

① 黑格尔:《精神现象学》上卷,北京:商务印书馆 1981 年版。第 10 页。
② 亚里士多德:《范畴篇》2a13。见《亚里士多德全集》第一卷,北京:中国人民大学出版社 1990 年版,第 6 页。

发生了深刻的演变。主体已经不仅仅是判断中的主词,而是更多地被用于人类理性。由于近代哲学试图在主体与客体存在着差别的基础上来谋求两者的同一性,这就注定了它是无法从根本上解决问题的。现在黑格尔提出这个原则,其目的就是在近代哲学主体性的基础上重新回到亚里士多德,将近代哲学的主观性原则与古代哲学的客观性原则融为一体。因此与亚里士多德相比,黑格尔考虑更多的是实体本身的能动性。在他看来,实体不仅是客观的,而且其自身就是能动的,这样的实体就是"活的实体"。

近代哲学所理解的实体主要是客观性原则,其中缺少能动性的因素,例如斯宾诺莎的实体就缺少自我意识的原则,这就使它难以解释实体与世界之间的关系问题。康德和费希特倒是发扬了主体的能动性原则,然而由于他们坚持思维就是思维,因而始终无法扬弃外部世界的坚硬的现实。谢林第一个要求超越思维与存在之间的对立,但是其哲学赖以为基础和出发点的"绝对"由于超越于一切差别和矛盾之外,所以他又陷入了无差别的绝对与有差别的世界之间的矛盾而不能自拔。与他们相比,黑格尔则主张"实体即主体",因而实体并非无差别的同一性,而是在其自身内部就蕴含着否定性和矛盾,由于实体自身就具有能动性,所以它自己否定自己而成为发展出来的现实。因此,只有当我们把实体同样也理解为主体,理解为自己展开自己的运动的时候,才能说明它的现实性,而实体作为主体的能动性就表现在它自身之中就包含着纯粹的否定性,因而它是单一的东西自己否定自己从而分裂为二,将自己树立为对立面,然后扬弃自身中的矛盾和对立,重建自身统一性的过程。由于实体就是主体,其自身就具有能动性,因而实体的运动过程乃是它的自我运动,世界就是它的外化和展开。于是实体的运动就成了一个以终点为目的的自己展开自己、自己完成自己的"圆圈",而且只有当实体真正成为主体,从潜在展开自身并且重建自身同一性的时候,它才是现实的。

所以,黑格尔说:"真理是全体。但全体只是通过自身发展而达到完满的那种本质。关于绝对,我们可以说,它本质上是个结果,它只有到终点才真正成为它之所以为它;而它的本性恰恰就在这里,因为按照它的本性,它是现实、主体、或自我形成"。① 黑格尔所说的真理主要不是认识论意义上的真理,而是本体论意义上的真理,更准确地说应该是认识论与本体论同一的意义上的真理。以往的哲学通常将哲学的认识对象看作是事先存在在那里的现成所与的东西,认识的工作无非是把已经存在的东西"发现"出来而已。黑格尔则强调认识论与本体论的统一,这意味着我们的认识活动亦参与到实体的运动之中,或者说就是实体自身运动的一部分而且是最高的阶段。当我们没有认识这个世界的时候,绝对只是潜在的而不是现实的存在,只有当我们认识了绝对,绝对才实现自身为绝对精神,从而成为真正的现实。所以,真理是过程,真理是结果,真理是全体,真理是"圆圈"。真理不是像手枪反射那样一下子获得的,它是一个过程,而且只有到了终点它才成为现实。真理是辩证运动的结果,在它的发展过程中所有的环节都被否定了,但它们同时作为整体之构成要素又保存在整体之中,缺一不可。真理的发展过程乃是从潜在、展开到现实的自我运动,因而构成了一个从目的到目的的实现的目的论的"圆圈"。

因此,单纯的实体还只是潜在的因素,当它展开自身而外化为世界时,也仍然不是真正的现实,只有当实体展开为世界并且扬弃一切差别重建自身的同一性的时候,它才是真正的现实,而这个重建自身同一性的工作乃是通过人类精神对于绝对的认识活动来实现的。换言之,绝对通过它的代言人——人类精神而自己认识自己,最终成为绝对精神。所以,在黑格尔哲学之中,"绝对"与"绝对精神"是有区别的:前者是潜在的,后者则是现实的。当马克思说《精神现象学》是黑格尔哲学的诞生地和秘密的时候,这不仅意味着《精神现象学》第一次公布了其哲学的基本原则和体系的雏形,而且意味着它揭示了绝对精神的秘密:绝对精神其实就是人

---

① 黑格尔:《精神现象学》上卷,北京:商务印书馆1981年版,第12页。

类精神的绝对化和本体化。在此,黑格尔把康德关于知性为自然立法的思想推到了极端,或者说将"知性为自然立法"看作是"理性为自身立法",用黑格尔的语言来表述就是"精神为自身立法"。因为"实体即主体","绝对即精神",所以自然法则根本上就是精神的法则。黑格尔就是这样以辩证的客观唯心主义的方式来解决近代哲学的问题。

5. 思维与存在的同一性

黑格尔将思维与存在之间的关系问题看作是近代哲学的中心问题。哲学家们无一不是力图达到思维与存在的"和解",但是因为固执于二元论的立场,都不可能真正解决这个难题。黑格尔从"实体即主体"的基本原则出发,认为思想不仅是思想的实体,也是存在的实体,这种思想就是"客观思想"。在此基础上,黑格尔论证了思维与存在的同一性。

如前所述,黑格尔强调说,实体即主体的原则其正确性是"只能由体系的陈述本身予以证明"的。这就是说,实体即主体乃是《精神现象学》所描述的人类精神认识绝对的全部过程的最终结果,也就是说,《精神现象学》最终要证明的就是这个原则。按照他的观点,如果人类精神能够认识绝对,那么就可以说,绝对就是绝对精神。在《小逻辑》中,黑格尔亦通过思想的四个特点来证明他的基本原则。[1]

首先,思想是能动的普遍性。思想的普遍性不仅是说思想本身具有普遍性,而且是说思想并不是与感觉和表象并列的一种认识能力,而是贯穿于整个认识之中的本质性因素。其次,思想是对事物的"反思"(Nachdenken)。[2] 事物的本质并不是直接呈现在我们面前的,要想认识它就必须深入到事物的背后,对它进行思想,这就是"反思"即"跟随在事实后面

---

[1] 参见黑格尔:《小逻辑》,北京:商务印书馆 1980 年版,第 20—24 节,第 68—93 页。

[2] 在黑格尔哲学中,通常译作"反思"的实际上有两个不同的概念:一是 Reflexion,二是 Nachdenken。前者有两种含义,其一是借助于光的反射来说明概念之间互相反映的关系,其二指与辩证思维相对的知性思维,即我们所说的形而上学思维方式。后者就是黑格尔所说的"对于事物的思维着的考察"的哲学思维。

的反复思考"。再次,思想对事物的"反思"必然使之发生形态上的改变,不过这并不意味着思想所把握的东西是主观的,恰恰相反,只有借助于"反思"去改造直接的东西,才能真正认识事物的本质。最后,思想"反思"的产物不仅是客观的,而且作为思想的能动性的体现,也是自由的产物:从形式上说,思想是我的思想,而我是独立自由的;从内容上看,思想把握了事物的本质,从而摆脱了一切个别偶然的东西的限制,是无条件的普遍的东西。

在黑格尔看来,具有上述这四个特点的思想,即把握了事物的本质的思想,就不仅仅是我们的主观的思想,而且就是事物的本质,因而可以称之为"客观思想"。换言之,思想是能够深入现象而把握事物的本质的,而当思想把握了事物的本质,事物的本质也就变成了思想,当然不仅是我们的思想,而且是"客观思想",于是思想就统摄一切而成为思想和存在的共同基础了。当然,说事物的本质是思想,并不是说自然事物是有意识的东西。应该说,自然事物是潜在的思想,或者说,是一个"没有意识的思想体系",唯有通过人类精神的思想活动,才能使蕴含于自然之中的客观思想"解放"出来,使之具有真正的普遍性的形式。于是,"思想不但构成了外界事物的实体,而且构成精神性的东西的普遍实体。……当我们把思维认为是一切自然和精神事物的真实共性时,思维便统摄这一切而成为这一切的基础了"。[1]

由此,黑格尔把关于思想的客观性的规定总结为三种观点:唯物主义认为客观性就是不依人的意识为转移的外在事物,康德认为所谓客观性就是与主观的感觉的东西相区别的普遍性和必然性,实际上也就是纯粹主观性,而黑格尔则认为"客观性是指思想所把握的事物自身"。[2] 在他看来,就人的具体认识过程来说,感觉、表象在先,思想、概念在后,而且只有通过表象人的心灵才能达到对于事物的思维地认识。但是,由于我们

---

[1]　黑格尔:《小逻辑》,北京:商务印书馆1980年版,第80—81页。
[2]　同上书,第120页。

认识的是事物的本质,而事物的本质唯有思想、概念才能把握,因而从逻辑上讲,思想、概念才真正是在先的:"我们以为构成我们表象内容的那些对象首先存在,然后我们主观的活动方随之而起……这种想法是颠倒了的。反之,宁可说概念才是真正的在先的,事物之所以是事物,全凭内在于事物并显示它自身于事物内的概念活动"。① 因此,黑格尔把哲学规定为"对于事物的思维着的考察"。② 由于事物的本质就是思想,所以,哲学也就是我们的思想去思想内在于事物的客观思想。当黑格尔把客观性规定为"思想所把握的事物自身"的时候,它意味着所谓客观性既不是指事物自身,也不是指单纯的思想。因为当事物自身尚未被思想所认识时,它还只是潜在的,其本质还不具备本质应该具备的形式,即普遍性的形式。只有当思想把握了事物自身时,我们才能说达到了真理,或者说,真理自身才真正成为了现实。

由此,黑格尔提出了"思维与存在的同一性"原则。

首先应该注意的是,黑格尔所说的"思维"不仅指我们的思想,而且主要或首先指的是存在于我们的思想之外的"客观思想":"思想不仅是我们的思想,同时又是事物的自身,或对象性的东西的本质"。③ 所谓"存在"也不是指自然或事物,而是最普遍最抽象的共相,亦即事物的本质。因此一般说来,所谓思维与存在的同一性问题有两重含义:一方面,在本体论意义上,思维与存在的同一性指的是事物与其自身的概念相一致,即是说,思想、概念是事物的本质,所以一事物成其自身就在于与自己的概念相符合,换言之,事物只有符合蕴含于自身之中的概念才具有实在性。"通常我们总是以为我们的表象与一个对象相符合叫做真理。这说法预先假定有一个对象,我们的表象应与这对象相符合。但反之,从哲学的意

---

① 黑格尔:《小逻辑》,北京:商务印书馆1980年版,第334页。
② 同上书,第38页。
③ 同上书,第120页。

义看,概括地抽象地讲来,真理就是思想的内容与其自身的符合"。① 另一方面,在认识论的意义上,思维与存在的同一性指的是我们的思想能够把握存在于事物之中的本质。实际上,本体论与认识论这两个方面在黑格尔哲学中是统一的,本体论、认识论、辩证法、逻辑学的一致性,也是黑格尔哲学的一条基本原则。

通常人们以为思维与存在的同一性问题是一个认识论的问题,这个问题的存在说明我们的知识究竟能否与对象符合一致是成问题的。然而在黑格尔看来,知识与对象之间的差别其实不仅仅是认识论的差别,也是本体论的差别:我们的知识与对象不相符合并不是发生在实体之外的事情,根本上说,也是实体性的差别。换言之,当我们没有认识事物的本质的时候,这说明这个世界与其自身还没有达到完满的和谐,而当我们认识了事物的本质,这世界亦消解了自身的矛盾。因此,如果我们证明了思维能够认识存在——黑格尔认为他的《精神现象学》是最好的证明,那么认识的活动所行使的就是本体论的功能。正是在这个意义上,黑格尔把人类精神认识绝对的过程称之为绝对认识自己的过程。

显然,黑格尔是在全新的基础上来解决思维与存在的同一性问题的。在他那里,思维与存在的同一性问题不仅是一个认识论问题,而且首先是一个本体论问题。所以黑格尔从实体即主体这一原则出发,将思维与存在之间的关系首先看作是事物与其自身之间的关系,而这就意味着思维是事物的本质,事物是思维的表现,而事物归根到底总要符合自己的本质,因此思维与存在在本体论上是同一的。其次,人类精神的认识活动是可以认识存在于事物中的思想的,因为我们的思想能够思想存在于事物中的客观思想。因而最后,本体论与认识论是统一的,人类精神履行的乃是绝对精神的工作。思维与存在的符合一致是一个过程,这个过程是通过人类精神对事物的认识来实现的。即是说,事物的本质虽然是思想,但

① 黑格尔:《小逻辑》,北京:商务印书馆 1980 年版,第 86 页。

是作为事物的本质的思想毕竟被限制在有限的事物之中,它虽然是思想但却还不具有思想的形式,这种尚未成为现实的思想只是潜在的。"自然界不能使它所蕴含的理性(Nous)得到意识,只有人才具有双重的性能,是一个能意识到普遍性的普遍者",①"哲学的最高目的,就在于确认思想和经验的一致,并达到自觉的理性与存在于尚未中的理性的和解,亦即达到理性与现实的和解。"②

于是,我们便理解了黑格尔为什么主张"凡是合乎理性的东西都是现实的,凡是现实的东西都是合乎理性的"。③ 因为按照他的观点,理性不仅仅是主观的理想性,而且是事物的本质,而事物归根结底要符合自己的本质,所以合乎理性的东西一定会成为现实。另一方面,并不是随便什么东西都可以被称为现实,只有真正合理的东西才能称为现实,因而一切现实的东西当然就是合理的。其实,合理性与现实性之间的这一辩证的关系亦可看作是黑格尔哲学的主题,或者说,黑格尔哲学的全部内容就是围绕着合理性与现实性之间的辩证关系而展开的,其目的就是要达到合理性与现实性的"和解"。

由此可见,黑格尔乃是在本体论、认识论、辩证法同一的基础上解决思维与存在的同一性这一难题的,也正是在这个问题上陷入了唯心主义。尽管与以往的哲学家不同,黑格尔不是在思维与存在的差别的基础上,而是从思维与存在的同一性出发来解决思维与存在的同一性问题,但是他并没有从根本上克服思维与存在的二元论,因为在他看来只有思想能够认识思想,只有精神能够把握精神。如果思想把握了事物的本质,那么事物的本质就是思想。换言之,如果我们证明我们的思想认识了事物的本质,那么事物的本质也就像我们所思想的那样,所以事物的本质就是思想

---

① 黑格尔:《小逻辑》,北京:商务印书馆 1980 年版,第 81 页。
② 同上书,第 43 页。
③ 黑格尔:《法哲学原理》,北京:商务印书馆 1982 年版,第 11 页;黑格尔:《小逻辑》,北京:商务印书馆 1980 年版,第 43 页。

即"客观思想"。然而,即使我们能够证明我们认识了事物的本质,也没有权利说,事物的本质就是思想。在某种意义上说,黑格尔在此像许多哲学家那样在最根本的问题上陷入了循环论证的困境:事物的本质是共相,而共相也就是概念或思想,所以我们能够认识事物的本质;反之,我们能够认识事物的本质,因而这就证明了事物的本质也就是思想。显然,他仍然未能摆脱只有思想才能认识思想的教条,所以不可能最终解决思维与存在的同一性问题。

《精神现象学》在黑格尔的哲学体系中处于非常微妙的地位。当黑格尔写作该书时,他的哲学体系还没有最后定型。按照黑格尔最初的设想,他的哲学体系分为(1)精神现象学,(2)逻辑学,(3)自然哲学,(4)精神哲学。这一设想直到写作《逻辑学》时仍未改变,黑格尔在那里将他的哲学体系分为两大部分:第一部分是精神现象学,第二部分包括逻辑学和哲学的两种实在科学亦即自然哲学和精神哲学。① 所以《精神现象学》第一版发表时在扉页上曾经标有"科学体系,第一部分"的字样。但是后来黑格尔形成了由逻辑学、自然哲学和精神哲学组成的《哲学全书》体系,《精神现象学》便沦落为哲学体系的"导言"了,其中的许多内容都被吸收到了"精神哲学"之中。当然,无论黑格尔自己如何改变了看法,我们都不应该忽视《精神现象学》的重要地位。青年黑格尔派的著名代表之一大卫·弗里德里希·施特劳斯认为,"人们可以恰当地称《精神现象学》为黑格尔著作的全部。黑格尔在这里第一次驾着自己的船离开港口远航,周游世界,尽管这是一种奥德赛式的航行;而他随后的远征,虽然有着更好的引导,却好像局限在内陆海之内。所有黑格尔后来的著作和讲演,诸如他的《逻辑学》、《法哲学原理》、宗教哲学、美学、哲学史,和历史哲学,都只是出自《精神现象学》的部分,而《精神现象学》的丰富性,即使在《哲学全书》中也保存得并不完全,而且无论怎么看也是一种干缩的状

---

① 黑格尔:《逻辑学》上卷,北京:商务印书馆 1977 年版,第 6 页。

态。在《精神现象学》中,黑格尔的天才处于巅峰。"①施特劳斯的话虽然有些过分,但亦并非无稽之谈。

总之,《精神现象学》完成了人类精神"从现象到本质"的认识过程,现在黑格尔可以着手"从本质到现象",从精神现象学的成果回过头来重新理解我们的世界了,这就是《逻辑学》的内容。

三、逻 辑 学

黑格尔在《逻辑学》第一版序言中指出,近 25 年以来——按时间推算应当是康德《纯粹理性批判》第二版出版以来,"那种被叫做形而上学的东西,可以说已经连根拔掉,从科学的行列里消失了";"科学和常识这样携手协作,导致了形而上学的崩溃,于是便出现了一个很奇特的景象,即:一个有文化的民族竟没有形而上学——就像一座庙,其他各方面都装饰得富丽堂皇,却没有至圣的神那样"。② 虽然康德批判形而上学的目的并不是为了彻底将形而上学从哲学中清除出去,而是为了重建形而上学,但是由于他对形而上学的批判影响太大了,以至于重建形而上学不仅对康德而且对他的后继者们都构成了一个难上加难的难题。现在,历史的重任落到了黑格尔的肩上。于是在《精神现象学》之后,黑格尔便着手写作《逻辑学》。

黑格尔的《逻辑学》与他的《精神现象学》一样是一部前无古人、独一无二的哲学著作,不过它所体现的是黑格尔完全不同的另一种风格。如果说《精神现象学》是一部才气喷涌、充满激情的作品,那么可以说《逻辑学》则是一部简洁明快、推理缜密的著作。在《精神现象学》中,不仅我们甚至黑格尔本人的思想航船都在辩证法之强力的推动下身不由己而一发

---

① 转引自沃·考夫曼:《黑格尔——一种新解释》,北京:北京大学出版社 1989 年版,第 169 页。

② 黑格尔:《逻辑学》上卷,北京:商务印书馆 1977 年版,第 1、2 页。

不可收拾。而《逻辑学》在某种意义上则是远离激情的："学习这门科学，在这个阴影的王国中居留和工作，是远离感性直观和目的、远离感情、远离仅仅是意见的观念世界的。"① 显然，不仅是因为《逻辑学》所处理的对象不同于《精神现象学》，而且此时的黑格尔对于辩证法的使用也已经得心应手、驾轻就熟了，他冷静地处理面前的对象，恰如其分而且有条不紊。

《逻辑学》以《精神现象学》为其前提："意识，作为显现着的精神，它自己在途程中解脱了它的直接性和外在具体性之后，就变成了纯知，这种纯知即以那些自在自为的纯粹本质自身为对象。它们就是纯思维，即思维其本质的精神"。② 所以，《精神现象学》乃是"纯科学概念的演绎"，而《逻辑学》便以这些"纯科学概念"作为它的研究对象。在黑格尔哲学中，"逻辑学"相当于传统形而上学或本体论的地位。

1. 历史与逻辑

黑格尔的《逻辑学》直译是"逻辑的科学"（Wissenschaft der Logik）。显然，黑格尔有意将他的逻辑学区别于以往的逻辑学。他的逻辑学所研究的不仅仅是主观的思维规则，更重要的是本体论所要解决的问题。对黑格尔来说，逻辑学就是本体论。

表面看来，黑格尔把逻辑学等同于本体论，与通常人们的观念大相径庭，然而实际上他的思想却的确符合形而上学的内在精神。在近代哲学中，通常逻辑学亦即形式逻辑所研究的只是单纯主观的思维形式，而古代哲学则不这样看。古代的形而上学主张"唯有通过思维对于事物和在事物身上所知道的东西，才是事物中真正真的东西；所以真正真的东西并不是在直接性中的事物，而是事物在提高到思维的形式、作为被思维的东西的时候。因此，这种形而上学认为思维及思维的规定并不是与对象陌生的东西，而毋宁是对象的本质，或者说，事物与对事物的思维"，因而"思

---

① 黑格尔：《逻辑学》上卷，北京：商务印书馆 1977 年版，第 42 页。
② 同上书，第 5 页。

维在它的内在规定中,和事物的真正本性是同一个内容"。① 作为形而上学的创始人,亚里士多德将哲学的对象确定为"作为存在的存在"或"存在本身",由于"存在不是种"而且存在有多种意义,而存在的意义或存在方式亦即"范畴",因此亚里士多德从范畴入手来解决存在问题,通过以实体(ousia)为中心的十个范畴确立了"存在之网"或世界的逻辑结构。由此可见,亚里士多德所建立的形而上学研究的是世界的逻辑结构或范畴体系。后来经过中世纪哲学的改造乃至到了近代哲学那里,实体才从范畴体系中独立了出来,成了本体论所研究的最高对象。康德对亚里士多德的范畴体系作了调整,提出了四组十二个范畴作为知性为自然立法的根据,以将范畴主观化、内在化的方式,以"内在的形而上学"有条件地实现了形而上学的理想,这意味着范畴不是亚里士多德所理解的世界本身的逻辑结构,而是我们认识世界的逻辑结构,即先天认识形式。现在黑格尔要做的工作就是恢复亚里士多德哲学的传统,重新赋予范畴以客观性的意义。

黑格尔的逻辑学不仅与本体论是同一的,而且与认识论、辩证法也是同一的。

逻辑学讨论的是思维规律和纯粹的思想规定,因而也可以说就是认识论。然而对黑格尔来说,所谓思维规律或者纯粹的思想规定都不仅仅是主观范围内的事情,它们同时亦是事物的客观规律和本质规定。另一方面,无论逻辑学还是认识论从根本上都是以辩证法为其基本形式的。所以,黑格尔与前人不同的地方是,他以独特的方式将所有的哲学部门熔为一炉。当然,熔为一炉归熔为一炉,叙述起来还是要有区别的。在《精神现象学》之后,黑格尔首先做的一项工作就是建立世界的逻辑结构,亦即对纯粹本质性的因素进行深入的研究,以期为哲学奠定基础。这些就构成了他的《逻辑学》的内容。

---

① 黑格尔:《逻辑学》上卷,北京:商务印书馆 1977 年版,第 26 页。

如果说逻辑学是本体论,它研究的是范畴的体系,那么这些范畴究竟是从何而来的?答案就在《精神现象学》之中。当人类精神达到了"绝对知识"之后,整个认识过程便纯化成了范畴,《逻辑学》就以此作为它的对象。在黑格尔看来,人类精神对于绝对的认识是一个艰苦漫长的过程,这个过程亦是一个由浅入深、从简单到复杂、从抽象到具体的过程,而哲学史恰恰就是这一过程的最高体现。在哲学史中,每个哲学体系都有它自己独特的哲学原则,它们都代表着人类精神对于绝对的认识的一个阶段。因而看似相互对立、杂乱无章的哲学史实际上乃是一个哲学的发展过程。这就是说,只有一种哲学而没有许多种哲学,不同的哲学体系不过是这一种哲学在不同阶段上的表现,它们独特的哲学原则就凝结为范畴,构成了范畴体系上的诸多环节。就此而论,黑格尔《逻辑学》的每一个范畴都凝聚着哲学史上哲学家的某一种理论学说,或者说,哲学家们的思想统统以范畴的形式而在《逻辑学》中有其恰当的位置。所以,黑格尔主张历史与逻辑是一致的,历史是逻辑的体现,逻辑则是历史的本质。黑格尔所做的工作无非是将人类精神认识绝对的哲学史纯化为一个有着内在联系的、有机的范畴体系。

2. 阴影的王国

如果说《精神现象学》是黑格尔哲学的导言,那么可以说《逻辑学》就是黑格尔哲学的基础。黑格尔的逻辑学既不同于形式逻辑,也不同于康德的先验逻辑:它所研究的既不是空洞的思维规律,也不是主体的先天认识形式,而是事物的纯粹的本质性因素——纯思想规定。因此,黑格尔的逻辑学与康德的先验逻辑一样都是具有认识论意义的逻辑,但是它同时消解了康德先验逻辑的单纯主观性和静态结构的局限性,因而不仅是一个动态的过程,而且具有本体论的意义。黑格尔说:"逻辑须要作为纯粹理性的体系,作为纯粹思维的王国来把握。这个王国就是真理,正如真理本身是毫无蔽障,自在自为的那样。人们可以说,这个内容就是上帝的展示,展示出永恒本质中的上帝在创造自然和一个有限的精神以前是怎样的。"①根据这段话,人们完全有理由认为黑格尔哲学是极其荒谬的,似乎他主张绝对精神在外化为自然和人类精神之前,首先在某个地方进行着逻辑推演,然后才由这种纯粹的思想规定产生出自然和人类精神来。其实这是一种误解。作为一个唯心主义者,而且是有史以来最大的形而上学家,黑格尔所讲的"以前"并不是时间意义上的在先,而是逻辑意义上的在先。从时间上讲,黑格尔承认自然在人类精神之前就已经存在了。但是从逻辑上讲,就本质而言,精神则是真正在先的,因为它所体现的乃是决定世界之为世界、自然之为自然的本质和根据。当然,黑格尔把本质性的东西看作是精神性的存在归根到底是错误的。

黑格尔的逻辑学虽然以纯思想规定为其研究的对象,然而他并不认为存在有脱离现实脱离具体内容的"纯粹思想"。正如他所说的,"逻辑的体系是阴影的王国,是单纯本质性的世界,摆脱了一切感性的具体性",②实际上他的逻辑学是从"一个方面"即本质的方面来展示真理。因而逻辑的理念还只是"幽灵"而不是活生生的灵魂,或者说,它还不是现实的真理。

逻辑学以纯思想规定为其研究的对象,也就是以范畴作为它的研究对象。当我们说范畴是具有本体意义的本质性因素的时候,这并不意味着范畴是什么高不可攀的神秘的东西,其实它就存在于我们的思想和语言之中。黑格尔说:"思维形式首先表现和记载在人的语言里。人兽之别就由于思想,这句话在今天仍须常常记住。语言渗透了成为人的内在的东西,渗透了成为一般观念的东西,即渗透了人使其成为自己的一切;而人用以造成语言和在语言中所表现的东西,无论较为隐蔽、较为混杂或已经很明显,总包含着一个范畴;范畴的东西对人是那么自然,或者不如

---

① 黑格尔:《逻辑学》上卷,北京:商务印书馆 1977 年版,第 31 页。
② 同上书,第 42 页。

说它就是人的特有本性自身"。① 所以,哲学不需要特殊的术语。然而这并不是说逻辑学是一项十分容易的工作,其困难之处乃在于如何使"熟知"纯化为"真知",亦即将人们日常使用的语言纯化为哲学的概念。

所以在某种意义上说,黑格尔的逻辑学是一项前所未有的崭新的事业。他一方面要总结人类精神对于绝对的认识史——这已经由他的精神现象学完成了,一方面要把人们的日常语言纯化为崭新概念,另一方面还要改造传统的逻辑学,使概念"流动"起来,使"逻辑的枯骨"通过精神成为有血有肉的实在。通过黑格尔的努力,他终于将亚里士多德的形而上学观念付诸实现,为世界确立了一个十分完善的逻辑结构。

3. 逻辑学的主要内容

黑格尔的逻辑学不仅限于《逻辑学》,也包括《哲学全书》中的逻辑学部分。为了区别起见,人们一般将《逻辑学》一书称为《大逻辑》,而将《哲学全书》中的"逻辑学"部分称为《小逻辑》。当然,两者的区别并非"大"或"小"那样简单,而是关涉到黑格尔哲学体系的建构。如前所述,黑格尔的《精神现象学》和《逻辑学》贯彻的是他最初的体系构想,他把"科学体系"分为两大部分,第一部分是精神现象学,第二部分包括逻辑学和哲学的两种实在科学,即自然哲学和精神哲学。② 于是,黑格尔最初的哲学体系分为三个层次:作为体系的"导论"的精神现象学,作为体系的基础的逻辑学,以及两门实用科学即自然哲学和精神哲学。由此可见,黑格尔的《逻辑学》原本是其整个哲学体系的概念性的基础。黑格尔的哲学全书体系建立起来之后,逻辑学尽管仍然是体系的基础,但史多地体现为哲学体系的一个部分。所以,黑格尔在写作《大逻辑》和写作《小逻辑》时的目的是有些区别的。

---

① 黑格尔:《逻辑学》上卷,北京:商务印书馆 1977 年版,第 7—8 页。
② 同上书,"第一版序言"第 5—6 页。

黑格尔的《逻辑学》(大逻辑)分为"客观逻辑"和"主观逻辑"两大部分,其中"客观逻辑"分为"存在论"和"本质论","主观逻辑"是"概念论"。《哲学全书》中的逻辑学部分(小逻辑)则没有区分"客观逻辑"和"主观逻辑",而是直接划分为"存在论"、"本质论"和"概念论"。我们在此简要介绍"大逻辑"的内容。

按照黑格尔的观点,"客观逻辑"部分地与康德的先验逻辑相一致,而更重要的是它取代了传统的形而上学或本体论的位置。康德的先验逻辑本身就是"内在形而上学",因为它有条件地以范畴体系确立了世界的逻辑结构,而黑格尔所要做的就是在此基础之上重新恢复形而上学的客观性原则。"主观逻辑"所讨论的是传统的形式逻辑的内容,当然经过了黑格尔的改造。不仅如此,这一部分甚至处于逻辑学的最高阶段,因为在黑格尔看来,"概念"乃是"存在"和"本质"的真理。黑格尔的逻辑学仍然给形式逻辑留有一席之地,那种认为辩证逻辑排斥形式逻辑的看法是错误的。黑格尔其实并不否认形式逻辑在认识中的作用,他只是认为形式逻辑是有局限的,仅仅停留在此不可能把握事物活生生的生命。

黑格尔在正式进入逻辑学的内容之前,首先说明了科学为什么以"存在"作为开端的理由。就逻辑学以精神现象学所达到的结果即"纯知"为前提而论,逻辑学的开端是间接的。然而,就逻辑学的开端是形而上学的开端而论,这个开端又必须是直接性的。开端必须是"绝对的"或抽象的开端,因而不可以任何东西为"前提"和中介,它本身应该是全部科学的根据,这个开端就是"纯存在"。"存在"作为开端不仅是直接性的,而且以潜在的方式包含着间接性或中介,从而使逻辑学成为一个自我展开的过程。实际上无论黑格尔提出了怎样充分的理由,只要想到"存在"乃是形而上学最基本的对象,而他的逻辑学就是形而上学或本体论,我们实在想象不出除了"存在"而外逻辑学还会有别的什么开端。

如前所述,"客观逻辑"包括"存在论"与"本质论","主观逻辑"就是"概念论"。因此逻辑学的具体内容划分为三编:

第一编"存在论"。存在论研究的是直接性的阶段,在这一部分中范畴推演的特点是"过渡",亦即从一个直接性的东西过渡到另一个直接性的东西。在这个阶段,概念还处在"自在的"或潜在的阶段,其内容是尚未展开的。"存在论"包括"规定性(质)"、"大小(量)"和"尺度"三个阶段,它以"存在"(Sein)范畴作为开端,从一个范畴过渡到另一个范畴,最后扬弃了自身的直接性而进入到了间接性的领域,由此而过渡到了"本质论"的领域。

"规定性"(质)有三个范畴:"存在"、"定在"和"自为的存在"。逻辑学的第一个范畴是"纯存在"。所谓"纯存在"即撇开事物的任何特点,仅仅说出一切事物都是"存在的"这个最一般的共性,还没有进一步的规定。"纯存在"既然没有任何进一步的规定,它就是最抽象最空洞的概念。只要对"存在"有所规定,"存在"就不再是"纯存在"了。因而就"存在"之为纯粹无规定的规定而论,"存在"亦是"无"或"非存在"(Nichts)。就此而论,"纯存在"这个概念本身就包含着和自己已有差别并和自己对立的方面,于是"纯存在"便由于内在矛盾的推动而过渡到了"无"或"非存在"。然而,"无"或"非存在"并非绝对的没有,它只是没有任何规定的"存在",换言之,"无"或"非存在"这个概念本身也包含着和自己有差别并和自己对立的方面即"存在"。"存在"中包含着"非存在","非存在"中包含着"存在",在"非存在"中能够保持其自身的"存在",或在自身中包含着"非存在"的"存在",即是"变易"(Werden)。① 按照黑格尔关于历史与逻辑一致的原理,"存在"是巴门尼德哲学的原则,"无"或"非存在"是印度佛教的原则,而"变易"则是赫拉克利特哲学的原则。从"存在"、"非存在"到"变易"的范畴推演,体现了黑格尔关于矛盾推动事物自身运动或发展的思想,逻辑学的全部范畴推演由此而展开。

"变易"之中包含着"存在"和"非存在",因而也处在变易之中,而不

---

① 参见张世英:《论黑格尔的逻辑学》,上海:上海人民出版社1982年版,第145—146页。

安定的"变易"所变易的结果是"静止的统一",亦即有规定的存在:"定在"(Dasein)。"定在"是此而非彼,其中包含着某物与他物的区别。某物之外有他物,他物之外还有他物……以此类推以至无穷,这是"坏的无限"。"真正的无限"是:某物区别于他物,他物相对于某物其自身亦是某物,某物也是他物,即"他物的他物",从而某物在他物中回到了自己,这就是"自为的存在"。"自为的存在"(Fürsichsein)是"自身关系",这个自身统一的东西是"一"。然而在"自为的存在"中仍然包含着他物,因而是一种"否定的自身关系",所以"一"中也包含着"多",它既是"吸引"又是"排斥",这种"一"与"多"的统一体就是"大小"或"量"。

"大小"或"量"包括"量"、"定量"和"量的比例"三个范畴。黑格尔批判了用量的观点解释一切的机械论,认为抹杀了质的区别不可能把握事物的本质。"量"发展到"比例"具有了"质"的性质,从而过渡到了"尺度"。"尺度"是质与量的统一,即有质的限量,包括"特殊的量"、"实在的尺度"和"本质之变"三个范畴。"特殊的限量"即在一定限度内不引起质变的量变。当量变超出一定的限度时,其特定的质的地位便被另一特定的质所取代,如此类推,是为"无度"。然而,这种质的变化只不过是"状态"的变化,其"底层"或"基层"却是不变的,这个不变的"基层"就是本质,由此"尺度"过渡到了"本质"。"本质"(Wesen)是"过去了的存在"(Gewesen),即深入到了直接性的存在内部的间接性的东西。

第二编"本质论"。本质论研究的是间接性的阶段,在这一部分中范畴推演的特点是"反思",亦即成双成对的概念既相互对立又相互映现自身,这是"自为的"或处于展开过程中的阶段。"本质论"包括"作为反思自身的本质"、"现象"和"现实"三大阶段,反思概念以在他物中映现自身的方式展开自身,最终扬弃了直接性与间接性之间的矛盾,成为一个统一的概念的诸多环节,从而进入了"概念论"的领域。本质论中范畴之间的关系是表层与底层相互"反思"的关系,即两个矛盾的范畴互为条件,互相依存,相互建立。反映或反思(Reflexion)这个概念本来是用来讲光的,当光线射出碰到一个镜面上又从镜面反射回来,就是反映。当我们反映或反思一个对象时与之类似,所认识的对象不是它的直接性,而是间接反映过来的现象。

"作为反思自身的本质"包括"假象"、"本质性或反思规定"和"根据"。由于事物的本质尚未表现出来,一切存在都被看作是虚幻的、不真实的"假象",这是怀疑论的观点。实际上"假象"也是"本质"的一个环节,它是"本质"的"反映","假象"中隐藏着"本质"。不过,由于"本质"只是自己在自己内部反映,还没有表现于现实的事物之中,因而是"从无到无的运动",即"纯反思规定"。"纯反思规定"分为"同一"、"差别"、"矛盾"三个环节。像存在论中的"纯存在"一样,"同一"是本质论中尚未展开的和最初的范畴。"同一"不是抽象的同一,而是包含着"差异"的"具体的同一","同一"中包含着"差异","差异"不是指事物的外在联系,而本质的差异,不仅同中有异,而且异中有同,本质的差异就是"对立"。在"对立"中,双方并非漠不相关,而是互为自己存在的条件。这种既相互对立又相互依存、互相统一的关系就是"矛盾"。"矛盾"的双方相互扬弃,各自走向了自己的反面,在扬弃对方的同时也扬弃了自己,结果是双方同时"毁灭"(geht zur Grunde),而消解了的"矛盾"就是"根据"(Grund)。事物总是互相联系的,每一事物都既是自身存在的根据,又是他物的根据,既有自身反映的一面,又有反映他物的一面,这样存在的事物就是"实存"(Existenz)。于是,"本质"由内部反映而表现于外,进入了"现象"阶段。

"现象"(Erscheinung)分为"实存"、"现象"和"本质的关系"三个范畴。"现象"是扬弃了的"本质",本质必然要表现出来,现象是本质的显现。因而本质不在现象之外,本质就存在于现象之中。一事物如果达到了现象与本质的统一,即达到内外一致,表里如一,就是现实的东西。

"现实"(Wirklichkeit)是"本质"与"现象"的统一,包括"绝对"、"现实本身"和"绝对的关系"三个范畴。"现实"因为具备了存在的必然性,因此也叫做"绝对"。这里所说的"绝对"并不是逻辑学的最高阶段,而是相当于斯宾诺莎的缺乏能动性的实体。黑格尔在"现实本身"中讨论了"可能性"、"偶然性"和"必然性",在"绝对的关系"中讨论了"实体与偶性"、"因果关系"和"相互作用"。"本质"的阶段属于"必然性的王国",不过在"相互作用"中,相互作用的一方既是作用又是反作用,既是对方又是自身,已经接近"概念"的门槛。只有"概念"才是"自由的王国"。

第三编"概念论"。概念论研究的是直接性与间接性的统一、自在与自为的统一,相互对立的概念现在消融为一个概念,在这一部分中范畴推演的特点是"发展",这是逻辑学的最后也是最高的阶段。"概念"是"存在"与"本质"的统一,"概念"集前此所有范畴之大成,并扬弃而包含于自身之内。因此,存在论与本质论亦是概念论的内容,只不过"概念"比"存在"和"本质"更高:"存在和本质是它的生成的环节;而概念则是存在和本质的基础和真理"。① 概念是自由的原则,是动力存在着的实体性的力量。概念又是一个全体,这个全体中的每一个环节都是构成概念的一个整体。本质论着重体现的是事物的对立和矛盾,概念论则注重对立面的合二为一,注重事物的统一性和整体性。

"概念论"包括"主观性"、"客观性"和"理念"三大阶段。

"主观性"包括"概念"、"判断"和"推论"三个范畴。黑格尔在"主观性"中对形式逻辑进行了全盘改造,他一方面肯定了形式逻辑对于认识的意义,另一方面则着重批判了形式逻辑撇开认识的具体内容考察思维形式的缺点,详细说明了关于思维形式和认识内容一致的原理。概念不是静止的、孤立的、非此即彼的"抽象概念",而是包含着丰富的互相联系的内容的矛盾发展、互相转化的"亦此亦彼"的"具体概念"。概念由于自身的分化作用即自己区别为它的各环节,这即是"判断"。"判断"所叙述的是"概念",分为"实然判断"、"或然判断"和"确然判断"。在"确然判断"中,系词不再

---

① 参见黑格尔:《逻辑学》下卷,北京:商务印书馆 1977 年版,第 239 页。

是主词与宾词之间的外在的、直接的关联,而且是贯通主词和宾词的普遍性的东西,是曾经消失于判断两端之中而又从判断发生的概念的统一。"通过系词的这样充实,判断就变成了推论"。① "推论"使自己成为在"判断"中的"概念"的恢复,从而是判断和概念两者的统一和真理。"推论"分为"实有推论"、"反思推论"和"必然推论"。"必然推论"所揭示的是事物的本质和必然性,从而从"主观性"转入"客观性"。

"客观性"包括"机械性"、"化学性"和"目的性"三个范畴。如果说"主观性"说明的是从主观到客观的过程,那么可以说"客观性"则是从最缺乏主观性到逐步恢复主观性的过程。在"目的性"中,"合目的的活动对客体的否定的对待,不是外在的,而是客观性本身变化并过渡为目的",②从而过渡到了"理念"。

"理念"是主观性与客观性的统一,包括"生命"、"认识的理念"和"绝对理念"三个范畴。"理念是充足的概念,即客观的真或真本身。假如某物具有真理,它便是由于它的理念而具有真理的,或者说,某物唯有在它是理念的情况下,才具有真理"。③ "生命"是主观性与客观性、灵魂与肉体、思维与存在的直接同一,是理念的直接性的形式。主体与客体的区分使认识成为可能,"认识"是理念的间接性的形式。"认识"的目的是达到主体与客体、思维与存在的同一,理论活动与实践活动是"认识"的两种方式。理论活动扬弃了主观的片面性,实践活动扬弃了客观的片面性,而理论与实践统一的结果就是最终扬弃了一切差别和对立,将所有的范畴融合为一个有机整体的"绝对理念"。

在"绝对理念"中,一切间接性都被扬弃了,一切对立面都得到了统一。这里是终点又是新的起点。精神要想真正把握自身,必须跳出纯粹思想,将自己外化出去成为自然,以便通过自然反观精神自身。

---

① 参见黑格尔:《逻辑学》下卷,北京:商务印书馆1977年版,第340页。
② 同上书,第437页。
③ 同上书,第447页。

黑格尔哲学是西方哲学史上最富于内在逻辑性、形式上最完善的哲学体系之一,他的逻辑学尤其如此。然而黑格尔自己并不认为他的逻辑学已经完善了。在他看来,这是一项新的事业,因而需要长时间的研究探讨。黑格尔不仅曾经在课堂上反复尝试过不同的范畴推演方式,而且在临去世之前还在修改《逻辑学》。在去世前一个星期,1831 年 11 月 7 日,黑格尔在《逻辑学》第二版序言中说,想到柏拉图曾经 7 次修改《国家篇》,一部现代包含着深刻内容的哲学著作就应该修改 77 次才对。由此可见,黑格尔始终没有停止对其哲学体系的探索。

四、哲 学 全 书

通常我们所理解的黑格尔哲学体系就是《哲学全书》的体系。黑格尔对于哲学体系的思考由来已久,因为这乃是康德、费希特和谢林试图解决而没能最终解决的难题。在他看来,哲学是科学,而唯有当它是一个体系的时候才真正称得上是科学。所以在黑格尔出版发表了《精神现象学》和《逻辑学》之后,如何将哲学构成为一个科学的体系就成了摆在他面前亟待解决的问题。现在黑格尔有了一个机会,虽然有点儿仓促——他在大学讲授哲学需要一个教学纲要。

1.《哲学全书》

1816 年当黑格尔在海德尔贝格大学准备讲课的时候,他面临着教学纲要的问题。康德黑格尔所处的时代,德国在大学教育中十分注重教学纲要的作用。1778 年 10 月 16 日,当时的国务大臣瑞特立芝在一份布告中说:"最差的纲要肯定也要比没有好,如果教授们博学多才的话,他们尽可以批评纲要的作者;但是口授笔录式的讲课必须废除。"①当年康德

---

① 转引自沃·考夫曼:《黑格尔——一种新解说》,北京:北京大学出版社 1989 年版,第 221 页。

就曾经利用了迈耶、鲍姆嘉登的纲要,然而黑格尔却不想因为那些在他看来没有什么价值的纲要而降低自己的水平,所以他希望使用自己编写的教学纲要。于是他一边以口授的方式讲课,一边着手编写新的教学纲要,这就是《哲学科学百科全书纲要》(*Enzyklopädie der Philosophischen Wissenschaften im Grundrisse*),简称《哲学全书》。黑格尔将他准备教给学生们的哲学体系称作"百科全书"自有其深意。Enzyklopädie 源于两个希腊语词汇:enkyklios(循环的、周期性、平常的)和 paideia(教育),意即"全面教育"或"通才教育"。黑格尔不仅想以此来表达他的哲学体系是无所不包的集大成者,而且这个哲学体系是一个目的论式的自我完成的"圆圈"。

在 1817 年这部教学纲要出版之时,黑格尔写道:"为了适应我的哲学讲演的听众对一种教本的需要起见,我愿意让这个对于哲学全部轮廓的提纲,比我原来所预计的更早一些出版问世。"①与此同时,黑格尔强调说,由于该书采取的是纲要形式,因而它不仅未能依照理念的内容予以详尽发挥,而且它的系统推演的发挥也是特别浓缩的。所以作为纲要,《哲学全书》一方面是对哲学体系之轮廓的概括,另一方面亦表明其内容的发挥还有待于口头的讲授。

《哲学全书》于 1817 年出版了第一版,1827 年出了第二版,内容比第一版增加了一倍,1830 年第三板问世,虽然篇幅增加不多,但文字的改动数以千计。显然,黑格尔在此下了很大的功夫。黑格尔去世之后,人们在编辑他的著作时把学生听课的笔记补充进去作为该书的"附释",对于人们一般地理解黑格尔的思想很有帮助,然而专家学者们却宁愿让这本书保持原样,把那些学生笔记依时间的顺序整理出版。

我们通常所说的黑格尔的哲学体系就是这个《哲学全书》的体系。就此而论,我们既不应该因为它只是纲要而忽视其意义,同时也不应该认为《哲学全书》的体系就是黑格尔定了型的哲学体系。显然,比较这本书

---

① 黑格尔:《小逻辑》,北京:商务印书馆 1980 年版,第 1 页。

的不同版本我们就会发现,黑格尔哲学体系的框架大致如此,而内容和细节则始终处于变化之中。

《哲学全书》分为三大部分:"逻辑学"、"自然哲学"和"精神哲学"。"逻辑学"是研究理念的自在自为的科学,它讨论的是纯粹的本质性因素亦即纯思想规定或范畴;"自然哲学"是研究理念的异在或外在化的科学,它讨论的是理念外化自身而成为自然亦即理念的外在表现;"精神哲学"研究的是理念由它的异在返回它自身的科学,它讨论的是通过人类精神理念重新获得自己的形式,从而成为真正的现实的过程。

2. 逻辑学

《哲学全书》中的"逻辑学"部分(小逻辑)基本上是《逻辑学》(大逻辑)一书的概要,虽然它们在形式、内容和细节等方面有许多差异。《逻辑学》是黑格尔经过详细阐发的著作,《哲学全书》中的"逻辑学"部分则只是为教师讲课使用的极为简略的纲要,汉译《小逻辑》的大部分内容是编者所补充的黑格尔的讲义和学生们听课的笔记。没有这些补充"逻辑学"纲要是难以理解的,不过这部分毕竟没有经过黑格尔的校订,而且将不同时期的笔记拼装在一起,无法反映黑格尔思想的变化以及他所尝试的不同的推理方式,所以只能作为理解黑格尔思想的参考。值得注意的是,黑格尔在写作《逻辑学》的时候,他关于哲学体系的构想还没有完全成熟,他把"科学体系"分为两大部分,第一部分是精神现象学,第二部分包括逻辑学和哲学的两种实在科学,即自然哲学和精神哲学。① 由此可见,黑格尔的《逻辑学》原本是其整个哲学体系的概念性的基础。《哲学全书》体系建立起来之后,逻辑学尽管仍然是体系的基础,但更多地体现为哲学体系的一个部分。所以,黑格尔写作《大逻辑》和写作《哲学全书》"逻辑学"部分的意图是有区别的。

---

① 参见黑格尔:《逻辑学》,北京:商务印书馆 1977 年版,"第一版序言"第 5—6 页。

　　我们在讨论《逻辑学》时已经介绍了黑格尔的有关思想,因而在此只是简略介绍《逻辑学》与《小逻辑》的差异。

　　《逻辑学》(大逻辑)分为"客观逻辑"和"主观逻辑"两大部分,其中"客观逻辑"分为"存在论"和"本质论","主观逻辑"是"概念论"。《哲学全书》中的逻辑学部分(小逻辑)则没有区分"客观逻辑"和"主观逻辑",而是直接划分为"存在论"、"本质论"和"概念论"。由于在《哲学全书》中黑格尔的哲学体系基本上成熟定型,因而《小逻辑》中范畴的划分和推演更加规范。

　　在《逻辑学》和《小逻辑》中,"存在论"关于"量"的划分有所不同。《逻辑学》的划分是"量"、"限量"和"量的比例",而《小逻辑》的划分则是"纯量"、"限量"和"程度"。不过,《小逻辑》在"程度"的最后也有关于"比例"的讨论,可见逻辑学中从"量"到"度"都是通过"比例"实现转化的。①

　　关于"本质论",《逻辑学》与《小逻辑》的划分也不尽相同。《逻辑学》在"作为反思自身的本质"的标题下,分为"假象"、"本质性或反思规定"和"根据","本质性或反思规定"分为"同一"、"差异"、"矛盾"。《小逻辑》则将标题改为"本质之为实存的根据",下列"纯反思规定"、"实存"和"事物",在"纯反思规定"中分为"同一"、"差异"和"根据"。两者的区别在于,《逻辑学》在"纯反思规定"之前有"假象","实存"和"事物"放在了本质论第二阶段"现象"之中。② 另外,《逻辑学》中有"矛盾"范畴,《小逻辑》中没有。关于本质论的第二阶段"现象"的划分,《逻辑学》分为"实存"、"现象"和"本质的关系",《小逻辑》则分为"现象界"、"内容与形式"和"关系"。至于本质论的第三阶段"现实",《逻辑学》分为"绝对"、"现实本身"和"绝对关系",而《小逻辑》则分为"实体关系"、"因果关系"和"相互作用"。

---

① 参见张世英:《论黑格尔的逻辑学》,上海:上海人民出版社 1982 年版,第 242 页。
② 同上书,第 276 页以下诸页。

关于"概念论"的划分,《逻辑学》分为"主观性"、"客观性"和"理念",《小逻辑》分为"主观概念"、"客体"和"理念"。其他大致相同。

最后是从"逻辑学"到"自然哲学"的过渡。从本体论上说,当逻辑理念在"概念论"中达到了"绝对理念"亦即自在自为的真理之时,"按照它同它自己的统一性来看,就是直观,而直观着的理念就是自然"。① 这就是说,"绝对理念"扬弃了一切差别和矛盾而实现了自身统一性,这个直接的统一性就是一个简单的事实,一个消解了所有间接性的现成的东西,这个东西就是"自然"。从宇宙论上看,这个达到了自身统一性的直接性(直观)的理念由于返回自身而享有绝对的自由,因而它便自由地决定将自身中的特殊规定和诸环节"释放"出来,将其自身作为它自己的反映,自由地外化为自然。换言之,现在"存在"在这里成了"存在着的理念",而存在着的理念也就是"自然"。显然,从逻辑理念到自然的过渡具有某种神秘主义的色彩,不过这里的"过渡"不应该理解为时间意义上的过程,而应该看作是逻辑上的关系:逻辑理念是自然的本质性因素,自然乃是逻辑理念的外化和表现。

3. 自然哲学

与近代哲学机械论的自然观不同,德国古典哲学的自然观将自然看作是一个有机的整体,以渗透于自然之中的内在的精神活动来解释自然的运动,将自然理解为历史性的运动发展的过程。这种思辨的自然哲学经过谢林的发扬光大,在当时的科学家们中间引起了热烈的反响,他们在谢林的自然哲学中发现了一种不同以往的理解和说明自然的新的方式。与谢林相比,黑格尔的自然哲学显然更系统更完善,但是当他建立自己的自然哲学的时候,由于思辨的自然哲学已经为科学家们所厌倦,所以其影响反而没有谢林大。

---

① 黑格尔:《小逻辑》,北京:商务印书馆1980年版,第427页。

自然哲学是《哲学全书》的第二个环节。在黑格尔看来,"自然界是自我异化的精神。精神在自然界里一味开怀嬉戏,是一位放荡不羁的酒神。在自然界里隐藏着概念的统一性。"①绝对外化它自己而成为自然,自然不过是绝对的表现。然而也正是因为如此,绝对还不是现实的它自己,换言之,绝对还不是绝对精神。因此,黑格尔给自然哲学提出的课题是"扬弃自然和精神的分离,使精神能够认识自己在自然内的本质。"②他把考察自然的方式规定为"概念的认识活动",它是理论态度与实践态度的统一,其目的是把握事物的内在本质。在这种认识活动之中,我们强迫像希腊神话中那位千变万化的海神"普罗丢斯"一样的自然界停止它的变化,在我们面前显现和说明自身。

自然界是逻辑理念的外化,与理念相对应,它也是一个活生生的有机的整体。自然必须看作是一种由各个阶段组成的体系,其中一个阶段是从另一个阶段必然地产生的。不过,自然本身无所谓发展,只有概念和精神才有发展,而概念的辩证运动乃是自然发展的内在根据。

相应于逻辑学中的"存在"、"本质"和"概念",黑格尔把自然界划分为"力学"、"物理学"和"有机学"三个领域,这也就是自然哲学逻辑发展的三个阶段。《自然哲学》中的第一篇"力学"考察的是空间和时间、物质和运动以及天体的运动。《自然哲学》中的第二篇"物理学"考察的是表现为必然性纽带的隐蔽概念,在差别和对立中相互反映的个体性,分为"普遍个体性"、"特殊个体性"和"总体个体性"。在"总体个体性"的"化学过程"中,无机自然界达到了最高的顶峰,向有机界这个更高的领域过渡。《自然哲学》中的第三篇"有机学"考察的是达到了其实在性的概念,作为充实的、自我性的、主观的总体,这就是"生命"。生命有机体划分为"地质有机体"、"植物有机体"和"动物有机体",其终点就是精神的诞生。在力学阶段,人们从数量的外在关系看待事物的联系。在物理学阶

---

① 黑格尔:《自然哲学》,北京:商务印书馆 1986 年版,第 21 页。
② 同上书,第 20 页。

段,人们开始注重事物的个体性。最后在有机体阶段,人们把世界看成是有机的、活的统一体。

《自然哲学》的发展过程是由完全外在性向内在性,由毫无精神的自然向精神的发展过程,以从自然向精神的过渡作为它的终点。自然发展到了这样的阶段,它在有生命的东西中得到了完成。因此,"精神是在自然界中发展出来的。自然界的目标就是自己毁灭自己,并打破自己的直接的东西与感性的东西的外壳,像芬尼克斯那样焚毁自己,以便作为精神从这种得到更新的外在性中涌现出来。"①因此,精神与自然之间的关系是,两者在根本上是统一的:精神是自然的本质,自然是精神的异化或表现。所以精神既可以说在自然之后,也可以说在自然之前:精神是从自然界中发展出来的,因而自然在时间上是在先的;然而就精神是自然的本质,精神是自然的真理性和最终目的,是理念的真正现实而论,精神则是真正在先的。"自然并不是一个固定的自身完成之物,可以离开精神而独立存在,反之,唯有在精神里自然才达到它的目的和真理。同样,精神这一方面也并不仅是一超出自然的抽象之物,反之,精神唯有扬弃并包括自然于其内,方可成为真正的精神,方可证实其为精神"。② 于是,我们就从自然哲学进展到了精神哲学。

4. 精神哲学

《哲学全书》的第三个环节是"精神哲学"。黑格尔的"精神哲学"与他的《精神现象学》之间的关系是十分微妙的。由于它们讨论的都是人类精神认识绝对的过程,因而在内容上多有重复。当《哲学全书》体系建立起来之后,黑格尔后悔在《精神现象学》中过于详细地描述了本应该在"精神哲学"中阐述的内容,所以他放弃了《精神现象学》是"科学体系的第一部分"的说法,仅仅把它看作是其哲学的"导言",甚至成了"精神哲

---

① 黑格尔:《自然哲学》,北京:商务印书馆1986年版,第617页。
② 黑格尔:《小逻辑》,北京:商务印书馆1980年版,第212—213页。

学"中的一个环节。实际上,《精神现象学》与"精神哲学"各有千秋:前者是黑格尔尚未确立其哲学体系之时写作的著作,因而阐述充分、比较生动而且很少刀斧之痕;后者作为体系成熟时的"纲要"中的一部分,形式十分规整,条理也比较清晰。当然,两者虽然内容大致相似,但是论述的角度毕竟不同:《精神现象学》类似绝对精神的"史前史",描述的是尚未成为绝对精神的绝对精神在人类精神中的生成史,而"精神哲学"则是我们在认识了绝对精神之后,回过头来由此出发所建立的哲学体系的一个部分。

"精神哲学"是黑格尔哲学全书体系中的最高阶段。如果说绝对理念在"逻辑学"中是潜在的,在"自然哲学"中是异在的,那么可以说它在"精神哲学"中则是现实的。因而"精神哲学"中所讨论的精神的发展过程既是人类精神认识绝对的过程,也是绝对认识自身从而成为绝对精神的过程,这两者是同一个过程。正是通过人类精神等于绝对的认识过程,绝对达到了自我认识从而成为了真正的现实。

"精神哲学"划分为三个阶段:"主观精神"、"客观精神"和"绝对精神"。当精神还只是处在它的尚未展开的概念中,还没有使它的概念成为有客观性的东西的时候,精神就是"主观精神",也就是个体精神。"主观精神"分为"灵魂"、"意识"和"自我规定着的精神"三个环节,分别是"人类学"、"精神现象学"和"心理学"的研究对象,其结果是"自由意志"的形成。"客观精神"以自由意志为前提,它是个人之内在精神的外部表现,也就是现实的人类精神所创造的社会、国家、政治法律制度、风俗习惯和伦理道德等等的世界,所以它讨论的是普遍的精神。"客观精神"的三个发展阶段是"抽象法"、"道德"和"伦理"。精神在"抽象法"阶段表现为抽象的自由,自由意志尚处在外在化、客观化的阶段;"道德"所体现的是主观的自由,内在的良心;而"伦理"所体现的则是自由的充分实现,达到了内部与外部、主体与客体之间的统一。这一部分主要体现了黑格尔的法哲学和历史哲学的思想。

1820 年出版的《法哲学原理》是黑格尔受到批评最多的著作。人们指责黑格尔在这部著作中主张现实的就是合理的,将普鲁士王国看作历史发展的顶点,为现行的专制制度作辩护。实际上这些批评大多是基于误解而形成的。①《法哲学原理》毕竟只是教学用的"纲要"而不是内容得到详尽阐发和论述的严格意义上的著作,只有了解了黑格尔在课堂上如何展开自己的思想,我们才能有一个比较公正恰当的判断,加之德国当时正处在专制统治之下,黑格尔不可能公开明确地阐发他的思想,所以产生这些误解是情有可原的。1973—1974 年,伊尔亭格根据搜集整理的学生笔记出版了四卷《黑格尔法哲学》,这些黑格尔研究的新发现一方面表明黑格尔的法哲学虽然有一定的保守性,但其实质与他的辩证法思想是一致的,另一方面亦表明《法哲学原理》与新发现的资料原则上也是一致的,从而纠正了人们以往的一些误解。

在某种意义上说,黑格尔可以看作是历史哲学创始人之一,而且许多人了解黑格尔都是从他的历史哲学开始的。从"实体即主体"的原则出发,黑格尔主张理性统治世界。这个理性虽然指的是"宇宙理性",但它的具体化现实化则必须通过人类精神。世界历史是一个合理性实现自身而成为现实性的过程,也就是自由成为现实的过程,因为自由乃是精神的本性。因此黑格尔说:"世界历史无非是'自由'意识的进展",整个世界的最后的目的就是精神对其自身的自由的意识,亦即自由的现实。② 然而,自由毕竟只是内在的观念或原则,就其本身而言还不是真正的现实。所以内在的观念必须通过外在的手段加以实现,而驱使人们行动的原动力就是人们的需要、本能、兴趣和热情。于是黑格尔提出了著名的"理性的狡计"的理论:就个人的行动而言,需要等等是他的直接动力,而观念和原则则是间接的动力。换言之,精神、观念和原则是通过利益、需要和热情来决定人的行动的。表面看来,每个人都是为自己的需要而行动的,

---

① 参见薛华:《黑格尔对历史终点的理解》,中国社会科学出版社 1983 年版。
② 黑格尔:《历史哲学》,北京:商务印书馆 1956 年版,第 57、58 页。

而实际上他们的行动所实现的乃是理性自身的原则。显然,黑格尔看到了在个人行动背后的历史动因,以唯心主义的方式表达了历史规律的决定作用,但是他的历史哲学看似提高了个人在历史中的作用,但实际上将个人的行动完全看作了理性实现自身的工具和手段。这种强调过分整体性、普遍性原则的思想在现代哲学中尤其受到了人们的批评。

"精神哲学"的第三部分也是它的最高阶段是"绝对精神"。"绝对精神"经过了"艺术"、"宗教"和"哲学"三个阶段。在黑格尔看来,艺术、宗教和哲学都达到了无限性的境界,它们都以"绝对精神"作为认识的对象,所不同的是它们把握"绝对"的方式。"艺术"在直接性中把握"绝对",它以感性形象化的方式把真理呈现于意识,因而是对绝对精神的具体的直观。"宗教"以表象的方式把握真理,它通过人对上帝的认识而呈现"绝对"。至于"哲学"则是"艺术"与"宗教"的统一,它以概念的方式把握真理,其形式是绝对精神的自由思想,从而真正使绝对精神成为了绝对精神。

5. 哲学体系

《哲学全书》虽然是黑格尔哲学思想最成熟时期的作品,但是它毕竟只是供教学使用的纲要,还有待他去展开和发挥。虽然体系的框架有了,但是黑格尔在世之时并没有以哲学著作的形式全面详尽地阐发他的哲学体系,我们不知道如果他写作了这样的哲学著作,其内容和细节会有怎样的改变,因为即使是教学纲要,《哲学全书》亦始终处于变化之中。譬如哲学体系的开端问题。哲学究竟应该以什么作为开端? 黑格尔对这个问题非常重视。一般说来,黑格尔不同的哲学著作有不同的开端:《精神现象学》讨论人类精神的认识活动,它从最初的最基本的"感性确定性"开始;《逻辑学》讨论的是纯思想规定亦即范畴,作为形而上学本体论,它以"存在"为其开端;那么整个哲学体系呢? 在黑格尔看来,哲学不像一般科学那样总有其假定的前提,它是一个自己证明自己,自己创造自己的对象,自己返回自己的"圆圈",因而哲学没有一般科学意义上的起点。

通常我们把黑格尔哲学体系的顺序理解为"逻辑学"、"自然哲学"和"精神哲学",实际上在黑格尔看来,他的哲学体系不仅仅这一种排列方式,作为自我运动的"圆圈",哲学可以从任何地方开始。在《哲学全书》的结尾之处(第575、576、577节),黑格尔分别以逻辑、自然和精神为"中项"提出了三个推论:

第一个推论:逻辑理念———自然———精神。自然作为逻辑理念与精神的"中项"展开于这两个极端之间,它是直接性的存在,在时间上在先的东西;

第二个推论:自然———精神———逻辑理念。精神作为自然与逻辑理念的"中项",是自然的预定目标,因而是先于自然的,它能够在自然中认识到逻辑理念,从而使自然得到提升而返回自己的本质;

第三个推论:精神———逻辑理念———自然。逻辑理念作为精神与自然的"中项",乃是这两者的绝对实体,它把自己区分为自然与精神,将它们规定为自己的显现。因而逻辑理念在逻辑上是真正在先的。

由此三个推论,黑格尔要传达给我们的是这样的信息:哲学—形而上学是一个完整统一的体系,作为对于宇宙的描述,这个体系没有通常意义上的开端,它是且只能是自己是自己的开端,因而是自我展开、自我实现、自我完成的过程。逻辑学、自然哲学和精神哲学实际上是从三个角度描述这个过程:逻辑学描述的宇宙的逻辑结构,自然哲学描述的是宇宙的自然过程,而精神哲学描述的则是宇宙的最终实现。以往的哲学家们在构建哲学体系的时候通常把哲学分为几个部分,而部分与部分之间的"沟通"和"过渡"往往是难以解决的难题,而黑格尔对形而上学的伟大贡献就在于他把形而上学构建为一个从潜在、展开到现实的统一的体系。

《哲学全书》以绝对精神成为真正的现实而告结束。据此人们经常指责黑格尔狂妄自大到了极点，自以为自己可以而且确实穷尽了所有的真理。黑格尔确实说过："那在时间上最晚出的哲学体系，乃是前此一切体系的成果，因而必定包括前此各体系的原则在内；所以一个真正名副其实的哲学体系，必定是最渊博、最丰富和最具体的哲学体系"。①然而另一方面我们也不应该以通常的观点来理解黑格尔为哲学所确立的终点。《哲学全书》的最后一句话是这样的："永恒的自在自为地存在着的理念，作为绝对精神，永恒地实现自己、产生自己、享受自己"。②黑格尔的《精神现象学》也是以类似的方式结尾的，在那里黑格尔引用了席勒的两句诗："从这个精神王国的圣餐杯里，他的无限性给他翻涌起泡沫"。③由此可见，哲学并不因为认识了绝对精神就停滞不前了，它还在运动着，只不过这种运动与以往不同，它是一种永恒的、无限的运动。

在《哲学全书》的结尾，黑格尔对亚里士多德表示敬意，他照搬了亚里士多德《形而上学》中的一段希腊原文作为其哲学体系的结束："就其自身的思想，是关于就其自身为最善的东西而思想，最高层次的思想，是以至善为对象的思想。理智通过分享思想对象而思想自身。它由于接触和思想变成思想的对象，所以思想和被思想的东西是同一的。思想就是对被思想者的接受，对实体的接受。在具有对象时思想就在实现着。这样看来，在理智所具有的东西中，思想的现实活动比对象更为神圣，思辨是最大的快乐，是至高无上的。如若我们能一刻享到神所永久享到的至福，那就令人受宠若惊了。如若享得多些，那就是更大的惊奇。事情就是如此。神是赋有生命的，生命就是思想的现实活动，神是现实性，是就其自身的现实性，他的生命是至善和永恒。我们说，神是有生命的、永恒的

① 黑格尔：《小逻辑》，北京：商务印书馆1980年版，第55页。
② 黑格尔：《精神哲学》，北京：人民出版社2006年版，第399页。
③ 参见黑格尔：《精神现象学》下卷，北京：商务印书馆1979年版，第275页。

至善,由于他永远不断地生活着,永恒归于神,这就是神"。① 显然在黑格尔看来,亚里士多德这段话中所体现出来的东西也是他的哲学基本原则。的确,黑格尔理应对其哲学思想的这位古代先驱表示敬意,亚里士多德哲学中对许多东西在黑格尔哲学中得到了充分的发挥。在古典形而上学史上,亚里士多德与黑格尔形成了两座遥相呼应的里程碑。

将一个包罗万象的宇宙构成为一个统一的形而上学体系,体系的构成原则至关重要,这就是黑格尔著名的辩证法。

五、辩 证 法

每当我们提到黑格尔的名字,一定会使我们想起辩证法。同样,每当我们提到辩证法,也一定会想到黑格尔。的确,黑格尔的名字与辩证法是联系在一起的。

黑格尔的辩证法是其哲学的一大特色,我们可以说辩证法既是黑格尔对哲学的伟大贡献,同时也是受到人们批评最多的地方。有人把他的辩证法推崇到了极致,视之为包治百病的灵丹妙药,也有人把他的辩证法贬低得一无是处,看作是哲学臆症的胡说八道。实际上无论褒贬,都有可能是基于对它的误解。譬如我们现在专门讨论黑格尔的辩证法,黑格尔本人肯定会不以为然。因为他的辩证法与他的哲学体系是密不可分、融为一体的,我们实际上既不可能脱离辩证法来讨论黑格尔的哲学体系,也不可能脱离他的哲学体系来讨论他的辩证法。这就给我们出了一个难题:理解黑格尔的哲学首先应当理解他的辩证法,而理解黑格尔的辩证法又必须把握他的整个哲学。然而,我们实在无法通过叙述黑格尔的整个哲学体系来阐述他的辩证法思想,如果那样的话直接阅读黑格尔是最好

---

① 亚里士多德:《形而上学》1072ᵇ27—31。参见《亚里士多德全集》第七卷,北京:中国人民大学出版社 1990 年版,第 279 页。

的办法。所以为了叙述的方便起见，我们也只好专门来谈谈黑格尔的辩证法了。

1. 方法问题

哲学问题在某种程度上也就是方法问题。由于哲学要求超越有限具体的事物而把握事物普遍的本质，所以在哲学诞生之初就存在着方法问题。哲学的对象不同于科学，它是某种普遍的、无限的东西，当我们要求通过认识来获得对它的知识的时候，这就意味着任何把握这样的对象的方法都不可避免地带有有限性的特点——因为认识所通达的知识归根结底是确定性的，然而只要知识是确定性的，它就不可能是无限的。所以从希腊哲学开始，哲学就始终面临着有限的方法与无限的对象之间的矛盾。为了解决这个矛盾，哲学家们苦心孤诣地力图找到能够把握无限的对象的新方法，而哲学往往就在方法的变革之中发生着深刻的变化。

黑格尔登上哲学舞台的时候，正是近代哲学在方法问题上陷入了困境之时。在古代哲学中并不存在认识方法和建构体系的方法这样的区别，因为"作为思维和作为存在是一回事"（巴门尼德），存在的存在意义就是范畴（亚里士多德），然而在近代哲学中就不同了。当笛卡尔将"我思"确立为形而上学的第一原理的时候，主体性固然建立起来了，但是主观性与客观性之间却出现了难以弥合的鸿沟。在黑格尔看来。近代哲学的困境源于其思维方式的片面性。在《精神现象学》的序言中，黑格尔分析对比了古代人的思维方式与近代人的思维方式之间的差别，为自己提出了扬弃思维与存在之间的差别和矛盾，将它们统一起来的艰巨任务，而他所采取的办法就是以辩证法将认识的方法与建构体系的方法合而为一，亦即将认识的过程与事物自身的运动过程看作是一个过程。

古代人的思维方式的特点是朴素性和直观性。当人类精神开始认识活动之时，它还没有现成的抽象观念可以利用。对古代人来说，首要的问题是如何从感性经验中抽象出普遍的共相。不知费了多大的功夫,经过了多长时间的艰苦思考和探索,他们才形成了抽象的概念。"古代人的研究是真正的自然意识的教养和形成。古代的研究者通过对他的生活的每一细节都作详尽的考察,对呈现于其面前的一切事物都作哲学的思考,才给自己创造出了一种渗透于事物之中的普遍性。但现代人则不同,他能够找到现成的抽象形式;他掌握和吸取这种形式,可以说只是不假中介地将内在的东西外化出来并隔离地将普遍的东西(共相)制造出来,而不是从具体事物中和现实存在的形形色色之中把内在和普遍的东西产生出来"。① 黑格尔称这种固执于思维规定之差别的思维方式为"知性思维"。第一个揭示知性思维的局限性的是康德,他通过对理性的批判指出了以知性范畴为基本形式的科学思维方式的局限性,认为这种思维方式只能运用于现象而不可能把握事物自身,并且通过理性的辩证法证明了这一点。康德的本义是通过揭示思维的辩证性来说明形而上学是不可能成为科学的,然而黑格尔却从康德的消极辩证法中看到了使哲学成为科学的一线曙光。在他看来,思维的辩证性为我们扬弃固定的概念,打破它们之间的界限,重新再现事物的整体生命提供了可能性。因此,现在的工作就在于扬弃那些固定的思想,从而使普遍的东西成为现实的有生气的东西。然而我们必须认识到,要想使固定的思想取得流动性比将感性存在变成流动的要困难得多,唯一的途径是辩证的思维:扬弃固定的思维形式,使它们流动起来,克服自身的片面性,再现事物之活生生的生命。

黑格尔将辩证法称为真正的科学方法。近代哲学在近代自然科学所取得的伟大成果的鼓舞下,试图将科学的方法应用于哲学,使哲学成为科学。然而黑格尔则认为,科学其实并不是真正的科学,因为任何一种科学总是从某些不证自明的前提出发的,所以它们都有着这样或那样的局限性。哲学就不同了。由于哲学所研究的乃是最高的对象,因而哲学是没

① 黑格尔:《精神现象学》上卷,北京:商务印书馆 1979 年版,第 22 页。

有前提和条件的,它是自己证明自己、自己完成自己的。就此而论,唯有哲学才是真正的科学,而哲学自己证明自己的方法或真正的科学方法就是辩证法。

一般说来,辩证法是希腊哲学的产物。当黑格尔试图克服近代哲学的局限性,站在近代哲学的主体性原则的基础上恢复古代哲学的客观性立场的时候,古代哲学朴素天然的辩证性思想为他提供了扬弃近代哲学之"知性思维"的极其有效的可能方式。黑格尔曾经将赫拉克利特、芝诺和苏格拉底等人称作辩证法的创始人,虽然他们的思想很少共同之处,但是无论是赫拉克利特的自然辩证法、芝诺的概念辩证法,还是苏格拉底探索事物"是什么"的对话方法,都对黑格尔的辩证法思想的形成产生了深刻的影响。当然,最直接的影响是康德的消极的理性辩证法和费希特与谢林对康德辩证法的积极的改造。

辩证法(Dialektik)这个概念源于希腊文,原义是"对话"。在某种意义上说,黑格尔的辩证法乃是将苏格拉底通过两个人对话而追问事物的本质的方式进一步深化为思想自己与自己的"对话",因而它是一种概念辩证法。不过在黑格尔看来,思想不仅是我们的思想,而且是事物本身的本质规定,所以思想从根本上说乃是"客观思想"。于是,当黑格尔将思想看作是宇宙万物共同的根据和基础的时候,他的辩证法就不仅仅是一种认识的"方法",也不仅仅是建构哲学体系的方式,而是世间一切事物共同的运动方式或客观规律。换言之,辩证法与本体论是同一的。

由此可见,将黑格尔的辩证法单独拿出来进行描述不仅是十分困难的,而且也肯定不会得到黑格尔本人的认可,因为他的辩证法与他的哲学体系是不可分割的。然而如果不能对黑格尔的辩证法有所了解就贸然进入他的哲学体系,我们就很可能陷入其庞大繁杂的体系之中而难以自拔。所以我们只好从原则上对黑格尔的辩证法作一些简单的描述,只不过时时要提醒自己这在某种程度上说是"不合法的"。

在黑格尔看来,真正的科学方法亦即辩证法的本性,"一方面是方法与内容不分,另一方面是由它自己来规定自己的节奏",①这两个方面可以看作是其辩证法的基本特征。如前所述,黑格尔认为辩证法不仅仅是方法,而且是事物自身的客观法则。因而真正科学的方法并不是像唯理论所推崇的数学方法或康德的先天认识形式那样外在于内容,方法不是外在的形式或我们认识事物的某种方式,而是事物内在的生命、灵魂和运动方式。正因为如此,黑格尔认为一般的科学并不是严格意义上的科学,唯有能够自己说明自己的哲学才真正是科学。所以黑格尔说,科学方法"正是内容本身,正是内容在自身所具有的、推动内容前进的辩证法",②"方法不是外在的形式,而是内容的灵魂和概念"。③ 所以,我们的任务并不是去发现一种用来说明事物的方法,而是去发现事物自己运动的内在方式,也就是让事物自己展示自己内在的运动规律。要想做到这一点,关键就在于对否定性的辩证的理解。

马克思曾经将黑格尔《精神现象学》的伟大成就概括为"作为推动原则和创造原则的否定的辩证法"。④ 的确,在对待否定性的态度上,黑格尔区别于任何一位近代哲学家,其辩证法的核心就是对于否定性的辩证的理解。

2. 辩证的否定

近代哲学通常是站在主体与客体之间差别的基础上来谋求两者的统一的,由于知性思维的限制,它在要求获得具有确定性的科学知识的同时对否定性的东西、有差别的东西或矛盾采取了排斥的态度,这就使它在将事物分解为各个部分和方面的同时,难以保持住事物的活生生的生命和内在的统一性。在黑格尔看来,事物本身是一个结合了诸多有差别的属

① 黑格尔:《精神现象学》上卷,北京:商务印书馆 1979 年版,第 39 页。
② 黑格尔:《逻辑学》上卷,北京:商务印书馆 1977 年版,第 37 页。
③ 黑格尔:《小逻辑》,北京:商务印书馆 1980 年版,第 432 页。
④ 马克思:《1844 年经济学—哲学手稿》,北京:人民出版社 1979 年版,第 116 页。

性在自身之内的统一体,这种差别既不是仅仅存在于我们的认识之中的主观差别,也不是事物之外在的差别,而是"内在的差别":"在一个作为内在差别的差别里,那对立的一面并不仅仅是两个之中的一个,——如果那样,那差别就不是一个对立的东西,而是一个存在着的东西了;——而乃是对立面的一个对立面,换句话说,那对方是直接地存在于它自身之内"。① 所以,事物之中的差别是"对立面的统一"。

从知性思维的立场看,事物之中包含着差别意味着事物自身的瓦解,因而差别和否定性乃是死亡的因素。然而黑格尔则认为,否定性不仅不是死亡的因素,而且是真正的生命的力量和原则。因为正是否定性构成了推动事物运动发展的内在动力。

事物之中存在着差别,所以事物之中包含着否定性的因素。在通常观点看来,差别就是否定,就是事物与其自身的不同一,所以是不真的。如果我们不能消解这些差别,事物自身就会消解为虚无。但是,与这种将否定仅仅看作是否定的观念不同,黑格尔认为"否定的东西也同样是肯定的",或者说,自相矛盾的东西并不消解为抽象的虚无,而是消解为它的特殊内容的否定,而这样的否定并不是全盘否定,而是自行消解的"被规定的事情的否定",因而是"规定了的否定"。这就是说,否定从来不是抽象的否定,而总是具体的特殊的否定,所以否定的结果也总是有内容的或有规定性的。因此,否定的结果其实是从否定之中而产生的有内容的东西,由于它在否定了先前内容的同时亦将其内容以新的形式包含于自身之内,这就使事物发展为更高更新更丰富的阶段。② 黑格尔将这种辩证的否定称为"扬弃"。

在德文中,"扬弃(aufheben)"这个概念本身就富于辩证性:"它既意谓保存、保持,又意谓停止、终结"。③ 因此我们可以说,扬弃或辩证的否

① 黑格尔:《精神现象学》上卷,北京:商务印书馆 1979 年版,第 109 页。
② 黑格尔:《逻辑学》上卷,北京:商务印书馆 1977 年版,第 36 页。
③ 同上书,第 98 页。

定包含着三个环节：一是否定，二是在否定中对有价值的东西的保留，三是向更高的阶段的过渡。列宁十分恰当地把它概括为"联系的环节"和"发展的环节"。的确，通过"规定了的否定"——扬弃，前一阶段中有价值的东西保留了下来，外在的形式被克服了并且发展为新的阶段，于是这种辩证的否定就使两个阶段"联系"起来，从而使事物成为一个"发展"的过程。

因此，"辩证的否定"乃是黑格尔辩证法的核心，亦是构建哲学体系的基本原则。在他的哲学体系中，前一阶段中的差别和矛盾的运动产生了后一阶段，在后的阶段是在先阶段矛盾运动的必然结果，亦是对在先阶段的继承和发展，因而前一阶段中的合理因素就保留在后一阶段之中，成为它的构成因素或环节。于是，整个事物过程就成了一个相互联系的、发展着的、具有内在必然性的有机整体。由于"实体即主体"，在实体中就包含着纯粹的否定性，它自己否定自己，将自身树立为自己的对立面，然后扬弃自身，恢复自身的同一性，由此而成为现实。这样一个过程就是绝对的自我运动、自我完成、自己实现自己、自己成为自己的过程。所以，绝对精神乃是由于其自身内在的矛盾而自我运动的，在它的发展过程中，每一个阶段，每一个环节都是有限的、暂时的和有缺陷的，然而它们之间的相互扬弃以及继承和发展，又使它们构成了整体的必要环节。在《精神现象学》中，黑格尔形象地把绝对精神的自我运动比喻为"酒神的宴席"：所有人都加入了欢庆酒神节的宴席之中，每个人都在这场豪饮之中一醉方休，但是这场宴席却不会因为我或者你的醉倒而告终结，而且也正是因为我或者你以及我们大家的醉倒而成其为酒神的宴席。我们都是这场豪饮不可缺少的环节，而这场宴席本身则是永恒的。

所以在黑格尔看来，真理是全体，哲学是一个"圆圈"。

3. 哲学的圆圈

黑格尔辩证法的独特之处就在于他把宇宙万物看作是一个由于其内

在矛盾而自我运动的过程,从而把真理理解为过程、结果和全体,理解为一个自己完成自己的"圆圈"。以往的形而上学总是企图在最初的、原始的开端中寻求真理,并且在不同程度上将它看作是独立于我们之外的现成的存在。黑格尔则把绝对精神看作是一个自我生成自我发展的过程。在这个过程中,越是在后的阶段或环节越具有现实性和真理性,黑格尔称它们是在先的东西的"真理"或"本质",因为它们是前此阶段或环节"扬弃"自身的结果,因而克服了自身的缺陷并且保留了合理的因素,而最后的结果就是一个把前此一切阶段和环节都包容于自身之内的整体之大全。所以,黑格尔把这个过程看作是"前进—回溯"的辩证运动:"前进就是回溯到根据,回溯到原始的和真正的东西;被用作开端的东西就依靠这种根据,并且实际上将是由根据产生的",因而"离开端而前进,应当看作只不过是开端的进一步规定,所以开端的东西仍然是一切后继者的基础,并不因后继者而消灭",于是哲学之整体就是一个圆圈,在它之中,开端与终结、起点与终点乃是目的与目的的实现这样一个自我完成自我实现的关系。①

黑格尔的辩证法以"三一式"为其形式,这就是我们通常所说的正题、反题与合题。一般说来,正题是肯定的环节,它表明矛盾此时还处于潜在的阶段,黑格尔也称之为"自在的"阶段;反题是否定的环节,此时矛盾的双方得到了展开,黑格尔称之为"自为的"阶段;合题则是"否定之否定"的环节,它是正题与反题的对立统一,黑格尔称之为"自在而自为的"阶段。黑格尔的哲学体系就是由许许多多这样的正题、反题与合题的"圆圈"所组成的 个巨大的"圆圈"。有时人们把黑格尔的这种"三一式"就称为辩证法,实际上并不十分恰当,因为它毕竟只是某种形式。虽然黑格尔自己往往为了体系的缘故过于注重形式而使其哲学的内容经常有牵强附会之嫌,但是仅仅把他的辩证法理解为"三一式"毕竟只是抓住

---

① 黑格尔:《逻辑学》上卷,北京:商务印书馆 1977 年版,第 55—56 页。

了辩证法的皮毛而没有理解它的精髓。

总之,哲学与一般的科学不同,它没有任何假设的前提,因而避免了独断论的嫌疑,或者说,它自己是自己的前提,这个前提经过自身的发展而得到了自身的证明,所以只有哲学才称得上是真正的科学。

黑格尔对否定性的辩证理解是人类思想史上最为大胆的思考之一。差别、对立和矛盾问题自哲学产生以来就是人们十分关注的难题,对此希腊哲学提出了极其深刻的辩证思想,但是由于它的朴素性和直观性,使得这些深刻的思想没有得到全面深入的阐发。由于近代哲学家们固执于科学思维方式的知性思维,因而无论他们怎样追求客观性的科学知识都最终因为主体与客体之差别的二元认识论结构而无法将有差别的东西结合统一在一起。在这个问题上,黑格尔的确与众不同。在他看来,在自然万物之中,否定性是死亡的力量,任何事物都将由于它而自我瓦解,失去自身的存在,但是精神的生活却是敢于承当死亡并在死亡中得以自存的生活,而且只有当它在支离破碎的瓦解之中保持其自身时它才是真正的存在。"精神在否定的东西那里停留,这是一种魔力,这种魔力就把否定的东西转化为存在"。① 实际上精神自身就是否定性,它否定自己而变成了对象,在对象中仍然保持着自身的同一,从而使它能够扬弃对象成为真正现实的自己。未经否定的精神只是潜在的精神,不敢面对否定的精神还不是真正的精神,唯有投身于否定仍然保持着自身的同一性并且扬弃了否定的精神才是真正现实的精神。显然,黑格尔在此以形而上学的思辨语言阐发了主体的能动性。

小　结

黑格尔哲学标志着古典形而上学的完成,也标志着古典形而上学的

---

① 黑格尔:《精神现象学》上卷,北京:商务印书馆 1981 年版,第 21 页。

终结。

　　毫无疑问，黑格尔是有史以来最伟大的形而上学家，他将古典哲学的理性主义发挥到了极致，以"实体即主体"为核心，将认识论与本体论统一起来，以逻辑学为结构，以辩证法作为体系的构成原则，以目的论作为整体形式，将宇宙万物阐发为一个自己构成自己、自己完成自己的形而上学体系，终于使自亚里士多德以来哲学家们所怀抱的让哲学或形而上学成为科学的理想成为了现实。然而黑格尔之后，哲学"更新换代"，他的哲学既是古典形而上学的完成，同时也亦标志着古典形而上学的终结。就此而论，我们可以说黑格尔既是最好的形而上学家，也是最坏的形而上学家：他是最好的形而上学家，因为没有哪个哲学家能够像他那样建立起如此恢宏如此庞大乃至如此"合理"如此严密的形而上学体系；然而由于古典形而上学这条路最终被证明是根本不可能的，所以这位最好的形而上学家当然也就成了最坏的形而上学家。总而言之，黑格尔哲学标志着形而上学的完成，同时亦标志着形而上学的终结。黑格尔之后，尤其是20世纪西方哲学彻底扭转了哲学的方向，当人们为古典哲学和形而上学举行临终告别仪式的时候，黑格尔哲学理所当然地被摆上了祭坛，遭到了极其猛烈的批判。

　　首先，是黑格尔哲学的理性主义与唯心主义。在古典哲学中，理性主义往往也就是唯心主义，因为它的根据和基本原则建立在宇宙的合理性之上，这个原则用黑格尔的话说就是"理性统治世界"。在当代哲学看来，黑格尔企图穷尽绝对真理实在是狂妄自大，而他将宇宙自然的本质或实体看作精神或理性更是没有根据的。唯心主义者如黑格尔一方面认为我们能够认识事物的本质，另一方面又据此而主张事物的本质即是共相因而也就是概念、理性或精神，这不过是一种循环论证。因此，无论黑格尔哲学看上去多么精致，无论它体现了怎样美好的理想，归根结底是建立在虚幻的基础之上的。由于当代哲学一般地排斥形而上学的研究对象，放弃了理性统治世界这种乐观的理性主义立场，因而黑格尔哲学即使不被看作是美丽的谎言，最好的结果也就是某种美丽的梦幻而已。

其次，是黑格尔哲学的普遍主义和整体主义。其实这并不是黑格尔所独具的特色，形而上学作为形而上学通常都有这种特性，因为它以宇宙之统一的本质或根据作为研究的对象，只不过黑格尔哲学表现得最典型而已。对于当代哲学来说，最使之无非忍受的就是黑格尔把人类精神看作是绝对精神实现自己的手段，把个人看作是世界历史进程的工具，以至于人们甚至视黑格尔哲学为国家主义、纳粹主义的理论根据。20世纪的哲学家们大多坚持个人的不可通约性，所以他们不仅放弃了古典哲学乐观的理性主义，而且对那种以普遍抽象的人性来规定个人的观念，尤其是黑格尔将个人淹没在绝对之汪洋大海之中的理论学说深恶痛绝。

最后，就是黑格尔哲学晦涩思辨的辩证法。据说黑格尔生前就曾抱怨说人们甚至包括他自己的学生不理解他的思想，情况确实如此。哲学家们的思想一向被人们认为是晦涩难懂的，而黑格尔的思想与它们比起来恐怕还要加一个"最"字，以至于许多哲学家都指责他故意将简单的东西弄得繁杂化了，认为黑格尔是在故弄玄虚。虽然黑格尔关于联系和发展的观点，关于事物自身的矛盾运动的思想已经成了人们的认识活动自觉或不自觉的基本观念，但是他那种将所有一切事物牵强附会地统统纳入严格规整的辩证法的做法确实是无法为人们所接受的。在人们看来，黑格尔不是从事物本身出发，而是从自己的思辨方法出发来说明和解释事物的，因而他所谓的科学不过是一种伪科学。

人们对黑格尔哲学的批判还有很多，在这里就不再一一列举了。这些批评和指责有些确实击中了黑格尔的要害，但是也有一些是源于对他的误解，而且即使这些批评都是正确的，我们也不应该因此而彻底否定黑格尔哲学在哲学史上的贡献和意义。无论如何，批判黑格尔的前提是了解黑格尔，否则任何批判都将是没有意义的，然而许多人在批判黑格尔的时候却并不了解黑格尔。实际上，黑格尔哲学是充当了形而上学的"替罪羊"。

在某种意义上说,黑格尔哲学之所以是古典形而上学的完成也是古典形而上学的终结,其中最重要的原因莫过于古典哲学的基本观念遭到了人们的质疑。

哲学诞生之初,希腊人试图说明宇宙的本原,追求关于自然的知识,而这一哲学旨趣的萌生乃基于一系列未经审查的观念:宇宙自然是一个有规律、有秩序、有统一根据的合乎理性的有机整体。由于这些基本观念相继受到了质疑,使得西方哲学从古典哲学走向了现代哲学。有意思的是,最初的哲学思考实际上建立在这些可疑的基础之上,如果希腊人一开始就因为质疑其基础而放弃哲学思考,或许哲学根本就不可能诞生。然而从哲学的批判精神看来,哲学的这些基本观念不可避免地会受到人们的质疑。如果人们对于这些基本观念仍然坚信不疑,那么黑格尔哲学就是不可超越的顶峰。然而,当人们终于发现,我们无论如何无法证明盲目、偶然的外在宇宙是一个合乎理性的存在,由此便注定了黑格尔哲学的命运。如前所述,黑格尔哲学的全部工作意在论证合理性与现实性的统一,整个宇宙被解释为一个合理性展开为现实性的过程。他所营造的形而上学体系恢宏壮观且不失为精巧,但是由于其理性主义的基础坍塌,充其量只能作为精美的艺术品供人欣赏了。

在某种意义上说,黑格尔哲学究竟有意义还是没有意义,主要取决于人们对形而上学的态度。从黑格尔去世至今已经一百多年了,人们批判形而上学批了一百多年,批判黑格尔也批了一百多年,现在人们仍然在批判形而上学,也仍然在批判黑格尔,这种现象值得我们深思。显然,传统形而上学的错误并不意味着形而上学本身没有意义,并不意味着人类理性产生形而上学的理想不值得我们思考并且予以满足。应该说,形而上学的产生是因为人类理性对于"终极关怀"的需要,如果我们不想把它完全交付给宗教信仰,如果我们不想彻底放弃这一至高无上的理想,那么可以说,形而上学还是有其意义的,因而黑格尔哲学亦同样有其意义。

黑格尔哲学是人类思想史上的一笔极其宝贵的遗产,他对哲学的贡献是十分丰富的,也是多方面的。无论我们对形而上学采取怎样的态度,都不应该因为黑格尔是最大的形而上学家就彻底否定他在哲学史上的地位和意义,更何况批判黑格尔的前提条件是真正理解黑格尔。借用黑格尔的一个术语,我们对待黑格尔哲学应该采取"扬弃"的方式。显而易见,黑格尔哲学至今尚未被我们所"扬弃",因而"扬弃"黑格尔哲学而不是彻底否定黑格尔哲学,仍然是摆在我们面前的一项艰巨的工作。

拓 展 阅 读

一、必读书目

1. 黑格尔:《精神现象学》,贺麟、王玖兴译,北京:商务印书馆 1979 年版。

2. 黑格尔:《逻辑学》,杨一之译,北京:商务印书馆 2004 年版。

3. 黑格尔:《小逻辑》,北京:商务印书馆 1980 年版。

4. 黑格尔:《哲学科学全书纲要》,薛华译,北京:北京大学出版社 2010 年版。

5. 黑格尔:《哲学史讲演录》,贺麟、王太庆译,北京:商务印书馆 1981 年版。

二、参考书目

1. Kroner, R. *Von Kant bis Hegel*, 2 vols, Tübingen: Mohr, 1961.

2. Findlay, J. *Hegel*: *A Re-examination*, London: Allen & Unwin, and New York: Oxford University Press, 1958.

3. Taylor, C. *Hegel and Modern Society*, Cambridge: Cambridge University Press, 1979.

4. Stace, W.T. *The Philosophy of Hegel*: *A Systematic Exposition*, London: Macmillan, 1924.

5. [加]查尔斯·泰勒:《黑格尔》,张国清、朱进东译,南京:译林出版社 2002 年版。

6. [美]罗伯特·皮平:《黑格尔的观念论——自意识的满足》,陈虎平译,北京:华夏出版社 2006 年版。

7. 张世英:《论黑格尔的逻辑学》(第 3 版),北京:中国人民大学出版社 2010 年版。

8. 张世英:《小逻辑绎注》,长春:吉林人民出版社 1982 年版。

9. 张世英主编:《黑格尔辞典》,长春:吉林人民出版社 1991 年版。

10. 邓晓芒:《思辨的张力——黑格尔辩证法新探》,长沙:湖南教育出版社 1992 年版。

40

青年黑格尔派和费尔巴哈哲学

李 毓 章

　　神话不是个别人有意识的、故意的虚构,而是整个民族或宗教团体的共同意识的产物。

——施特劳斯

　　只有自我生存着、创造着、活动着并且是大全(Alles,一切)。

——鲍威尔

　　新哲学将人连同作为人的基础的自然当作哲学唯一的,普遍的,最高的对象——因而也就将人本学连同自然学当作普遍的科学。

——费尔巴哈

　　神学的秘密就是人本学(Anthropologie)。

——费尔巴哈

　　既然青年黑格尔派认为,观念、思想、概念,总之,被他们变为某种东西的独立的意识的一切产物,是人们真正的枷锁……,那么不言而喻,青年黑格尔派只要同意识的这些幻想进行斗争就行了。

——马克思、恩格斯

由于费尔巴哈揭露了宗教世界是世俗世界的幻想(世俗世界在费尔巴哈那里仍然不过是些词句),在德国理论面前就自然而然产生了一个费尔巴哈所没有回答的问题:人们是怎样把这些幻想"塞进自己头脑的"?这个问题甚至为德国理论家开辟了通向唯物主义世界观的道路……

——马克思、恩格斯

————— ✦ —————

青年黑格尔派是指 19 世纪 30 年代中期黑格尔学派解体过程中出现的一批年轻的黑格尔分子;他们批判绝对君主制和宗教(主要是新教)神学;他们的哲学立场并不一致,但都以黑格尔哲学为起点,并在某一方面突破了这一哲学体系。一般认为,施特劳斯、费尔巴哈、B.鲍威尔、施蒂纳是它的主要代表。"神话立场"是施特劳斯探索耶稣生平的基本观点。为此他探讨了采用神话立场的必要性、它的历史渊源、思想来源和它的基本思想,而神话立场的哲学基础则是泛神论。B.鲍威尔从历史和理论两个方面激烈反驳施特劳斯的"神话立场",其哲学基础则是自我意识。自我意识是活动着的"大全",是世界的主宰和力量。施蒂纳则以"唯一者"确立了自己独特的哲学地位。在这批年轻人中,唯有费尔巴哈冲出了黑格尔唯心论哲学的藩篱。他批判宗教和唯心论,并在批判中建立起自己的人本学哲学。这对当时人们的思想解放起了巨大作用,为马克思主义哲学的诞生作了一定的思想准备。

青年黑格尔派；神话立场；泛神论；自我意识；唯一者；人本学；异化；无神论

"青年黑格尔派（die Junghegelianer）"即"黑格尔左翼（die Hegelsche Linke）"或"左翼黑格尔派（die Linkshegelianer）"。它们是在 19 世纪 30 年代黑格尔学派解体过程中产生的。由于它并非严格意义上的政治派别、学术派别，存在的时间也就十年左右（30 年代中期—40 年代中期），因而学者们对界定学派的标准，以及究竟哪些人是其成员的看法并不一致。本书采用比较流行的说法，把 L.费尔巴哈（Ludwig Feuerbach, 1804—1872）、D.施特劳斯（David Strauss, 1808—1874）、B.鲍威尔（Bruno Bauer, 1809—1882）和 M.施蒂纳（Max Stirner, 1806—1856）看作是青年黑格尔派的最主要的成员。他们是黑格尔弟子中对黑格尔学说作了革命性颠倒的"年轻一代"[1]。尽管他们的哲学立场各不相同，但就他们最初的出发点来说，都是黑格尔哲学。他们虽对是否保留宗教的看法并不一致，但对宗教都持批判研究的态度，都是否定基督教及一切人格神的无神论者。他们是那个时代激进思想的代言人，而费尔巴哈无疑是他们当中最杰出的哲学家，自然也是本章讲述的主要人物。

一、施特劳斯、鲍威尔、施蒂纳

1.大卫·弗里德利希·施特劳斯:神话立场

施特劳斯是 19 世纪德国哲学—宗教哲学的"标志性"人物。他在

---

① K.Löwith, *Von Hegel zu Nietzsche*.W.Kohlhammer Verlag Stuttgart.1958.s.78.

1835—1836 年出版的为神学家而写的《耶稣传》(*Das Leben Jesu*, *kritisch bearbeitet*)(两卷),既开启了黑格尔学派解体的帷幕,也吹响了青年黑格尔派兴起的号角。而他提出的历史上的耶稣与信仰中的耶稣基督的区别问题,至今仍是基督教各派神学力图解答的问题。而他之所以取得这样的成就,就在于他在福音书批判研究中提出并践行了他的"神话立场"。

用神话立场研究耶稣基督的必要性。施特劳斯在 1864 年指出,"耶稣生平"这个概念是"近代的概念"。只是在近代,人们才认为一本传记的主人翁必须是实实在在的有肉有血的人,是在时间中生存即有限的有生有死的人。这样一个人既受到自然法则的作用、影响与制约,也受到他(她)生活、成长的环境的影响与制约。他(她)的人生之旅也会经历种种悲苦与欢乐,成功与失败,他(她)也有情感与理智、个人私利与公众利益的矛盾与冲突,等等。然而,"上帝的独生子或化身成人的耶稣却不受这些限制"①,他不受家庭、国家、社会的制约,也不受自然法则的影响。这样一个半人半神的人物,亦即"教会的基督不可能作为传记的主题"②。因此在一个把一切人性的东西看作异己东西的时代亦即启蒙时代,要写一部真正的《耶稣传》就必须对《新约》,特别是福音书(因为到目前为止它是唯一给我们留下了关于耶稣一切资料的书)进行"甄别"。"必须把全部都扔进批判的坩埚中去,以便看一看在掺进来的杂质分析出来之后,剩下来的历史黄金是什么"③。

但是,无论是旧教的还是新教的神学家,在研究福音书关于耶稣生平的问题上,其方法不是超自然主义的就是自然主义的。前者肯定福音书关于耶稣神性的观点,一点也不放弃耶稣的种种神迹。后者则提出《旧约》所提到的作为历史的事件,都应当用自然的方法加以解释。他们把本来是"在完全矛盾的假说基础上撰写"的福音书当作目击者的报道,

---

① 施特劳斯:《耶稣传》第 1 卷,吴永泉译,北京:商务印书馆 1981 年版,第 20 页。
② 同上书,第 21 页。
③ 同上书,第 52—53 页。

"当作完全真实的历史看待"①。他们都反对《圣经》批判研究中刚出现的神话观点。这就注定了他们的努力必然要失败。

历史在前进。在"我们时代精神是理智批判精神"②的时代,福音书的研究必须抛弃上述两种方法,摒弃和时代精神"完全背道而驰的精神"。就耶稣生平而言,"首先要研究我们是否在多大程度上根据历史的理由和原因而保留福音书。这是事情本身的自然进程。就此而言,像眼下这样一本书的出版,不仅完全有充分的理由,而且甚至是必然的"③。

对神话立场思想渊源的历史考察。施特劳斯在谈到他的新立场时,就申明"把神话立场运用到福音故事的研究,不是当今突然产生的奇想,而是追随事情本身的自然进程"④,亦即是以往思想发展的必然结果。

施特劳斯考察了前人对《圣经》故事的神话学解释,肯定了伽布勒(J. Gabler,1753—1806)、谢林(F.Schelling,1775—1854)、L.鲍威尔(L.Bauer, 1755—1806)等人的贡献。由于他们的研究,"神话概念被确定为完全普遍地适用于所有最古老的故事,神圣的和世俗的故事"⑤。这里着重讲一下 F.鲍尔(F.Baur,1792—1860)的神话理论。鲍尔是蒂平根《圣经》批判研究学派的创始人,施特劳斯早年在蒂平根神学院读书时就是他的学生,大学阶段也是他的学生,他从老师那里接受了神话概念。

1824—1825 年,鲍尔提出象征与神话的关系问题。"象征是直观(它与客体有关)中某一观念的形象表达"。而神话则是某一概念或某一观念的形象表达。但象征的形象表达是借助一个简单的图像或借助一个静态的占有一定空间的图像来表达的,而神话的形象表达则是借助某个行为。行为是在时间中进行的。于是依靠行为时间被直接地确定地体现出

---

① 施特劳斯:《耶稣传》第 1 卷,吴永泉译,北京:商务印书馆 1981 年版,第 51 页。
② D.Strauß,Das*Leben Jesu*.für das deutsche Volk bearbeitet.Stuttgart,1905.Bd. I 60.
③ D.Strauß,*Das Leben Jesu*,kritisch bearbeitet.Darmstadt 1969.Bd. I s. V .
④ Ibid.,s.75.
⑤ Ibid.,s.28.

来了。也就是说行为表达了某个事件的发生。"在象征中突然出现的东西,在神话中则是逐渐出现的东西,自然是前者(指象征——引者注)的普遍形式,历史是后者(指神话——引者注)的普遍形式"。鲍尔还提出,神话有三个基本要素,"第一是某一图像的直观;而后是从静态状态引出理智活动,有了某一行为的表象,只是这一行为纯粹是内在的并且有一个和解的目的;最后是真正的外在行为代替行为的表象"。他还指出,象征和神话虽然不同,但都是"人的未意识到的、活动着的精神的产物"。它们都"不再属于知识,而是属于心情的全体:它们必然渗透到理性、幻想和理智",因而可以把它们追溯到宗教①。鲍尔的这些富有创建性的见解无疑启发了包括施特劳斯在内的后来者。

施特劳斯也认为,先辈们在新约的神话研究方面也有不足。这就是没有全面地完整地把神话观点运用到新约研究的所有方面。这些人或使福音书的开端进入神话的彩门,或是让它通过神话的彩门出去,而这中间的广阔地带则任凭自然主义的解释横行无阻。就是鲍尔也没有把神话立场用到解释整个耶稣生平的勇气。施特劳斯申称"本书作者的立场是把神话概念运用到耶稣生平的一切方面,在其一切方面找到神话故事,或至少驱散对他的表面修饰。作者不仅把耶稣童年的奇迹故事,而且把他公众生活的奇迹故事,不仅把施予他的奇迹,而且把他所施的奇迹,统统置于神话的范畴之下"②。

神话立场的哲学渊源。施特劳斯的神话立场不仅得益于神学界先辈的成果,而且也有黑格尔哲学的滋养。他在 1835 年的著作中写道:"对作者来说,心情和思想从某一宗教的和教义的前提中得到内在的解放,是作者部分地通过哲学研究而形成的。"③这里施特劳斯并没有指明自己是研究什么哲学的。不过,他在 29 年后即 1864 年写的《一半和全体》(*Die*

① J.Sandberger,*D.F.Strauß als Theologischer Hegelianer*.Göttngen.1972.s.23~24、151.
② D.Strauß,*Das Leben Jesu*,kritisch bearbeitet.Darmstadt 1969.Bd. Ⅰ s.50.
③ Ibid.,s.ⅵ.

Halben und Ganzen)倒是提供了答案。"我现在从事的事业与我当年从那时的哲学立场能够从事的事业是一样的顺利。这个立场就是黑格尔哲学的立场。……我对耶稣生平的全部批判是从黑格尔的原理——宗教与哲学有着同一内容,只是前者以表象形式后者以概念形式把握这一内容——发展起来的。"①这清晰表达了神话立场的思想基础及其渊源。

施特劳斯的"神话立场"。神话并非宗教专有。就神话立场的神话而言,施特劳斯所说的神话乃是指宗教神话。"所有非历史的故事,不论是如何产生的,只要某个宗教社团由于从中看出自己基本情感和表象的绝对表现从而看出自己神圣根基的某一组成部分,那就是神话"②。这里所说的不管怎样产生,是指有意识的虚构还是无意识的创造。具体到新约神话,它是"原始基督教观念的故事式的表达,而原始基督教观念是在无意的虚构传说中形成的"③。

施特劳斯要确定自己的神话立场(概念),就需要说明历史事件的叙述和非历史的故事(神话)的区别,以及区分非宗教神话和宗教神话的标准。

确定某个叙述是真实的历史事件还是非真实的亦即非历史神话的正面原则(标准)是:叙述的内容"是先入之见的产物,而不是实践经验的产物"。比如说,我们在犹太人先知和诗人的著作里看到了预言,在《旧约》里"总是发现弥赛亚的原型,那么,当我们发觉耶稣生平的细节显然是依据这些预言和原型的模式勾画出来的,我们就不能不怀疑,它们是神话而不是历史"④。反面的原则是:叙述的内容违反自然因果法则。"如果我们碰到关于某些现象或事件"被"说成是直接由上帝本人造成的(神圣显灵——从天上降下声音之类),或者是由拥有超自然力量的人所造成的(奇迹、预言),那么这样一种叙述在此范围内就应被视为并非历史的叙

---

① F.Strauß,Die Halben und die Ganzen.*Gesammelte Schriften*.Bonn1877.Bd.Ⅴ.s.166—167.

② D.Strauß,*Das Leben Jesu*.für das deutsche Volk bearbeitet.Stuttgart,1905.Bd.Ⅰ.202.

③ D.Strauß,*Das Leben Jesu*,kritisch bearbeitet.Darmstadt 1969.Bd.Ⅰ s.75.

④ 施特劳斯:《耶稣传》,第4版(英译本),第87—89页。转引自利文斯顿《现代基督教思想》上卷,何光沪译,成都:四川人民出版社1992年版,第348—349页。

述"。此外,如果这一叙述的内容是有历史的根据或是真实的历史事件,那它既不能自相矛盾,也不应"与其他的叙述相冲突"①。施特劳斯注重实践、肯定事物客观法则的思想无疑应予以肯定。

但是,不论是无意识虚构的神话还是有意识虚构的神话,并不就是宗教神话(尽管他上面所说的神话是指宗教神话)。施特劳斯说信仰是确定某一神话是否是宗教神话的原则。"只要这些虚构获得信仰并渗透到某一人群或宗教派别的传说中"②,那就可以把这类有意的或无意的虚构的神话称为宗教神话。

基于神话立场,施特劳斯从福音书中的种种神迹故事入手,展开了耶稣生平的批判研究。

《新约》充满了耶稣在公众面前施行的大量神迹。按照施特劳斯的说法,这些神迹或者是耶稣用他的智慧或自然的手段处理某些事件或治好了疾病(如已死的小女孩其实是睡着了),这本不是神迹但被公众认作神迹;或由于求助者"狂热的膨胀了的想象力"或"兴奋了的想象力以及精神和感觉印象的作用",使某种疾病暂时得到控制或减轻,因而被视为神迹;或是根本不可能的事(如水变成酒,死而复活等)但因信仰而成为神迹。因此神迹是违背自然法则的,"神迹是不能按任何历史方法处理的"。"一个历史研究者作为历史研究者,从他自己的立场来说,是有充分理由拒绝承认福音书故事中的神迹的"。然而福音书确实记载了大量的神迹,如何对待这些神迹? 教会和神学家们把它们当作真实可靠的有目击者见证或由目击者记叙的历史事件。与之相反,施特劳斯则大胆地提出,神话是打开神迹的一把钥匙,"对我们而言,我们把神迹视为赤裸裸的(bloß)神话"③。神迹是如何产生的呢?

---

① 施特劳斯:《耶稣传》,第 4 版(英译本),第 87—89 页。转引自利文斯顿:《现代基督教思想》上卷,何光沪译,成都:四川人民出版社 1992 年版,第 346—347 页。

② D.Strauß, *Das Leben Jesu*.für das deutsche Volk bearbeitet.Stuttgart,1905.Bd. I .202.

③ Ibid. ,185.

施特劳斯指出，"如果要问在我们所说的福音书形成的年代，人们为何虚构出耶稣的这类神迹故事（Wundererzählungen，神奇故事），那我首先指向那时人们对弥赛亚的期待（die damaligen Messiaserwartung）"①。"由于犹太人的弥赛亚（Messias）观念是从政治—宗教的根基上兴起的，因此时代的政治灾难（Unglück，不幸）促进了它的进一步形成"②。所谓"政治灾难"是指犹太人深受罗马人掠夺与迫害，生活在水深火热之中。他们迫切希望"从罗马人的压迫下解放出来，建立一个没有终结的王国（ein Reich ohne Ende，永恒的王国）"。他们的历次起义又屡遭罗马统治者的残酷镇压，人们只是感到被一种无形力量拖曳（hineinziehen）。人们把泪汪汪的眼睛转向苍天，期盼救世主降临，期望有一个仁慈宽宏的而不是愤怒嫉妒的救世主把世人从残酷的争斗中解脱出来，从德性沦丧的境地中拯救出来，他们期盼《旧约》所说的救世主很快降临并把他转移到耶稣身上。于是，耶稣是弥赛亚以及他施行种种神迹的故事也就应运而生。

至于耶稣种种神迹的具体起源，施特劳斯认为有三种途径。"耶稣时代犹太民族期待弥赛亚的神迹行为，一部分就其本身而言，早已是自然而然的，因为在这个民族看来，弥赛亚是第二个摩西和最伟大的先知，而神圣的民族传说讲述了摩西和先知所有种类的奇迹（神迹）；一部分可能是由稍晚的犹太人著作形成的；一部分大概出自福音书的作者本人"③。但不管那种途径产生的耶稣神迹，都是"人的因素"促成的，都同耶稣时代的犹太人的期望（宗教政治的和宗教精神的期望）相关。包括神迹在内的"很大一部分的新约神话是由于把犹太人对弥赛亚的期望转移到耶稣的历史中而产生"④的。

基于对福音书的批判考察，施特劳斯提出历史上是有耶稣其人，但没

① D.Strauß, *Das Leben Jesu.*für das deutsche Volk bearbeitet.Stuttgart,1905.Bd. I.191.

② D.Strauß, *Das Leben Jesu*,kritisch bearbeitet.Darmstadt.Bd. I s.487.

③ Ibid., Bd.II s.1.

④ 施特劳斯:《耶稣传》第1卷,吴永泉译,北京:商务印书馆1996年版,第214页。

有耶稣基督。耶稣基督只是信仰的对象,他的形成应归于宗教社团的无意识创造或捏造。"我对这个问题的回答是这样的:首先是由于当时人们对救世主的渴望。我说过,起初有少数人认为耶稣就是救世主,后来这样认为的人愈来愈多了,而在这以后,这些人就坚信,过去期待于救世主的一切,一定会在耶稣身手发生,他们根据的是《旧约·圣经》里的预言、预兆和对它们的通常解释。……由于人民的第一个解放者摩西创造了奇迹,所以人民的最后一个解放者、救世主即耶稣也应该创造出奇迹"①。既然先知以赛亚预言救世主出现时,盲者复明、聋者复聪、哑者能言、瘫者能行,那么大家也就确定无疑地知道耶稣即救世主应该创造出什么样的神迹。"这就是为什么早期的基督教团体不仅能够而且一定会编出关于耶稣的故事,不过它们没有意识到它们自己在编造这些故事"②。"神话不是个别人有意识的、故意的虚构,而是整个民族或宗教团体的共同意识的产物"③。这就是神话立场在福音书批判研究的最新成就。

　　施特劳斯的泛神论。施特劳斯神话立场的结论表明,直至 19 世纪 40 年代他的哲学立场依然是泛神论。他明确地指出,"耶稣应当是精神对它高踞自然权力之上的意识"。作为耶稣基督乃至一切宗教神迹根据的精神并"不是纯粹人的(reinmenschlich)精神,而是在人之上的(übermenschlich)实体(Wesen,或'超人的东西')"④。他认为,近代泛神论经过从斯宾诺莎到黑格尔再到他自己这一接力棒式的发展,有了这样一种表述:"现在宇宙被看作是绝对的自我揭示,是有限的东西与无限的东西的统一,是实体(Wesen,本质)永恒地形成样式(Form,形式)与样式永恒地形成实体,是排斥与自己同质的东西和吸引那形成差别的东西,是观念在它的它在(Anderssein)中同自身连接的过程,宇宙被理解为真正

①　D.Strauß,*Das Leben Jesu*,kritisch bearbeitet.Darmstadt.Bd Ⅱ s.191.

②　Ibid.,191.

③　Ibid.,195

④　D.Strauß,*Die christliche Glaubenslehre in ihrer geschichtlichen Entwicklung und im Kampfe mitder modernen Wissenschaft*.Tübingen/Stuttgart,1840−1841.Bd Ⅰ s.20−21.

绝对的东西"①。简言之,神即宇宙或实体或绝对,它既是真正绝对的东西又是绝对的自我揭示,它的存在与它的认识是统一的。这就是他泛神论——有着黑格尔哲学烙印的泛神论。在这种泛神论看来,上帝也就是与绝对处于同一层次的实体,因而万物在上帝之中也就是万物在绝对中,绝对的力量与法则也就是上帝的力量与法则,绝对的创造与发展也就是上帝的创造与发展。

施特劳斯指出,这种泛神论既然主张上帝是在世界之内而不是在世界之外的实体,由此也就从根基上否定了基督教及神学;它否定了上帝创造世界并主宰世界,也就是肯定了作为世界本原的绝对在世界之内;它否定了人格性基督的神性来源,亦即肯定了他的人性根源;它否定了上帝主宰人的世俗生活,也就是肯定了人是自己命运和世俗生活的主人,人应当注重现实的尘世生活。因而这种泛神论是同有神论宗教(以人格神为核心的宗教)对立的。

施特劳斯在晚年出版的《旧信仰与新信仰》(*Der alte und neue Glaube*)一书中说道,"既然我们想以正直诚实的人的身份说话,那我们就必须承认:我们不再是基督徒"②。人不是来自上帝之手,而是来自自然。人是自然的一部分,自然在人之外,它拥有自己的力量与法则。人应当认识自然。"人应当围绕自己驾驭自然,但不是作为粗暴之人(Wütrherich),不是作为暴君(Tyrann),而是作为人。"③因而有学者认为晚年的施特劳斯是唯物论者,这并非是毫无根据的虚妄之言。

2. 布鲁诺·鲍威尔:对神话立场的诘问

B.鲍威尔是青年黑格尔派的头面人物。作为 1848 年德国三月革命

① D.Strauss,*Die christliche Glaubenslehte in ihrer geschchtlichen Entwicklung und im Kampfe mit der modernen Wissenschaft*.Tübingen.1840.Bd.Ⅰ.s.65-66.

② Strauss,*Der alte und neue Glaube*.Leipzig,1872.s.90.

③ Ibid.,s.242.

前的思想家,他的哲学—宗教哲学思想经历了由黑格尔学派的"右翼"转向"左翼"、由批判的神学家转为神学的批判家这一十分复杂的演变过程。贡献与过失、正确与谬误交相混杂。但他作为青年黑格尔派主要成员所从事的活动,特别是他对基督教神学及教会的无情批判和猛烈攻击,给他带来了极大的荣耀,卢格说他是当时神学领域的"罗伯斯比尔",是"无神论的救世主"①。而他对施特劳斯神话立场的批判则是青年黑格尔派内部的"兄弟之争"。

神话立场是"神秘的"。鲍威尔指出,施特劳斯在复类福音批判研究的问题上,即在如何确定福音书的起源(Ursprung)及其内容的来源(Quelle)问题上的观点是"彻底贯彻了的""传统假说(Traditionshypothese,口头传说假说)"观点。按照这种观点,"福音书的内容在社团的传说(Überlieferung)中有其来源"②。传说与原始神话一样,也是社团的共同意识的产物,而所谓社团的共同意识不过是客观化独立化的精神实体,也就是类似于黑格尔绝对观念的东西。

鲍威尔认为,如果把施特劳斯的上述观点同他的整个立场和整个世界观联系起来看,那施特劳斯关于福音书的起源及其内容来源的观点是神秘的(mysteriös)。这是因为:第一,施特劳斯在试图解释福音故事的起源时,始终只能提供假象的东西(即无意识虚构的传说)而不能提供本质的东西(即福音故事是具有自我意识的人的有意识创造,也只有人使之具体化形象化),这就势必暗示出实体性关系的不确定性和不完满性,从而使福音书的起源和它的内容来源成了难以捉摸、难以理解的东西。第二,"福音故事在传统中有其起源和内容来源"的说法,不过是同义反复。它虽然也指出了"传统"和"福音故事"本应具有的关系。但它所告诉我

---

① 参见 A. Ruge, *Briefe und Tagbuchblätter*. 1896. Band Ⅰ. s. 247。转引自 K. Löwith: *Von Hegel zu Nietzsche*. W. Kohlhammer Verlag Stuttgart. 1958. s. 372。

② B. Bauer, *Kritik der evangelischen Geschichte der Synoptiker*. Band Ⅰ. O. Wigand, Leipzig. 1841.. s. ⅩⅤ.

们的不过是:传统和福音故事是同一个东西,实体是它们的"标志"和"式样",而"传统一开始就是福音故事"。这"一开始"的说法也就说明,他并没有告诉我们,实体的内在过程究竟是什么样的过程,实体内在过程同它们的起源和来源又有怎么样的关系。因此,神话立场关于福音故事的起源和内容来源的论述只不过表明:第一,施特劳斯关于传说与传统的言论以及这类"空话(Gerede,废话)的无规定性",只会"使读者丧失全部思想,或给他带来巨大的痛苦"①。第二,传统假说和实体观点破坏了自我意识的自由和无限性,是自我意识的顽固对抗者,是它的创造活动的破坏者。这就决定了批判(即鲍威尔的批判)必须"消解施特劳斯的实体立场和传统假说",必须彻底地"消解神秘的实体性……直至达到促使神秘实体本身向观念的普遍性和无限性,向它们的现实实存发展的地步,达到导向无限的自我意识的地步"②。

鲍威尔还指出,实体是神话立场的哲学基础。这种哲学主张"实体是绝对",是"普遍性",传说是社团内部普遍存在的东西。但是在自我意识哲学看来,神话立场所讲的传说,无非就是"脱离了自己逻辑单纯性并作为社团的力量而被认作是实存的一种确定形式的实体",或者说是精神性的实体,是实体的一种形态。但对自我意识哲学来说,普遍的现实的理性规定只有在自我意识中,只有在自我意识的单一性和无限性中才能达到。而传说的普遍性显然不是通过上述途径达到的,它不是真正的而是虚假的普遍性,不是现实具体的而是空泛抽象的普遍性,也就是还没有达到具有现实理性规定的普遍性。这样一来,实体关系也只能是空泛的外在的关系。因此在自我意识哲学看来,施特劳斯的实体是斯宾诺莎式的僵死实体、抽象实体,而不是黑格尔所要求的向自我意识(主体)过渡

---

① B.Bauer,Das Leben Jesu kritisch bearbeitet von D.Strauß.1840."*Deutsche Jahrbücher für Wissenschaft undKunst*".1842.Verlag Detlev Auvermannim 1972 年重印本.s.664。

② B.Bauer,*Kritik der evangelischen Geschichte der Synoptiker*.Band Ⅰ.Verlag Otto Wigend Leipzig 1841.s.ⅷ.

的"活的实体"或"能动的实体"。这种没有自我运动或没有经历自我意识"洗礼"的实体及其一切规定（如绝对、普遍性）、形态（如原始神话、传说）以及借以说明的对象（如福音故事）只能是先验的或先验设定的东西，是同自我意识对立的东西。实体自身的致命缺陷决定了"作为神秘的实体或直接从这一实体出发的种族、社团什么也创作不了"。① 神话立场的理论前提是不能成立的。

神话立场的历史前提也是不能成立的。鲍威尔认为，在基督教产生前以及在它刚刚出现时，作为这一论点历史前提的"弥赛亚（Messias，救世主）"观念，还没有成为"反思概念（Reflexionsbegriff）"。它的流行也没有施特劳斯想象的那么广泛。因而也就没有福音书作者据以创作的历史依据。他还指出，弥赛亚思想与最早的基督教社团的产生（形成）是"同时发生的"。更为重要的是，与施特劳斯承认历史上确有耶稣其人的观点不同，鲍威尔则对历史上的耶稣持否定态度。"对于我们时代十分关注的问题，即耶稣是否是历史上的基督问题，我们的回答是：我们已经证明，历史上基督所是的一切，他所说的一切，以及我们所知道的关于他的一切，统统属于想象的世界，更确切地说，属于基督教的想象世界，因而它同属于现实世界的人根本没有任何联系。因此对这一问题的回答是，永远一笔勾销这个问题。"② 一个历史上根本没有的人，当然也就没有什么生平传记，也谈不上从神话立场解释它。

鲍威尔认为，上述福音书的起源和它的内容来源问题，实际上是指福音书的形式和内容两个问题。形式是指福音书（特别是最初的福音书）是怎样形成的，是作者有意识创造还是无意识创造。内容是指福音所记载的东西的出处，是来自社团流行的传说还是作者根据一些材料进行艺术再加工。这两方面都是要说明它是文学加工的作品还是历史性的传

---

① B.Bauer, *Kritik der evangelischen Geschichte der Synoptiker*. Band Ⅰ.s.69.

② B.Bauer, *Kritik der evangelischen Geschichte der Synoptiker*. O. Wigand. Braunschweig. Band.Ⅲ.s.308.

记。他对福音书的批判研究既研究内容也研究形式,并宣称"福音书是人写的,它们的内容连同它们的形式都是人的自我意识的产物"①。正是在这两个问题上,自我意识立场同神话立场是根本对立的。鲍威尔的功绩就在于他揭露了神话立场的这种含混不清。

自我意识是"活动着"的"大全"。自我意识是鲍威尔哲学的核心,自然也是他批判施特劳斯的理论基础。

鲍威尔当然肯定现实生存的人。但是在他那里,作为哲学或思维所讲的人则是抽象的人或自我意识的人。"思维是真正的类的过程(Gattungsprozeß),这个过程产生精神的人,甚至首先产生人类本身"②。"人"或精神的人,"人类"或人类本身都是指精神实体,一句话就是"自我(das Ich)"。但鲍威尔提醒人们:"当我们使用自我意识这个范畴时,我们所指的不是经验的自我"③,而是先验的自我。因为经验的东西是偶然出现的或随时拼凑起来的东西,是不具有普遍性的东西。换句话说,唯有先验的自我具有无限性普遍性,而实体性也只是它的发展进程中的一个规定。他与黑格尔一样,遵循一种所谓"逻辑在先"而不是"事实在先"的原则。

在鲍威尔哲学里,自我或自我意识是具有本体或本原性质的东西。鲍威尔哲学来自黑格尔哲学,但他用自我意识代替了黑格尔的绝对观念。他明白无误地申称,不是实体而是自我意识才是"自因"。"只有自我生存着、创造着、活动着并且是大全(Alles,一切)"。无论是黑格尔的还是施特劳斯的实体,都是它发展的一个环节。"不是实体而是自我意识是运动的终结,自我意识把自己设定为现实的和无限的,把实体的普遍性当作它的本质纳入自身之内。实体只是一种力量,一种耗尽自我有限性、而后又作为战利品又为自我意识所拥有的力量"④。自我意识先于自然,是

---

① B.Bauer,*Kritik der evangelischen Geschichte der Synoptiker*.Band Ⅰ.s.ⅩⅥ.

② B.Bauer,*Das entdeckte Christentums*.Verlag bei Eugen Diederichs in Jena.1927.s.94.

③ B.Bauer,*Kritik der evangelischen Geschichte der Synoptiker*.Band Ⅰ.s.81.

④ B.Bauer,Die Posaune des jüngsten Gerichts über Hegel den Atheisten und Antichristen. *Die HegelscheLinke*.heraus.K.Löwth.Stuttgart,1962.s.169、161-162.

自然的创造者和主宰,它也是人类一切社会现象——国家、政治、宗教、艺术、科学等等的根基和主宰。"自我意识是世界和历史的唯一力量,而历史除了仅仅具有自我意识的产生和发展的意义而外并无其他意义"①。它也否定了上帝,因为"对哲学来说,上帝死了"。这样一来,原本是人的自我意识在鲍威尔那里就变成了离开人而独立存在的实体,或者说,"自我意识就从人的属性变成了独立的主体"②。鲍威尔的哲学与康德哲学、黑格尔哲学一样,都是一种唯心论哲学。

那么这个有着与黑格尔绝对观念同样地位、起着类似作用的自我意识具有什么最重要的本质规定呢?

在 B.鲍威尔看来,自我意识的最重要或最本质的规定有三:一是运动与发展(能动性、创造性),二是认识(真理性),三是自由。

创造、运动是自我的本性,或者说,是自我之所以是自我的规定,是自我所是的东西。"创造、运动就是它自己(指自我意识——引者注)"。"自我意识建立了世界,建立了区别,并在自己所创造的东西中创造了自己",然而"它又扬弃了它所创造的东西与自己的区别"③,它仍是它自己;准确地说,它经历了一系列的创造、扬弃活动消解了区别又回到它自身。正是自我的运动、发展、变化使普遍性的自我意识有了此在的规定性,即成为具体的东西,使此在或具体的东西成为活生生的东西。而自我意识之所以能创造、能运动,就在于它自身能够产生自己的对立面并克服这对立面。于是鲍威尔认为,自我是主体也是实体,既是对象——主体的对象化了的对象,又是对象化了的主体。自我的辩证运动构成了鲍威尔自我意识哲学的基本内容。从这一视角说,鲍威尔的自我意识哲学是包含着辩证法、能动性和异化思想的哲学。

基于自我意识的本质规定,鲍威尔也提出了宗教异化思想。值得注

---

① *Die Hegelsche Linke*.heraus.K.Löwth.Stuttgart,1962.s.164.
② 《马克思恩格斯全集》第 2 卷,人民出版社 1957 年版,第 175—176 页。
③ B.Bauer,*Das entdeckte Christentum*s.Verlag bei Eugen Diederichs.s.160-161.

意的是：他指出，基督教是宗教异化的最后形态，是宗教史上的一次"革命（Revolution，变革）"。基督教是最完满的宗教，但也是给人类带来巨大灾难与不幸的宗教。基督教使人失去了自己的存在和自己的本质，"甚至使人成为无本质的东西，成为无人性的东西，成为无人道的东西"①。鲍威尔认为，现在是彻底批判基督教，"消解（Auflösung，瓦解、肢解）基督教"的时候了，是公开宣称自己是无神论者的时候了。

认识（真理性）是自我的又一重要规定。所谓自因，乃是表明自我的存在和认识是它自身的规定。自我意识存在的根据就在它自身之中，同样自我意识通过自身而对自己有所认识也是它自己的事情。既然自因包含了自我意识的存在与认识两个方面——密不可分的两方面，那自我意识肯定自己否定自己的运动史发展史也就是它以肯定—否定的辩证思维方式把握自己的历史。不过这是先验的认识，无论是作为类的自我意识还是作为个体的自我意识（即普遍的自我意识的此在），都是如此。就是说作为自我意识的一个规定，认识乃是理智的或理性的认识，而非感性的经验的认识。因为感性经验的东西是暂时的不确定不可靠的东西，唯有理性认识具有普遍性必然性和真理性。

鲍威尔特别强调自我意识哲学对人类认识自己（所谓人类的自我认识）的重大意义。他把人类社会分为两个阶段：宗教神学阶段和自我意识哲学阶段。在第一阶段，人类并没有正确地认识、把握自我意识，人类因而盲目地痛苦地深陷在以宗教苦难为标志的黑暗之中。宗教（特别是基督教）严重阻碍人的发展，摧残人的个性、扼杀人的自由。唯有自我意识哲学使人获得自由。因为它的使命就是要使人认识自己，要把人从他的幻想中解放出来。B.鲍威尔认为，他的自我意识哲学是对自我意识唯一正确的真理性认识，是真正的、不受时空制约的真理性认识，因而它是最新的哲学，是使人类获得解放的哲学。这当然只是 B.鲍威尔的主观奢

---

① B.Bauer,*Feldzüge der reinenKritik*.heraus.H.M.Saβ.Stuttgart 1968.s.122.

望,因为它是否真的使人得到解放,并不取决于哲学家本人的愿望。

自由是自我的另一个重要规定。所谓自我意识是自因,也就意味着不是自我之外的东西而是自我本身规定、确证、认识自己。自我意识的本性就是要摆脱、克服、征服一切束缚自己、限制自己、阻碍自己发展的东西,就是要扬弃自己所设定的东西,从而回到自身。换句话说,自我既是自己创造物的原因又是自己创造的结果。这种原因与结果的内在统一,是自我是自由的最生动的体现。

作为德国三月革命前的思想家,鲍威尔特别关注人的自由问题。他指出,自由是人所追求的东西并使人成为人的东西。"人作为人不是自然的产物,而是他自己的自由的产物,人不是天生就成为人,而是通过教化成为人"①。为此他激烈批判现实的一切事物。这里应提及的是,面对新国王威廉四世要把普鲁士王国建成基督教国家的情势,鲍威尔深刻地指出,"所有基督教国家是神学法规居统治地位的国家,亦即神学法规获得了统治,甚至是绝对的统治,也就是说它最终能够广泛地产生鸦片的影响,直至它不再遇到任何反抗"②。鲍威尔的哲学同样是注重人的自由、人的解放的哲学。尽管它并不是真正使人得到自由、获得解放的哲学。

3. 麦克斯·施蒂纳:唯一者

施蒂纳原名约翰·卡斯巴尔·施米特(Johann Caspar Schmidt)。《唯一者及其所有物》(*Der Einziger und sein Eigentum*)是一本系统地讲述他的哲学的著作。

"唯一者"是施蒂纳哲学的基本概念。它的含义就是"这个人"即"这个我"。"对我来说,我自己就是一切",我的一切都在我之内。我只是个别的单个的我,而不是普遍的我,不是费希特的自我。只能说我是……,不能说自我是……总之"我""并非是在其他自我之外的一个自我,而是

---

① B.Bauer, *Das entdeckte Christentum*.Verlag bei Eugen Diederichs.s.138.

② B.Bauer, *Feldzüge der reinenKritik*.heraus.H.M.Saß.s.9.

唯一的自我:我是独一无二的。因此我的需要是独一无二的、我的行动是独一无二的,简言之,我那里的一切都是独一无二的。而只有作为这个独一无二的自我,我把一切都归我自己所有,……我不是作为人而发展人,而是我作为我自己发展自己"①。这就是施蒂纳的"唯一者"。

施蒂纳用唯一者说明一切。唯一者或我是唯一存在,一切都是我的创造物。"只有我是有形体的。于是我将世界作为我认为的那个东西、作为我的世界、我的所有物:我将一切归于我自己"②。只有我具有价值,宇宙、自然、社会对我来说,都没有什么价值与意义。我既是物理世界的所有者,也是精神世界的所有者。至于人类历史,则被施蒂纳看作是这个我、唯一者"自我发现的历史"。他把人的生活分为儿童(唯实主义)——青年(唯心主义)——成人(利己主义)三个阶段。与此相应,历史也分为古代(人类童年)——近代(人类青年)——唯一者(完善的成人、真正的利己主义者)三个时期。对于施蒂纳的这套历史虚构,马克思曾一针见血地指出:"这个'我',历史虚构的终结,不是男女结合而生的'肉体的我',也不需要假借任何虚构而存在;这个'我'是'唯心主义'和'唯实主义'两个范畴的精神产物,是纯粹思想上的存在"③。

施蒂纳还用"自有(Eigenheit,又译独自性)"说明唯一者。所谓"独自性就是我的全部本质和存在,就是我自己。我从我所摆脱的东西中获得了自由;我是在我的权力之下的或受我支配的那些东西的所有者"④。在施蒂纳那里,自有同自由是对立的。他提出,自由无非是摆脱某物的自由。正是追求自由,使我失去了自己的自有。我愈是自由,就会有更多的限制、强制出现在我面前,我就更觉得自己软弱无力,永远摆脱不了某物。因此施蒂纳声称:给自己创造一个自己的世界,就是给自己建立了一个天

---

① 施蒂纳:《唯一者及其所有物》,金海民译,北京:商务印书馆1989年版,第402页。
② 同上书,第14页。
③ 《马克思恩格斯全集》第3卷,北京:人民出版社1960年版,第266—267页。
④ 转引自上书,第348页。

国,何必追求什么自由呢。马克思指出,这是"德国小资产阶级对自己的软弱无力所进行的最庸俗的自我粉饰,从而聊以自慰"①。

"自有"鲜明地表现了施蒂纳哲学的实质。既然我只是我自己,只是为了我的利益,只是我的所有物的所有者。那么,我、我的利益对任何东西来说,都是第一位的,至高无上的。为了我、我的利益,我可以不顾一切、不择手段。这就使施蒂纳崇拜个人权力。权力就是我的一种财产。只有权力,我才是我所需要的东西的所有者,我的财产的所有者。一切有害于我的权力、利益的东西,诸如国家、社会、宗教、共产主义等等,都要受到我的攻击。一切同我不相干的事情,诸如上帝的事业、人类的事业、祖国的事业、真理的事业等等,都应抛弃一旁。既然我是一切的创造者,那么法律、道德规范、传统思想等等对我都没有什么约束力。既然我只是我,那么"对于我来说,没有人是值得尊重的人,即使同类的人也是如此。如同其他存在那样,他只不过是一个我所关心或不关心的对象,有用或无用的个体"②。施蒂纳确实是"现代无政府主义的先知"③。

二、路德维希·安德里亚·费尔巴哈的哲学

费尔巴哈出生在巴伐利亚的朗茨胡特镇的一个法学教授家庭。1823年进海德堡大学神学系,一年后转到柏林大学,先在神学系注册,次年转到哲学系。在柏林大学求学期间,他主要是听黑格尔的课,但也常到神学系听施莱尔马赫(F.Schleiermacher,1768—1836)的课。1826年春,费尔巴哈转到埃尔朗根大学,1828年取得博士学位,并在该校任编外讲师。1830年匿名发表《关于死和不朽的思想》(*Gedanken über Tod und Unsterblichkeit*),书中的泛神论与否定个体不朽的思想给作者带来了终生不

---

① 《马克思恩格斯全集》第3卷,北京:人民出版社1960年版,第358页。
② 施蒂纳:《唯一者及其所有物》,金海民译,北京:商务印书馆1989年版,第344页。
③ 《马克思恩格斯选集》第4卷,北京:人民出版社1995年版,第217页。

幸。1837 年末费尔巴哈定居在安斯巴哈的布鲁克堡村,长达 20 多年。穷乡僻壤的孤独生活,对费尔巴哈的世界观产生了严重影响。1837 年费尔巴哈开始同青年黑格尔派交往。这以后的十年间,他先后发表了《黑格尔哲学批判》(*Zur Kritik der Hegelschen Philosophie*)、《基督教的本质》(*Das Wesen desChristentums*)、《关于哲学改造的临时纲要》(*Vorlaüfige Thesen zur Reform der Philosophie*)、《未来哲学原理》(*Grundsätze derPhilos-ophie der Zukunft*)和《宗教的本质》(*Das Wesen der Religon*)等著作。这是费尔巴哈学术活动的黄金时期,也是他对德国思想界产生重大影响的时期。1870 年他参加了德国社会民主党。1872 年 9 月这位近代德国杰出的哲学家在穷困中离开人世,安葬那天,数千名纽伦堡工人收执红旗送葬,马克思、德国社会民主党和国际工人协会都敬献了花篮。

费尔巴哈说:"我的第一个思想是上帝,第二个是理性,第三个也是最后一个是人。神的主体是理性,理性的主体是人"①。不过,人们以及费尔巴哈本人,也常用"前唯物主义时期"和"唯物主义时期","我以前的观点"和"我现在的观点"这种两分法来划分他的思想发展阶段。因为这里所说的理性,也就是指黑格尔唯心主义哲学。而这一哲学,正如后来成为唯物主义者费尔巴哈所说的,其实是理性化了的神学。至于这两个时期的具体分界线,学者们的见解并不一致,较普遍的看法是把 1839 年发表的《黑格尔哲学批判》看作他前后思想转变的标志。这也是我们所持的看法。

1. 对黑格尔哲学的批判

黑格尔是费尔巴哈进入哲学王国的引路人。对此,费尔巴哈后来曾作了这样令人动容的叙述:1824 年春,"当我出现在柏林的时候,我不知道我期望什么和追求什么,我处在这种漫不经心和动摇状态之中;然而,

---

① 《费尔巴哈哲学著作选集》上卷,荣震华、李金山等译,北京:三联书店 1961 年版,第 247 页。

在半年之内我成功地听从了黑格尔,我突然成了被开导和被指明了方向的人:我明白了我期望什么和追求什么:神学不是我须要的,而哲学则是我须要的!"黑格尔"使我意识到自己,意识到世界。他成了我的第二个父亲,柏林则是我的精神祖国"①。然而就像亚里士多德践行了"吾爱吾师,吾更爱真理"那样,费尔巴哈在经历了十多年的艰辛探索,终究认识到要遵循、贯彻自己的哲学理念,要获得对人与自然真理性的认识,就必须同黑格尔思辨哲学决裂,走自己的路。"哲学必须超出黑格尔哲学"②。这是费尔巴哈 1839 年发出的呐喊。因为他在用思辨理性思考、探索、解答理性的统一性、普遍性和无限性,死与不死问题,以及哲学与宗教关系等等疑难问题的过程中,始终遇到哲学上围绕思维(思想)而产生的一些最重要最困难的问题,即思维是什么,它同自身的关系怎么样、同对象(客体)的关系怎么样、同自然的关系怎么样、同人的关系怎么样,以及一般与个别(理性与感性)的关系、理性与具体存在的人的关系等等问题。说它们重要,是因为"真理可知性的问题,观念的起源问题,精神的独立性问题,唯心主义的实在性问题,是同这些相关联的"③。说是最困难,是因为无论从哪一方面说,思维都是我们看不见的、无形体的、非感性的和隐蔽的活动,是我们不能感性地直接地把握到的活动,也是我们不能用力学、生理学法则解释的活动。哲学的任务就是要解决这些问题。而一个离开人而独立存在的理性是解决不了这些问题的。费尔巴哈终于明白了理性绝不是独立自存的抽象实体,理性的主体是鲜活的、有肉有血的、感性存在的人,明白了哲学的根基不是脱离了人的理性而是人,提出了人是哲学的最高原则这一重要结论。这样他也就得以批判了自己先前探讨哲学的理论立足点——黑格尔哲学,进入自己哲学思想发展的新阶段。

评论与批判黑格尔哲学,是费尔巴哈唯物主义时期诸多著作的重要

① L.Feuerbach,*Sämtliche Werke*.Frommann Verlag.Stuttgart.1960.Band 4.s.417.

② Ibid.,Band 7.s.153.

③ Ibid.,Band 2.s.131.

内容之一,涉及的内容也十分广泛。就其对黑格尔哲学体系及唯心主义的批判,概括说来有如下几点:

第一,人作为有生命的个体是生存在一定的空间与时间中,他的哲学也必然是在一定的时代产生的,受该时代的制约与限制,因而不可能是人类认识的终结。黑格尔的"门徒们"关于黑格尔哲学是绝对真理的臆说,不过是一种企图创造出"类"在一个有限个体里得到完满实现的主观妄想。真理是时间的女儿。每一时代都会有自己面临的犀利问题或迫切需要解决的问题。随着时间的推移,时代的前进,一切被自己时代视为先进的哲学,到了继后的另一时代就会成为过去了的哲学。亚里士多德的哲学是这样,黑格尔哲学同样也是这样。

第二,哲学的对象不是黑格尔的绝对理念或绝对精神,而是人及其生存基础的自然。"哲学是关于真实的、整个的现实界的科学;而现实的总和就是自然(普遍意义上的自然)"①。所谓"普遍意义上的自然(die Natur)"不仅指人们通常所说的自然界,而且包含把作为"类"而存在的人看作是普遍的客观的实体(das Wesen)的自然。于是费尔巴哈进而提出,"哲学上最高的东西是人的本质(das Wesen,实体)"②。人的肠胃是自然的产物,人的思维器官即高贵的大脑也是自然的产物。正是自然使人具有认识能力,使思维这个"本身就是一种存在的、现实的活动"去思维"存在的东西"。因此这个自然不是排除了人或敌视人的自然,而是与人相联系、包含了人的自然。但是,作为哲学对象的自然,是人所意识到的自然,是人化了的自然,是对象化了的自然,或对象化为"客观理性"的自然。费尔巴哈进一步指出,这种以人(人又是自然的一部分)为基础所理解的自然既不同于机械论所理解的自然,又有别于黑格尔把自然看作是绝对精神外化的唯心主义。黑格尔的错误就在于,"他把细看起来极度

---

① 《费尔巴哈哲学著作选集》上卷,荣震华、李金山等译,北京:三联书店 1961 年版,第84 页。

② 同上书,第83 页。

可疑的东西当作真的,把第二性的东西当作第一性的东西,而对真正第一性的东西或者不予理会,或者当作从属的东西抛在一边"。①

第三,"感性的、个别存在的实在性,对我们来说,是一个用我们鲜血来打图章担保的真理"。因此,黑格尔借助语言表达一般的这一规定来否定感性事物的实在性,"无非是确认自身就是真理的那种思想同自然意识耍的语言把戏"。作为哲学开端的"存在"原本不过是现实感性存在的抽象。一般就在个别之中。存在与存在着的事物是同一的,"如果你从存在的概念中除去存在的内容,这个概念就不再是存在的概念了"。②作为黑格尔哲学体系起点的存在恰恰是不确定的、纯粹的存在,只是一个抽象的东西。这样的存在既不是真正的开端,也不是真正最初的东西。这样一个空洞抽象的、没有实在内容的存在也可以说是虚无。然而,"理性如果能够思维'无',那它也就不再是理性了。"③如果真是这样的话,这岂不是与黑格尔哲学的理性原则相矛盾吗?

第四,黑格尔哲学体系是以绝对理念为根基的"封闭圆圈",首尾相连,开端又是终结。绝对理念就是体系进展的潜在逻辑。它从开端到终点通过一系列中介展示自己、表达自己、证明自己。由于这是一个圆圈,因而从开端到终结既是前进又是倒退的运动。但是,由于"黑格尔把他预先提出来当作中介阶段和环节的东西,已经设想成为绝对理念所规定的东西",由于"黑格尔没有放弃,也并没有忘记绝对理念,他在假定绝对理念时,已经设想到它的对方,它是应当从这个对方中产生出来的",④因此在他那里,理念的外化,只不过是一种伪装、表演,只是嘲弄一下对方。作为绝对理念展开自己的中介也只不过是一种形式的中介。这种在形式上没有得到证明之前而实质上就已经得到证明的证明,是永远不能证明

---

① 《费尔巴哈哲学著作选集》上卷,荣震华、李金山等译,北京:三联书店1961年版,第77页。
② 同上书,第63页。
③ 同上书,第79页。
④ 同上书,第65页。

绝对理念的。如果要说这种证明也是证明，那也不过是形式的证明而非由内容自身得到证明的证明。这是其一，其次，"证明并不是思想者或闭关自守的思维对自身的关系，而是思想者对别人的关系"。① 证明不是自在的理性形式。因为只有不仅为我所意识并确认而且也为别人所意识并确认的真理，才是真理。真理只在于"我"和"你"的联合。既然黑格尔的理念不是由另一个东西即经验来证明，而是仅仅以自身提供的证据来证明——因而也就是主观的片面的可疑的证明，那么，黑格尔整个体系也就是理性的绝对自我外化。黑格尔哲学是理性神秘论。

费尔巴哈对黑格尔哲学的批判，是他打碎唯心主义哲学桎梏、走上唯物主义之路的标志性一步。需要指出的是，虽然费尔巴哈也批判了黑格尔辩证法的唯心主义实质，指出"辩证法不是思辨的独白，而是思辨与经验的对话"，②即理性与实在事物的对话。但他并没真正理解、把握黑格尔辩证法合理的有价值的东西，他也就不能继承这份珍贵的哲学遗产。

2. 关于人的学说

费尔巴哈把自己的哲学称为"新哲学"。他说"新哲学将人连同作为人的基础的自然当作哲学唯一的，普遍的，最高的对象——因而也就将人本学连同自然学当作普遍的科学"③。他明确指出，他的学说可以用自然界和人来概括。不过人本学无疑是他的哲学系统的核心。自然这个无意识的、非发生的永恒实体，是第一性（位）的实体，但这不过是时间上的第一性而不是地位上的第一性。人这个自然界发展到一定阶段产生的实体，在时间上是第二位的，但在地位上则是第一性的。人不仅是哲学的对象，而且也是历史的、国家的、法律的、宗教的和艺术的对象。人是什

---

① 《费尔巴哈哲学著作选集》上卷，荣震华、李金山等译，北京：三联书店 1961 年版，第56 页。
② 同上书，第 63 页。
③ 同上书，第 184 页。

么呢。

人是感性实体。费尔巴哈说,人不是男人就是女人。人是有生命的、有肉有血的鲜活个体。人是最最现实的、真实的存在。一句话,人是真实存在的感性实体。所谓感性,乃"是物质的东西和精神的东西的真实的、非臆造的、现实存在的统一;因此,在我看来,感性也就是现实"①。无论是从人是人的对象还是从人的活动来说,人都是感性实体。人是作为感性实体(存在)而成为别人的对象——本体论的认识论的对象。爱便是直截了当的证明。人作为有生命的实体,他的生存活动、生活、延续后代等等都是感性活动。"人的存在只归功于感性"②。

这样一个有生有死的人,当然只能是自然的产物,以自然为其生存的基础。"生命起源于自然","自然是人类的母亲",这对每一个稍微了解自然与人的人来说,是一目了然的。这样一个有生命的人,也只有通过种族繁衍而在时间的长河中延续上下去,从而使自己的类或族类(Gattung)得以永恒。不过费尔巴哈同时指出,直接从自然界产生的人,只是纯粹的自然作品,是"单纯的自然人","而不是人。人是人的作品,是文化、历史的产物"③。但总体上讲,他讲的人主要是具有自然属性的人。

人本学以人为哲学体系的核心,并强调人是感性实体,这就使费尔巴哈把感性这个传统上主要是从认识论角度理解的概念运用到本体论上去,即赋予感性以本体的意义,使它成为本体论的概念。既然人是感性实体,那他赖以生存的自然当然也是感性实体,自然是一切感性实体的总和。只有一个感性的实体,才是一个真正的,现实的实体。感性东西是第一位的实体。"就像我拿自然界作为宗教的第一对象(der erste Gegenstand)一样,在心理学方面,在一般哲学方面,我也认为感性事物是第一

---

① 《费尔巴哈哲学著作选集》下卷,荣震华、王太庆、刘磊译,北京:三联书店 1962 年版,第 514 页。
② 同上书,第 213 页。
③ 同上书,第 247 页。

位的感性事物"。而这里的所谓"第一位的感性东西是指非派生的东西,依靠自身存在的东西和真实的东西而言的。我不能承认感性的东西是从精神的东西派生出来,同样我也不能承认自然界是从神派生出来;……我不能承认肉体是从我的精神派生出来,……我不能承认感官是从我的思想能力、从理性派生出来"①。这一连四个不承认概括了人本学所说的感性东西第一的具体内容。而其中最为重要的第一位的感性东西,或者说作为别的感性东西也是第一位事物的逻辑前提,乃是人是一个感性实体。新哲学是光明正大的感性哲学。

人是肉体与灵魂相统一的感性实体。人有形体,这就是人的肉体;而人的精神、意志、思想、情感等等,即所谓人的灵魂,是依赖于肉体的,是和肉体不可分离地联系在一起的,也就是它随同肉体而存在、生存、生长和消亡。设想两者分离,在实践上是不可能的,理论上虽然可能但在逻辑上是无力的。从逻辑上说,只有同类的东西既是对立的又是可分离的。而灵魂与肉体本质上是彼此不同的,但这个与肉体不同的灵魂又恰恰是肉体所具有的,是依赖于肉体的。因而说两者分离,在逻辑上是说不通的。

费尔巴哈敏锐地意识到:如何解释肉体(物质)与灵魂(精神)的关系是"唯物主义与唯灵主义之间争论的阿基米德支点"②,是解决"唯物主义和唯心主义争论不休的问题"③的关键。"这场争论所涉及的只能是关于人的头脑问题。它既是这场争论的根源,又是这场争论的最终目的。只要我们阐明了这个绝妙的和最难理解的思维物质,亦即大脑物质,那么我们便能迅速地阐明其他物质和一般物质"。

费尔巴哈指出,大脑这个精神活动的中枢是物质性的东西,是物质

---

① 《费尔巴哈哲学著作选集》下卷,荣震华、王太庆、刘磊译,北京:三联书店1962年版,第587页。

② 《费尔巴哈哲学著作选集》上卷,荣震华、李金山等译,北京:三联书店1961年版,第479页。

③ 费尔巴哈致杜包克的信(1860年11月27日),见《黑格尔通信百封》,苗力田译,上海:上海人民出版社1981年版,第301页。

（自然）发展到一定阶段的产物。"自然是精神的基础"。作为思维器官的大脑，只有同人的整个身体连接在一起，才是思维器官。没有肉体的活动，没有脑的活动，我们就不能思维，不能分辨，也无什么灵魂。人必须先吃饭而后思维，而不是先思维而后吃饭。吃饭先于思维，物质先于精神。这就是人本学作出的唯物论结论。

依据 19 世纪生理学心理学的成就，费尔巴哈指出，大脑活动具有生理活动和心理即认识活动的二重性。就其生理活动而言，它可以成为别人的对象，但"永不能成为我自己观察的生理学和解剖学的对象"[①]。就其心理活动而言，它只是我的对象而不是别人的对象。思维活动是绝对主观的活动，任何人都不能代替我思维。这就决定了精神（思维）活动既不像消化食物的肠胃，也不像看东西的眼睛，能够成为人直接把握到的活动，而是隐蔽的、非感性的、甚至是"非对象性"的活动，是纯粹精神的、非物质性的活动，是不能用力学与生理学观点解释的活动。正是基于这样的看法，费尔巴哈批判了生理学唯物主义。

但是，在灵魂与肉体关系的问题上，费尔巴哈的批判锋芒主要是指向唯心主义与唯灵论。他说，如果由于主观上感觉不到脑和神经的存在，就否认它们的实在性，否认精神活动要有物质基础，这就如同我从自身不能感到我有父母或曾有父母这一事实一样荒唐。针对唯心主义者否认灵魂依赖于肉体的说法，费尔巴哈尖锐地指出，没有头脑可以思维吗？当你说灵魂可以脱离肉体时，你的头脑不在你的头上吗？

人本学指出，在唯灵论者看来，没有肉体灵魂也可以存在与活动。从认识上说，这是由于把肉体看作是有形体即有广延，把精神即灵魂看作是非物质的、无形体的必然结果。但从根本上说，唯灵论所指望的是来世生活与天堂幸福，为此它必然主张灵魂是无形体的即不朽的，从而与肉体不同与分离。因此唯灵论与宗教神学相通的。"神不外是摆脱与肉体（物

---

① 《费尔巴哈哲学著作选集》上卷，荣震华、李金山等译，北京：三联书店 1961 年版，第194 页。

质)的矛盾联系的灵魂;而灵魂不外是被约束的、潜在的、为异类所混合和玷污的神"①。

人是有感觉能思维的感性实体。费尔巴哈认为,人作为具有认识能力的感性实体首先在于人有感觉能力。人通过五种感官接受对象刺激,从而产生了感觉。"人的感官不多不少,恰合在世界的全体中认识世界之用"②。感觉是人打开世界同时又是自己向世界开放的最初和最重要的窗户,是人第一个可以信赖的东西,是一切怀疑和争论的审判者。

费尔巴哈在考察人的时候,把人的身体、肢体看作是"统一的、有机的整体"。因此在人身上,不能把人的感官同人的其他器官特别是思维器官孤立地分割开来,否则那就不是人的器官而是动物的器官了。人的感觉甚至纯粹的视觉都需要思维、理性。不仅如此,它还要上升到精神活动、科学活动。一只猎狗的嗅觉比人的嗅觉敏锐,但这只局限于同它生存有关的事物。人的感官对象不仅有他生存所需要的东西,而且有他求知追求与享受的东西。这是任何动物无可比拟的。

人作为具有认识能力的感性实体,还在于人具有理性、思维能力。作为人的认识能力"最高阶段"的理性,并不是自在自为的、离开人而独立存在的理性,而是现实人的理性,是"饱饮人血的理性"。与黑格尔把理性置于绝对无条件的、主宰一切的至高无上的地位不同,费尔巴哈明确指出"人乃是理性的尺度"。

思维或理性认识一般。依靠感性我们感知到这棵树,依靠理性我们认识"一棵树"。但思维只是集中、收集、比较、区别或分辨、分类感官所提供的东西,"是感觉的综合、统一"。思维要实现自己的使命,就必须以语言为中介,对具体的东西进行抽象概括,形成概括、反映这同类具体事

---

① 《费尔巴哈哲学著作选集》上卷,荣震华、李金山等译,北京:三联书店1961年版,第484页。

② 《费尔巴哈哲学著作选集》下卷,荣震华、王太庆、刘磊译,北京:三联书店1962年版,第630页。

物的一般概念,并用它命名、指称具体的东西。思维运用概念,从事分析综合、判断推理,从而"从现象中分解、寻找、抽出统一的同一的一般规律"①。

人是有意志、依照目的活动的感性实体。在人本学那里,意志就是人对幸福的追求。而一般说来,目的正是意志观念。费尔巴哈基于人是有生命的感性存在,认为人所特有的意志(自然没有意志)是同人的生存愿望以及追求幸福的愿望紧密相连的。生命是人的最高贵的宝物。追求幸福是人的首要的和最基本的愿望。"没有愿望的地方也没有意志,而在没有追求幸福的地方,也就没有一般的愿望。追求幸福的愿望,这是愿望的愿望"②。然而为什么把人对幸福的追求称为意志,而不把动物对生存、安乐的追求称为意志呢?

费尔巴哈认为,在人身上,情感、理性与意志是有机联系着、相互制约、相互渗透的。在人身上,爱不过是思想中或观念中的意志,心所爱为欲。愿望、追求幸福是被意识到了的或为理性所把握到了的或渗透着理性的意志。诚然意志的首要条件是感觉,但理性也是意志的前提(同样"只有借助于意志和只有在追求幸福的愿望的基础上,理性才能区别想象的事物和客观的事物"③)。人是有理性的动物。正是理性使人追求幸福等等愿望"人性化了、高尚化了、精神化了,但可惜也常变畸形了和恶化了"④。人有了愿望,就要借助工具、手段,力图实现自己的愿望、计划、方案。人的活动因此是有目的的活动。基于这一思想,费尔巴哈强调意志只有同动词联系起来才有意义,才能判断它的真实性。

费尔巴哈强调意志对肉体、对象的依赖以及受主体能力的制约,并据此提出了"真正的意志"同"超自然的幻想的意志自由"的区别。肉体是

---

① 《费尔巴哈哲学著作选集》上卷,荣震华、李金山等译,北京:三联书店 1961 年版,第253 页。
② 同上书,第 427 页。
③ 同上书,第 429 页。
④ 同上书,第 572 页。

意志的基础,没有肉体,生命就没有意志。我存在我才有意志。由此也就决定了:一方面人的意志必须以对象、现实自然界为前提。"意志是自决,但自决仅仅在不以人的意志为转移的自然界规定的领域内"①。我有愿吃这种食物而不愿吃另一种食物的意志或自由,但没有不吃食物的意志。另一方面,人的意志也受自身主观能力的制约。只有以一定的工具、手段、器官和材料为保证的意志才是能够实现的意志。这种与对象相适应同时主观有能力使它可能实现的意志,乃是真正的成熟的意志。"历史的任何一页都否定那种幻想的和超自然的意志自由"②。

意志、"自由也是时间的女儿"。不同历史时期的人的意志是不同的。儿童、青年人、老年人的意志也是各不相同的。意志的可变性乃是它同必然性的区别之处。"一种意志,它始终做同一样的事情,那它就不是意志。我们所以否认自然界具有意志、具有自由,仅因为它做的事情始终是一个样的"③。意志受对象制约。对象变了,意志自然也就改变。凡事各有其时,因此,"自由只是历史的事情,人不是先天就自由的,只是在后天才自由的"④。

人的本质包含在以我与你的实在区别为基础的统一性中。按照人本学的说法,"任何一个本质,都只是被规定为它所是的"⑤。按照这样的说法,费尔巴哈在不同地方,针对论及的主题,对人的本质做了不少解释,提出了种种说法。但是,作为人区别于动物的东西,作为人的诸多本质中最根本的或最高层次的本质,作为人的绝对本质,只能是一个;作为称得上人性、人的本性的东西,只能是一个。费尔巴哈认为,只有把精神——理

① 《费尔巴哈哲学著作选集》上卷,荣震华、李金山等译,北京:三联书店 1961 年版,第426 页。
② 同上书,第 421 页。
③ 《费尔巴哈哲学著作选集》下卷,荣震华、王太庆、刘磊译,北京:三联书店 1962 年版,第 743 页。
④ 《费尔巴哈哲学著作选集》上卷,荣震华、李金山等译,北京:三联书店 1961 年版,第422 页。
⑤ 同上书,第 312 页。

性、意志与心(爱)，看作是人的根本的、"与动物不同的标志"，我们才能看到从动物到人发生了"整个本质的质变"。

人本学指出，理性、意志与心(情感)是人的绝对本质的三要素，人的本质是三者有机统一的整体。它们各司其职，各有其职能，各有其使命；但又作为有机统一的整体体现人的本质。任何一个要素如果孤立地单独抽取出来，那就不是人的本质的要素了。"一个完善的人，必定具备思维力、意志力和心力"。

人的本质、"类"或类的本质作为一般概念，同个体的关系是一般与个别的关系。"一般概念或类概念，并不存在于事物或本质之外，与其所抽象的个体并非不同，也不是对这些个体独立起来"①。因此类既是抽象的又不是抽象的。说是抽象的，是因为作为一般概念，它是概念，舍弃了感性的存在；说不是抽象的，是因为类作为人的本质或本性，它在至少有两个人才得以实现时，作为类的体现者的你，是一个感性存在。

类即人的绝对本质是无限的。任何一个人当然有理性、意志和情感，但个体是有限的。而"他所以能意识到自己的限制、自己的有限性，只是因为他把类的完善性、无限性作为对象"②。说类是无限的，一是从空间方面说，类是世界主义。二是从时间方面说，它通过种族的繁衍而在时间中无限的延续下去。任何把类本质说成是有限的论点，都是"欺罔、谬误"。

类即人的绝对本质是完善的。这其一是说人的本质就是人的生存目的，是人的价值之所在。人之生存就是为了认识，为了愿望，为了爱。而人的价值也就在于把他的本质当作目的，当作人的一切事物、一切对象中最崇高的东西。其二是说人的本质在对象中显现出来，确证、肯定自己。人无对象人就是无。然而对象乃是人的对象，是人从人的立场看待的对象。因此这对象不过是人所固有的而又客观的本质。"对于对象的意

---

① 《费尔巴哈哲学著作选集》下卷，荣震华、王太庆、刘磊译，北京：三联书店 1962 年版，第 624 页。
② 同上书，第 32 页。

识，就是人的自我意识。你由对象而认识人；人的本质在对象中显现出来"。这就是人的本质的自我确证、自我肯定、自爱。"不管我们意识到什么对象，我们总是同时意识到我们自己的本质；我们不能确证任何别的事情而不确证我们自己"①。这种在对象中确证自己、肯定自己也就是意识到自己，即自我意识。它是"完善存在者的所特有的标志"，是自我确证、自我肯定、自爱的最高形式。

费尔巴哈把理性、意志和心规定为人的绝对本质，而人本学对人是感性实体的理解，使他必然地、合乎逻辑地提出："人的本质只是包含在团体之中，包含在人与人的统一之中，但是这个统一只是建立在'自我'和'你'的区别的实在性上面的"②。

在人本学看来，人绝不是孤独自存的原子、本体、自我。无论是肉体的人的产生，还是人的精神生活，都必须有两个人——男人与女人、我与你——的前提下，才得以可能。人的外在生活，诸如衣食住行、休息娱乐、交结朋友、恋爱婚姻，等等，都是在人与人的交往中，人际关系中进行、从事、实现的。同样，人的内在生活即对他的本质发生关系的生活也是如此。"只有在人与人说话的场合下，只有在谈话——一种共同的行为——之中，才产生了理性"③。至于人的其他领域的活动和现象，诸如科学研究、著书立说、讲演教学、文艺创作、道德行为、宗教活动等等人类特有的活动与现象，更是在人的社会及文化环境中进行、从事、实现、出现的。费尔巴哈由此指出。人的第一个对象就是人。人只有在交际、交往中互相补足，改善自己，提高自己，才能成为完善的人。

在人本学看来，只有两个人的存在、交往，类的职能才能发挥出来，人

---

① 《费尔巴哈哲学著作选集》下卷，荣震华、王太庆、刘磊译，北京：三联书店1962年版，第31页。
② 《费尔巴哈哲学著作选集》上卷，荣震华、李金山等译，北京：三联书店1961年版，第185页。
③ 《费尔巴哈哲学著作选集》下卷，荣震华、王太庆、刘磊译，北京：三联书店1962年版，第113页。

类的本质才得以实现。这两个人当然是现实的感性存在的人。对我来说,你满足了我的需要(包括我对许多其他人的需要),因而我从你那里感受到体验到我是人,明白了我们两人谁也离不开谁即两者缺一不可,明白了只有集体、群体才构成人类。因此你是类的代表。"即使我只跟如此一个人相连,我也就有了集体的、属人的生活了"①。于是,作为人的本质的载体,人的统一性是以我与你的实在区别为基础的。

人本学脱离人的物质生产活动和社会历史的发展,抽象地从人的自然属性谈论人的本质。这就使它没有科学地揭示人的本质,至少可以说对人的本质的揭示是不全面的。但是,第一,费尔巴哈毕竟是用人的眼光而不是用神的眼光来谈论人及其本质的,是从有肉有血的人而不是从自我意识的人谈论人及其本质的(由此他强调人与人的统一是建立在我与你的感性现实区别之上)。第二,费尔巴哈在谈论人的本质时,力图超出仅仅从人的自然属性考察人的局限。他认为"只有社会的人才是人",两性的追求是人的社会本质缩小到最小范围的体现,并提出人的本质只存在于人的团体中、人与人的统一中。尽管这些看法在他的整个思想中是微不足道的,尽管他讲的"社会性"是一个不以社会物质生产为根基的概念因而是一个空洞抽象的、本质上非科学的概念,但人是社会的人的看法,无疑比17—18世纪思想家认为人是孤立原子的思想深刻得多。费尔巴哈在人的学说的成就与缺陷,都使人、人的本质问题更鲜明、更尖锐地摆在人们的面前,并为后人正确地解决这些问题做了某种思想准备。从西方近代哲学的发展进程看,正是由于费尔巴哈把人的问题当作自己哲学的主题,从而使文艺复兴以来思想家的人的思想系统化,并以人本学的形态确立了自己的哲学地位。而他本人也因此成了近代西方哲学史上人本学哲学的最重要的代表。

---

① 《费尔巴哈哲学著作选集》下卷,荣震华、王太庆、刘磊译,北京:三联书店1962年版,第193页。

3.关于自然的学说

关于自然的理论是费尔巴哈人本学哲学的又一重要内容。那么这一哲学所理解的自然是什么样的自然呢。

第一,"自然界这个无意识的实体,是非发生的永恒的实体,是第一性的实体"。这里所谓"第一性"是指时间上的第一性,所谓"实体"是说自然"是依靠自身存在的东西和真实的东西"。它绝不是被创造出来的东西或无中生有的东西,而是一个独立的、只从自身派生出来并由自己得到说明的东西。因此,那些主张神创造世界、精神派生自然以及自然是绝对精神外化的理论,显然都是"首尾颠倒"、"荒谬绝伦"的理论。

第二,"自然是形体的、物质的、感性的"实体。只有感性的实体才是真实的、真正现实的实体,自然就是这样的实体。自然界是一切感性事物、感性力量和本质之总和,是直接地、感性地表现出作为人生存基础和对象的一切东西,因而也就是被人的感官所感知的东西。这样一个作为感性实体的自然,是统一的又是多样的。作为唯一存在的实体,它是唯一、统一和永恒的实体;作为感性存在的事物,它丰富多彩,是有着多种多样形态的感性现实存在。举凡一切自然事物和自然现象,不论古代所说的水、火、气、土,抑或后人所说的光、电、磁,以及植物和动物,乃至一个无意识而不自觉活动着的自然人,都是自然具体存在的一种样式、一种表现形态。而自然之所以具有多样性,并不是由于什么神秘力量或神的作用,而是由于"世界的基质、物质"乃是"不能设想做一种同形的、无差异的东西",也就是说世界的基质是有差异的,是异质而非同质。因为"吸引"与"排斥"是世界基质本质上所具有的两种力量,正是它们的作用使得由基质组成、形成的具体事物也就千差万别,自然也就显出多样性。

第三,空间和时间是自然界一切感性事物存在的形式。费尔巴哈指出,自然存在于空间和时间之中,只有存在于时空中的存在才是真正现实的存在。空间(位置)是现实存在实体的第一个标志,因为任何一个感性实体、自然事物总是首先据有一定的空间（位置）。"空间的存在是最初的存在，是最初的确定的存在"。① 时间是现实事物变化、发展、嬗变、递进的标记。一切自然事物、具体事物和人都产生于、存在于一定的空间和时间中。如果把世界比作一座城市的话，那空间就是城市市长大人，时间是市长夫人。而自然界的一切事物，包括人在内，都是市长夫妇的儿女。因此，空间、时间的客观实在性是无可置疑、质疑的，它们决不是康德所说的什么直观形式。费尔巴哈俏皮地说，由于康德对那个超时空的自在之物的爱，因而也就否认它们的客观实在性，进而把它们说成是人所创造出来的先天形式。其实，真理恰恰相反。"事实上并非事物以空间和时间为前提，反而是空间和时间以事物为前提……。一切都占空间和时间，一切都在广延和运动"。②

费尔巴哈指出，"时间是与发展不可分离的"，"是运动中抽象出来的一种概念"。因此说时间以事物为前提，也就是说运动是事物必然具有的，是事物的本质属性。因为"时间或运动""必须以某个能动的东西为前提"。这"能动的东西"就是事物（物质）本身。费尔巴哈由此提出了自然运动、变化与发展的思想，提出了自然事物相互联系相互作用的思想。"自然处于恒久不息的运动与变化中"。③ 地球也不是一直就是现在这个样子，它也是经历了一系列的运动与变化才成为现在这个状况。他认为自然事物原本是一个包含差异性于自身之中的存在物，因而在世界万物中，有些相互吸引，有些相互排斥。同样，"自然界中，一切都在交互影响，一切都是相对的，一切同时是效果又是原因，一切都是各方面的和对方面的"④。总之，自然是一个共和国。而这一切，诸如运动、发展、联系、相互作用（影响）

---

① 《费尔巴哈哲学著作选集》上卷，荣震华、李金山等译，北京：三联书店1961年版，第175页。
② 《费尔巴哈哲学著作选集》下卷，荣震华、王太庆、刘磊译，北京：三联书店1962年版，第620页。
③ 同上书，第812页。
④ 同上书，第602页。

等等,都是体现在时间之中的。"时间披露一切秘密"。没有时间的发展,也就等于不发展的发展。黑格尔恰恰把时间和发展割裂开来,这就决定了在他那里,绝对精神的发展不过是脱离时间的因而也就是没有发展的发展。这样一种发展只能看作是思辨哲学任意妄为的杰作。

第四,"在自然界里也没有什么神来统治,有的只是自然的力量,自然的法则,自然的元素和实体"①。这话的意思是说,客观独立存在的自然有其自身固有的法则和规律,有其客观的因果性和必然性。自然界的一切事物都是自然地亦即按照其自身的本质产生、发展、变化、运动。"自然到处活动,到处化育,都只是在其内在联系之下、凭着内在联系而进行的"。② 自然界的原因与结果之间、本质与现象之间,都有一种"必要的联系"。费尔巴哈还以自信的心情说道,尽管自然科学、生命科学还不能解决生命的本质和起源问题,但我们已确切地知道,有机界不仅同无机界密切相联,而且有机生命出现在地球上并非偶然的,也不是某些元素孤立作用的结果。总之,自然是客观独立存在的实体,自然的法则就存在于自然自身之中。因此"自然是只应当通过自然本身去了解",它的概念不依傍别的东西。不是自然规律服从思维规律,而是思维认识、反映、把握自然规律。康德的人给自然立法的思想,不过是把理性先验地构造出来的范畴及其联系强加到自然身上。而有神论、神学目的论之所以浅薄、无知、可笑和荒谬,就在于把自然的法则同人思想中的秩序、目的等等观念混为一谈,不能区分原文与译文、原本与摹本,继而用一个非物质、非形体的东西,充当物质的有形的东西的目的与原因。这完全是颠倒、荒唐的事。

费尔巴哈关于自然的学说,继承了他的唯物主义先辈的思想。自然科学的新成就也使他对自然的解释不像17—18世纪唯物主义那么机械,

---

① 《费尔巴哈哲学著作选集》下卷,荣震华、王太庆、刘磊译,北京:三联书店1962年版,第641页。

② 同上书,第484页。

而是有着一些辩证的见解。不过从整体上说，费尔巴哈并没有一个完整的辩证的自然观。

4. 关于宗教的学说

宗教与神学是费尔巴哈一生从未放过的批判对象。作为一位人本学家，他以人的思想为理论武器，对宗教神学做了深入细致的剖析，提出了宗教是人的本质异化，神学的秘密就是人本学的重要思想。

"人的依赖感是宗教的基础"①。所谓依赖感，包括恐惧与崇拜两个方面。人在自然力量面前无能为力，产生了恐惧感。但人恐惧的对象往往又是人感激与崇敬的对象。洪水带来灾难，但又灌溉了农田与牧场。而人之所以有依赖感，是因为人要生存，是对生命的爱，是利己主义。没有利己主义，就没有依赖感。

人本学宗教哲学指出，意志与能力之间的对立乃是宗教出现的前提。"人虽有幻想和感情，但若没有愿望，就不会有宗教，就不会有神"②。人的能力是有限的，但人的意志（愿望）却要使人成为不受限制、无所不能的人。"谋事在人，成事在天"。当人的愿望不能实现时，人就以人以外的东西——自然的或精神的东西来实现自己的愿望或体现自己的愿望。以意志与能力之间的矛盾为前提的宗教，反过来又以破除这一矛盾为意图与目的。就是说在宗教那里，那个由于人的能力的限制而不能实现的愿望变成了能够实现的愿望，甚至变成了现实。神的职能、作用就在于此。但这是人的意志的虚幻反映。宗教的意图与目的也是人的意图与目的的对象化。

在真实意志变成虚幻意志的过程中，想像这个宗教的主要工具起着重要的作用。正是想象力使自然的东西变成人性的东西，使人性的东西

① 《费尔巴哈哲学著作选集》下卷，荣震华、王太庆、刘磊译，北京：三联书店 1962 年版，第 436 页。
② 同上书，第 701 页。

变成自然的东西。本来,人受到来自事物(包括自身)本性的以及以事物本质为根据的限制是真正的限制,也可以说不是限制。但是人的幻想、想象力是不受限制的。"对于想象力说来没有什么不可能的事情"①。幻想、想象力是宗教产生的认识根源。

人本学宗教哲学指出,宗教是人的本质的异化,但这一异化的发生必须具备一定的前提:第一,需要人对自己的本质有所意识或开始有所意识,萌发了人与对象、愿望与现实之间关系的意识,从而产生了或开始产生了人跟自己本质发生分裂这一神与人分裂的宗教起点,并提供了使自然从属于人(把自然联系到人身上,把人当作自然的目的)的可能性。与此相联,须要语言的出现。因为人只有借助语言才能表达感性的东西与自己主观愿望的东西,有了一与多,继而是个别与一般的关系。第二,宗教异化的立足点或根基是人与自然、主观与客观、个体与类的矛盾。作为自然宗教对象的自然,是满足人的需要的自然同时又是与人对立的自然。人的个体是有限的,类是无限的。个体与类的矛盾是人跟自己的本质发生分裂的起点。第三,宗教异化的主要环节表现为自然的人化神化和人的对象化神化。它们之间的关系是"把人的本质看成一个异于人的、客观的东西……是有着一个前提的,这个前提就是:把异于人的、客观的东西人化,或者把自然看成一个人性的东西"②。这揭示了两者先后的逻辑次序和嬗递进程。但这不是说两者截然对立。

费尔巴哈认为,人在宗教领域异化自己本质的方式是多种多样的。但他讲得较明确的是四种方式。一是多神教的自然宗教"间接地神化人"的方式。这一宗教以某一自然现象、自然力量,某一自然物,甚至某一动物为中介,实现人的本质的异化。自然宗教是人类原初的、说得上是宗教的宗教。原始人的无知使他们在自己的愿望不能实现的情势下,往

---

① 《费尔巴哈哲学著作选集》下卷,荣震华、王太庆、刘磊译,北京:三联书店 1962 年版,第 682 页。

② 同上书,第 479 页。

往把某个自然事物想像成同人一样的东西,与人一样具有意志和情感,具有同情心,对人的祈祷崇拜也不是无动于衷。由此崇拜它,并深信通过种种崇拜活动使自然实现、满足自己的愿望与需要。

二是多神教的异教"崇拜人的特性"的方式。异教的神包含自然神,但主要是各民族精神的和政治的神,如希腊、罗马的宙斯、丘比特,自由女神、智慧女神、爱神、酒神、钱神,等等。异教的神既可以在自然宗教时期产生,也可以在基督教时代出现。异教的一些神原本来自自然宗教,有些神是人的某种感情或人类生活方面的某一内容、某种活动的神化。"异教崇拜人的特性(Eigenschaften),基督教崇拜人的本质(Wesen)"①。而异教所神化的东西,无非是体现人的本质的某一特性或属性,是属于表达"人是什么"这一问题宾词方面的东西。至于杰出人物的神化,也是神化人的个体而不是神化人(即一般的人),即不是神化人的整个类本质。人的特性或属性是多种多样的,人的特性既可以为这一个体所具有也可以为另一个体所具有。由此也就有了异教众多的神。异教也是多神教。

三是一神教的伊斯兰教与犹太教的"实践—诗的(praktisch-poetisch)"方式。实践相对于理论而言,诗相对于散文而言。同理论—散文的方式相比较,实践—诗的方式仍具有某些感性特征,还没有完全抽象化形而上学化。安拉与雅赫维既由自然而成为神,也由人而成为神。因而他们"既是自然的又不是自然的"。他们依然有着来自自然的痕迹,有着感性直观的痕迹,还有着多神教的诗意朴素性和宗法观念。

四是一神教基督教的"形而上学"抽象方式。基督教以形而上学抽象方式直接地神化人的整个本质。在这里,相对其他宗教而言,神的任何自然来源都不见了。基督教的上帝"是精神的、也即抽象的、形而上学式的实体"②。神成了它专有的或固有的名词,成了人的本质在基督教领域

---

① L.Feuerbach:*Gesammelte Werke*.AkademieVerlag Berlin.1982.Band 9.s.414.

② 《费尔巴哈哲学著作选集》下卷,荣震华、王太庆、刘磊译,北京:三联书店 1962 年版,第 838 页。

的另一名称。这种现象的出现,是由于基督徒的愿望不再以尘世的、受自然制约的愿望为愿望,而是追求那些诸如永生不死、全知和无限完善的愿望——超出人的本质、本性的愿望,从而也就是在尘世根本不可能实现的愿望。这种超自然的愿望,一方面使基督徒把自然看作是依赖于超自然的实体。因为唯有超自然的实体才能保证他们超自然愿望的实现。另一方面又使他们割断了自己同自然的联系。"在基督教中,人唯以自己为念;他使自己脱离了整个世界,把自己当作一个自足的整体,当作一个绝对的、外于世界和超于世界的存在者"①。如是,基督教的上帝也就成了凌驾于世界之上,创造并主宰世界万物的存在者,绝对圆满和无限的存在者,一个抽象的一般的类概念。

基督教上帝的本质"就是人的精神本质;但是,这个精神本质被从人里面分离出来,被表象成为一个独立的存在者"②。这个独立存在者,就其作为基督教上帝的原始形态来说,是同"脱离感官而联系于抽象能力的那种想象力的产物"③,是从心灵或精神抽象出来的。而在以后的历史中,经院哲学家与神学家在精神王国编织种种思想之网,用抽象的思辨的理性阐发上帝。基督教的上帝也就越成为抽象独立的精神实体了。但是,即使如此,基督教的上帝仍然摆脱不了感性是一切宗教所具有的规定。对基督教来说,当它的上帝还是一个作为上帝的上帝时,即还是一个抽象的形而上学的上帝时,这样的上帝如同数学上只表示坐标位置但不可量度的点,是纯粹抽象的实体。如是,基督教把上帝规定为三位一体的上帝。耶稣基督是人格式的上帝,"这个人(耶稣基督)就是上帝"。他既有神性又有人性,是神人(Gottmensch)。他是实在的个体又具有人的类本质,是类人(Gattungsmensch)。基督教通过耶稣基督实现了神与人、类

---

①　《费尔巴哈哲学著作选集》下卷,荣震华、王太庆、刘磊译,北京:三联书店 1962 年版,第 184 页。
②　同上书,第 327 页。
③　同上书,第 695 页。

与个体、普遍本质与个别存在的直接统一,满足了它的信徒希冀看到上帝的愿望。

总之,无论哪种宗教的神(上帝),都是人的本质的异化,是人按照自己的形象创造的。"并非神按照自己的形象造人,……而是人按照自己的形象造人"①。神因而也就不是真实的。它只"不过是一个梦想,不过是人所想象的,仅在人的幻想中存在的一个东西罢了"②。

费尔巴哈指出,就是一个不真实的上帝,一个原本是从人的本质分裂出去的、独立的精神本质,反过来却又成了支配人、奴役人、统治人的力量。人与自己的创造物上帝处于尖锐的矛盾对立之中。为了信仰,人甚至以人祭(基督教实行的是精神上的人祭)的方式向神奉献自己的宝贵生命。然而神并没有给人什么回报。人越是虔诚地信仰神,人也就越失去自己的一切,失去对自己的爱。随着时代的进步,宗教、基督教同人类的对立越来越严重,以致到了必须抛弃基督教的地步。

费尔巴哈对宗教、特别是对基督教的批判,表明"他致力于把宗教世界归结于它的世俗基础"③。他以人本学为立足点,揭示出宗教的本质是人的本质的虚幻反映,人对神的崇拜其实就是人对自己的崇拜,神学就是人本学。这确实是西方无神论史(宗教批判史)上光辉的一页,对当时人们的思想解放起了启蒙作用。不过,由于人本学的局限,他对世俗基础的理解是空洞抽象的,当然也就不可能对其展开批判。

小　结

以费尔巴哈为代表的青年黑格尔派,是时代的产物,也是黑格尔学派

① 《费尔巴哈哲学著作选集》下卷,荣震华、王太庆、刘磊译,北京:三联书店1962年版,第691页。
② 同上书,第645页。
③ 《马克思恩格斯选集》第1卷,北京:人民出版社1995年版,第17页。

解体的必然产物。费尔巴哈、鲍威尔是黑格尔的名副其实的学生;施特劳斯、施蒂纳自学并接受了黑格尔哲学。他们哲学的立足点是黑格尔哲学。施特劳斯从实体,鲍威尔从自我意识,提出了各自的哲学—宗教哲学。按照马克思的说法,他们都"十分彻底地"把黑格尔的某一因素运用于神学的批判研究,并使之"获得了片面的、因而是彻底的发展"①。唯有费尔巴哈从绝对理性走向感性现实的人,从而走出了黑格尔哲学的藩篱,成为他们当中最杰出的哲学家。作为 1848 年德国三月革命前的激进思想代表,他们对宗教进行了深入的理性批判,对人的问题予以极大的关注。这是当时又一次思想启蒙,具有反封建、反宗教的积极意义,对人的思想解放起了巨大作用。就西方哲学—宗教哲学而言,施特劳斯给基督教神学流下了至今还没有完成的"作业"。鲍威尔对神学的激烈批判,至今仍是无神论史上光辉的一页,他对原始基督教的研究,依然是人们不可忽视的见解。施蒂纳的"唯一者"凸现了个人的价值与意义,对纠正一些学者只注重类而忽视个体的偏向,具有"矫枉过正"的作用。而当人们思考当今的无政府思潮以及自我中心主义时,总能在施蒂纳那里找到它们的最初元素。费尔巴哈的人本学哲学则是西方近代人的学说的哲学总结。他对人、人的生命(生存状态)的思考与探讨,他的成就与局限,都为后人科学地解决这一问题提供了可资借鉴的东西,也给后人留下了思考他对生存论神学影响的空间。

拓 展 阅 读

一、必读书目

1. 马克思:《关于费尔巴哈的提纲》,北京:人民出版社 1988 年版。

2. 恩格斯:《路德维希·费尔巴哈和德国古典哲学的终结》,北京:人民出版社 1997 年版。

---

① 《马克思恩格斯全集》第 2 卷,北京:人民出版社 1957 年版,第 177 页。

3.北京大学哲学系外国哲学史教研室编:《十八世纪末—十九世纪初德国哲学》,北京:商务印书馆 1975 年版。

4.施特劳斯:《耶稣传》,北京:商务印书馆 1981 年版。

5.费尔巴哈:《黑格尔哲学批判》,北京:三联书店 1958 年版。

6.费尔巴哈:《未来哲学原理》,北京:三联书店 1957 年版。

7.费尔巴哈:《关于哲学改造的临时纲要》,北京:三联书店 1958 年版。

8.费尔巴哈:《基督教的本质》,北京:商务印书馆 1984 年版。

9.施蒂纳:《唯一者及其所有物》,北京:商务印书馆 1989 年版。

二、参考书目

1.普列汉诺夫:《从唯心主义到唯物主义》,北京:三联书店 1958 年版。

2.洛维特:《从黑格尔到尼采》,北京:三联书店 2014 年版。

3. Heinz und Ingrid Pepperle: *Die HegelscheLinke.Dokumente zu Philosophie und Politik im deutschen Vormärz.*Leipzig 1985.

4. K.Löwith: *Die HegelscheLinke.*Stuttgart 1962.

参考文献

古希腊罗马哲学编

1. Ackrill, J.L. *Aristotle the Philosopher*, Oxford: Oxford University Press, 2001.

2. Algra, K., J.Barnes, J.Mansfeld, and M.Schofield (eds.) *The Cambridge History of Hellenistic Philosophy*. Cambridge: Cambridge University Press, 1999.

3. Annas, J. *Platonic Ethics, Old and New*. Ithaca, NY: Cornell University Press, 2013.

4. Armstrong, Arthur Hilary, *The Cambridge History of Later Greek and Early Medieval Philosophy*. Cambridge: Cambridge University Press, 1980.

5. Barnes, J. *Early Greek Philosophy*. London: Penguin, 2001.

6. Barnes, J. ed. *The Cambridge Companion to Aristotle*, Cambridge: University of Cambridge Press, 1995.

7. Barnes, J. ed. *The Complete Works of Aristotle*, The Revised Oxford Translation, 2 vols. Princeton: Princeton University Press, 1985.

8. Benson, H.H. *Essays on the Philosophy of Socrates*. Oxford: Oxford University Press, 1992.

9. Benson, H.H. *Socratic Wisdom: The Model of Knowledge in Plato's Early Dialogues*. Oxford: Oxford University Press, 2000.

10. Bormann, K. *Parmenides*. Hamburg: Felix Meiner Verlag, 1971.

11. Burnet, J. *Platonism*. University of California Press, 1928.

12. Burnyeat, Myles F. and Jonathan Barnes. "Socrates and the Jury: Paradoxes in Plato's Distinction between Knowledge and True Belief." *Proceedings of the Aristotelian Society*, *Supplementary Volumes* 54 (1980): 173-206

13. Cleve, F. M. *The Philosophy of Anaxagoras*. The Hague: Martinus Nijhoff, 1973.

14. Cole, Thomas. *Democritus and the Sources of Greek Anthropology*. Monograph Series, American Philological Association. Atlanta, Ga.: Scholars Press, 1990.

15. Cornford, F. M, Plato and Parmenides. London and New York: Routledge, 2014.

16. Couprie, D.L., R.Hahn, and G.Naddaf. *Anaximander in Context: New Studies in the Origins of Greek Philosophy*. Albany, NY: State University of New York Press, 2003.

17. Dillon, J.M., and A.A.Long, eds. *The Question of "Eclecticism": Studies in Later Greek Philosophy*. Berkeley: University of California Press, 1988.

18. Ferguson, J. *Socrates: A Source Book*. London: The Open University Press, 1970.

19. Fine, G. *Plato 1: Metaphysics and Epistemology*. Oxford: Oxford University Press, 2000.

20. Frede, M. *Essays in Ancient Philosophy*, Minneapolis: University of Minnesota Press, 1987

21. Gershenson, D.E., and D.A.Greenberg. *Anaxagoras and the Birth of Physics*. New York: Blaisdell Publishing Company, 1964.

22. Gorman, P. *Pythagoras: A Life*. London: Routledge & Kegan Paul, 1979.

23. Grünbaum, A. *Modern Science and Zeno's Paradoxes*. London: George Allen & Unwin, 1968.

24. Guthrie, W.K.C. *Orpheus and Greek Religion: A Study of the Orphic Movement*. Princeton: Princeton University Press, 1993.

25. Hadot, P. *Plotinus or the Simplicity of Vision*. Translated by M.Chase. Chicago: University of Chicago Press, 1998.

26. Inwood, B., and L.P.Gerson, eds.& trans. *Hellenistic Philosophy: Introductory Readings*. Hackett Publishing Company, 1997.

27. Irwin, T. *Plato's Ethics*. Oxford University Press, 1995.

28. Irwin, T., trans. *Aristotle: The Nichomachean Ethics*, Indianapolis: Hackett, 2nd ed.2000.

29. Jaeger, W. *Paideia: The Ideals of Greek Culture.* Translated by G. Highet. Vol. 1, London: Oxford University Press, reprinted 1980.

30. Jeager, W. *Aristotle: Fundamentals of His Development*, first German edition, Berlin 1923, English translation, Oxford University Press, 1968.

31. Kahn, C. H. *Plato and the Socratic Dialogue: The Philosophical Use of a Literary Form.* Cambridge University Press, 1998.

32. Kahn, C. H. *Pythagoras and the Pythagoreans: A Brief History.* New York: Hackett Publishing Company, 2001.

33. Kahn, C.H. *The Art and Thought of Heraclitus: A New Arrangement and Translation of the Fragments with Literary and Philosophical Commentary.* Cambridge University Press, reprinted 1983.

34. Kahn, C.H. *The Verb "Be" in Ancient Greece.* Dordrecht: Reidel, 1973.

35. Kanayama, Yahei. "The Methodology of the Second Voyage and the Proof of the Soul's Indestructibility in Plato's Phaedo." *Oxford Studies in Ancient Philosophy* 18 (2000): 41-100.

36. Kingsley, P. *Ancient Philosophy, Mystery, and Magic: Empedocles and Pythagorean Tradition.* Oxford: Clarendon Press, 1997.

37. Kirk, G.S. *Heraclitus: The Cosmic Fragments. Edited with an Introduction and Commentary.* Cambridge: Cambridge University Press, reprinted 1978.

38. Krämer, H.J. *Plato and the Foundations of Metaphysics: A Work on the Theory of the Principles and Unwritten Doctrines of Plato with a Collection of the Fundamental Documents.* Translated by J.R.Catan. State University of New York Press, 1990.

39. Kraut, R. *The Cambridge Companion to Plato.* Cambridge University Press, 1992.

40. Kristeller, Paul Oskar. *Greek Philosophers of the Hellenistic Age*, New York: Columbia University Press, 1993.

41. Laërtius, Diogenes. *Lives of Eminent Philosophers.* Translated by R.D.Hicks. Cambridge, MA: Harvard University Press, 1972.

42. Lear, J. *Aristotle: The Desire to Understand*, Cambridge: University of Cambridge Press, 1988.

43. Leonard, W.E., ed.& trans. *The Fragments of Empedocles.* Chicago: The Open Court Publishing Company, 2018.

44. Long, A.A., and D.N.Sedley, ed. *The Hellenistic Philosophers: Translations of the Principal Sources with Philosophical Commentary.* 2 *vols.* Cambridge: Cambridge University Press, 1987.

45. Miles, Margaret Ruth, *Plotinus on Body and Beauty: Society, Philosophy, and Religion in Third-Century Rome*, Oxford, UK and Malden, Mass.: Blackwell, 1999.

46. Nussbaum, M. *The Fragility of Goodness: Luck and Ethics in Greek Tragedy and Philosophy*, Cambridge: Cambridge University Press, 2001.

47. O'Brien, D. *Empedocles' Cosmic Cycle: A Reconstruction from the Fragments and Secondary Sources.* Cambridge: Cambridge University Press, 1969.

48. Ousager, Asger, *Plotinus: On Selfhood, Freedom and Politics*, Aarhus: Aarhus University Press, 2004.

49. Owen, Gwilym Ellis Lane, and Nussbaum, Martha Craven. *Logic, Science and Dialectic: Collected Papers in Greek Philosophy.* London: Duckworth, 1986.

50. Owen, Gwilym Ellis Lane. "The Place of the Timaeus in Plato's Dialogues." *The Classical Quarterly* 3, no.1-2 (1953): 79-95. Reprinted in Allen, R.E. *Studies in Plato's Metaphysics.* London: Routledge, 2014.

51. Owens, J. *The Doctrine of Being in the Aristotelian Metaphysics: A Study in the Greek Background of Mediaeval Thought*, Toronto: Pontifical Institute of Mediaeval Studies, 1978.

52. Patzig, G. *Aristotle's Theory of the Syllogism: A Logico-Philological Study of Book a of the Prior Analytics.* Translated by J. Barnes. Dordrecht: Springer Netherlands, 2013.

53. Philostratus, and Eunapius. *Lives of the Sophists. Eunapius: Lives of the Philosophers and Sophists.* Edited and Translated by Wilmer Cave Wright. Loeb Classical Library. Cambridge, Mass.: Harvard University Press, 1921.

54. Plato. *Apology, Crito, Charmides, Laches, Lisis, Euthyphro, Gorgias, Protagoras.* In The Collected Dialogues of Plato: Including the Letters, edited by E. Hamilton, H. Cairns and L. Cooper. Princeton, NJ: Princeton University Press, 1973.

55. Plato. *Platonis Opera (Oxford Classical Texts).* Oxford: Oxford University Press, 1995.

56. Platon. *Oeuvres Complètes*: *Ménon*. Translated by Alfred Croisset and Louis Bodin. Edited by Léon Robin. Vol. 3, Paris: Société d'édition Les Belles Lettres, Guillaume Budé, 1984.

57. Platon. *Oeuvres Complètes*: *Phédon*. Translated by Paul Vicaire. Edited by Léon Robin. Paris: Société d'édition Les Belles Lettres, Guillaume Budé, 1983.

58. Plotinus. *Plotinus. Text with an English translation by A. H. Armstrong*, Vols. 1–7, Loeb Classic Library, Cambridge, Mass.: Harvard University Press, 1966–1988.

59. Rankin, D. *Sophists, Socratics and Cynics*. London: Croom Helm, 1983.

60. Reeve, C. D. C. *Substantial Knowledge*: *Aristotle's Metaphysics*, Indianapolis: Hackett, 2002.

61. Rorty, A. O., ed. *Essays on Aristotle's Ethics*: Berkeley: University of California Press, 1980.

62. Ross, W. D. *Plato's Theory of Ideas*. Clarendon Press, 1953.

63. Santas, G. X. Socrates, *Philosophy in Plato's Early Dialogues*. London: Routledge & Keagen Paul, 1979.

64. Schroeder, Frederic M. *Form and Transformation*: *A Study in the Philosophy of Plotinus*. Montreal: McGill-Queen's Press, 1992.

65. Simpson, P. *The Politics of Aristotle*, Chapel Hill: The University of North Carolina Press, 2000.

66. Striker, Gisela. *Essays on Hellenistic Epistemology and Ethics*, Cambridge: Cambridge University Press, 1996.

67. Taylor, A. E. *Socrates*: *The Man and His Thought*. Garden City, NY: Doubleday Anchor Books, 1952.

68. Trépanier, S. *Empedocles*: *An Interpretation*. New York and London: Routledge, 2014.

69. Untersteiner, M. *The Sophists*. Translated by K. Freeman. Oxford: Blackwell, 1954.

70. Vlastos, Gregory. "The Socratic Elenchus." In *Plato 1*: *Metaphysics and Epistemology*, edited by Gail Fine: Oxford University Press, 1999

71. Vlastos, Gregory. "The Third Man Argument in the Parmenides." *The Philosophical Review* 63, no.3 (1954): 319–49.

72. Vlastos, Gregory. *Socrates, Ironist and Moral Philosopher*. Ithaca, NY: Cornell

University Press,1991.

73. W.D.ロス:《プラトンのイデア論》,田島孝,新海邦治訳,暫書房,1996 年。

74. Whyte,Lancelot Law.*Essay on Atomism,from Democritus to* 1960. New York：Harper Torchbooks,1961.

75. Yhap, Jennifer, *Plotinus on the Soul：A Study in the Metaphysics of Knowledge*, Selinsgrove,Penn.：Susquehanna University Press,2003.

76. Yu, Jiyuan. *The Structure of Being in Aristotle's Metaphysics*, Dordrechet：Springer Netherlands,2003.

77. テイラー:《ソクラテス》,林竹二訳,桜井書店,1946 年。

78. バーネット:《プラトン哲学》,出降、宮崎幸三訳,岩波書店,1952 年。

79. ハンス・ヨアヒムクレーマー:《プラトンの形而上学》(上・下巻),岩野秀明訳,世界書院,2001 年。

80. プラトン:《プラトン全集》,向坂寛,森進一,池田美恵,加来彰俊訳,岩波書店,2006.

81. 伊集院利明:《Tithenai ta Eide(イデアを立てること)》,昭和堂出版『西洋哲学史の再構築に向けて』に掲載論文,2001 年。

82. 佐々木毅:《プラトンと政治》,東京大学出版会,1984 年。

83. 加藤信朗:《初期プラトン哲学》,東京大学出版,1988 年。

84. 広川洋一:《プラトンの学園アカデメイア》,講談社,1999 年。

85. 戸塚七郎:「パルメニデス」の分有説批判をめぐって.人文学報.1971,no.79,pp.33-68.

86. 松永雄二:《知と不知―プラトン哲学研究序説》,東京大学出版会,1993 年。

87. 田中美知太郎:《プラトンⅠ・生涯と著作》,岩波書店,1979 年。

88. 納富信留:《ソフィストと哲学者の間》,名古屋大学出版会,2002 年。

89. 藤澤令夫:《藤澤令夫:作集Ⅱ・イデアと世界》,岩波書店,2000 年。

90. 爱比克泰德:《哲学谈话录》,吴欲波等译,北京:中国社会科学出版社 2004 年版。

91. 包利民:《生命与逻各斯》,北京:东方出版社 1996 年版。

92. 第欧根尼・拉尔修:《名哲言行录》,马永翔等译,长春:吉林人民出版社 2003 年版。

93. 柯费尔德:《智者运动》,刘开会、徐明驹译,兰州:兰州大学出版社 1996 年版。

94. 廖申白译注:《尼各马可伦理学》,北京:商务印书馆 2017 年版。

95. 马尔康姆·肖费尔德:《伊奥尼亚学派》,见泰勒主编:《劳特利奇哲学史》第 1 卷"从开端到柏拉图",韩东晖、聂敏里、冯俊、程鑫译,北京:中国人民大学出版社 2003 年版。

96. 马可·奥勒留:《沉思录》,何怀宏译,北京:中华书局 2015 年版。

97. 马克思:《德谟克利特的自然哲学与伊壁鸠鲁的自然哲学的差别》,见《马克思恩格斯全集》第 20 卷,北京:人民出版社 1982 年版。

98. 聂敏里编译,《20 世纪亚里士多德研究文选》,上海:华东师范大学出版社 2010 年版。

99. 普罗提诺:《九章集》上、下卷,石敏敏译,北京:中国社会科学出版社 2009 年版。

100. 普洛克罗:《柏拉图的神学》,石敏敏译,北京:中国社会科学出版社 2008 年版。

101. 塞克斯都·恩披里柯:《悬搁判断与心灵宁静》,包利民等译,北京:中国社会科学出版社 2004 年版。

102. 塞涅卡:《强者的温柔:塞涅卡伦理文选》,包利民等译,北京:中国社会科学出版社 2018 年版。

103. 塞涅卡:《哲学的治疗》,包利民等译,北京:中国社会科学出版社 2007 年版。

104. 色诺芬:《回忆苏格拉底》,吴永泉译,北京:商务印书馆 2001 年版。

105. 石敏敏、章雪富:《斯多亚主义》第二卷,北京:中国社会科学出版社 2018 年版。

106. 汪子嵩:《亚里士多德关于本体的学说》,北京:中国人民大学出版社 2014 年版。

107. 汪子嵩等:《希腊哲学史》第 1 卷,北京:人民出版社 1988 年版。

108. 西塞罗:《论至善和至恶》,石敏敏译,北京:中国社会科学出版社 2017 年版。

109. 杨适:《爱比克泰德》,台北:台湾东大图书公司 2000 年版。

110. 姚介厚:《古希腊罗马哲学》(上下卷),南京:江苏人民出版社 2005 年版。

111. 叶秀山:《苏格拉底及其哲学思想》,北京:人民出版社 1986 年版。

112. 章雪富:《斯多亚主义》第一卷,北京:中国社会科学出版社 2007 年版。

中世纪哲学编

1. Adamson, Peter, and Richard C. Taylor, eds. *The Cambridge Companion to Arabic Philosophy*. Cambridge:Cambridge University Press,2005.

2. Al‐Fārābī. *Fusūl al‐Madanī:Aphorisms of the Statesman*. Edited and Translated by D.M.Dunlop.Cambridge:Cambridge University Press,1961.

3. Altaner, Berthold. *Patrology*. Translated by Hilda C. Graef. Freiburg: Herder,1960.

4. Angus,S.*The Religious Quests of the Graeco‐Roman World:A Study in the Historical Background of Early Christianity*. New York:Biblo and Tannen,1967.

5. Aquinas, Thomas.*Summa Contra Gentiles*.Translated by Anton C.Pegis.Notre Dame,Ind.:University of Notre Dame Press,1975.

6. Aquinas, Thomas. *Summa Theologica*. Translated by Fathers of the English Dominican Province.5 vols.New York:Benziger Brothers,1947.

7. Aquinas,Thomas.*De Ente Et Essentia*. Opuscula Omnia.Edited by Petri Mandonnet.5 vols.Paris:Lethielleux,1927.

8. Armstrong,Arthur Hilary.*The Cambridge History of Later Greek and Early Medieval Philosophy*.Cambridge:Cambridge University Press,1980.

9. Averroes.*On the Harmony of Religions and Philosophy*.Edited and Translated by George Fadlo Hourani.London:Luzac,1961.

10. Baird,Forest E.,and Walter Kaufmann.*Philosophic Classics:Medieval Philosophy*.Upper Saddle River,NJ:Prentice Hall,1997.

11. Battenhouse, Roy Wesley.*A Companion to the Study of St.Augustine*. New York:Oxford University Press,1955.

12. Brown,Peter.*Augustine of Hippo:A Biography,Revised Edition with a New Epilogue*. Berkeley and Los Angeles:University of California Press,2000.

13. Campenhausen,Hans von.*The Fathers of the Greek Church*.New York:Pantheon,1959.

14. Cassirer,Ernst,Paul Oskar Kristeller,and John Herman Randall Jr.*The Re-

naissance Philosophy of Man：Petrarca，Valla，Ficino，Pico，Pomponazzi，Vives. Chicago and London：University of Chicago Press，2011.

15. Cassirer，Ernst. *The Individual and the Cosmos in Renaissance Philosophy.* Translated by Mario Domandi.Chicago：University of Chicago Press，2010.

16. Evans，G.R.*Augustine on Evil.* Cambridge：Cambridge University Press，1990.

17. Gilson，E.*History of Christian Philosophy in the Middle Ages.*New York：Random House，1955.

18. Gilson，E.*The Christian Philosophy of Saint Augustine.* Translated by L.E.M. Lynch.New York：Random House，1960.

19. Gilson，E.*The Spirit of Mediaeval Philosophy.*Translated by A.H.C.Downes. New York：Charles Scribner's Sons，1940.

20. Gracia，Jorge J.E.*Individuation in Scholasticism*：*The Later Middle Ages and the Counter − Reformation*，1150 − 1650. Albany：State University of New York Press，1994.

21. Hackett，Jeremiah ed.*Roger Bacon and the Sciences*：*Commemorative Essays* 1996. Vol.57，Leiden，New York，Köln：Brill，1997.

22. Hackett，Jeremiah. "Roger Bacon." In *The Stanford Encyclopedia of Philosophy* edited by Edward N.Zalta. Summer 2020 Edition. Metaphysics Research Lab，Stanford University，2020. https：//plato. stanford. edu/archives/sum2020/ entries/roger−bacon/.

23. Hyman，Arthur，James J.Walsh，and Thomas Williams. *Philosophy in the Middle Ages*：*The Christian*，*Islamic*，*and Jewish Traditions.*3rd ed.Indianapolis and Cambridge：Hackett Publishing Company，2010.

24. Ibn Sina.*Avicenna on Theology.*Translated by Arthur John Arberry.Chicago：Kazi Publications Inc.，2007.

25. Kerrigan，William，and Gordon Braden. *The Idea of the Renaissance.* Baltimore：Johns Hopkins University Press，1989.

26. Kraye，Jill，ed.*The Cambridge Companion to Renaissance Humanism.* Cambridge：Cambridge University Press，1996.

27. Kristeller，Paul Oskar.*Renaissance Thought and Its Sources.*Edited by Michael Mooney.New York：Columbia University Press，1979.

28. Kristeller，Paul Oskar. *The Philosophy of Marsilio Ficino.* Translated by

Virginia Conant. New York：Columbia Universiy Press，1943.

29. Library of Congress. "Humanism." In Rome Reborn：The Vatican Library & Renaissance Culture，Library of Congress. https：//www.loc.gov/exhibits/vatican/humanism.html.

30. Matthews，G.B.*Thought's Ego in Augustine and Descartes.* Ithaca，NY：Cornell University Press，1992.

31. McMahon，Robert.*Augustine's Prayerful Ascent：An Essay on the Literary Form of the Confessions.* Athens，GA：University of Georgia Press，1989.

32. Meynell，H.A.，ed.*Grace，Politics and Desire：Essays on Augustine.* Alberta：University of Calgary Press，1990.

33. Nauert，Charles G.*Humanism and the Culture of Renaissance Europe.* Cambridge：Cambridge University Press，2006.

34. O'Daly，G.*Augustine's Philosophy of Mind.* Berkeley and Los Angeles：University of California Press，1987.

35. Osborn，E.*The Emergence of Christian Theology.* Cambridge：Cambridge University Press，1993.

36. Pico della Mirandola，Giovanni. "Oration on the Dignity of Man." In *The Renaissance Philosophy of Man：Petrarca，Valla，Ficino，Pico，Pomponazzi，Vives*，edited by Ernst Cassirer，Paul Oskar Kristeller and John Herman Randall Jr. Chicago and London：University of Chicago Press，2011.

37. Quasten，J.*Patrology.* 4 vols. Notre Dame，Ind.：Ave Maria Press，2005.

38. Schmitt，C.B.，Jill Kraye，Eckhard Kessler，and Quentin Skinner，eds. *The Cambridge History of Renaissance Philosophy.* Cambridge：Cambridge University Press，1990.

39. Scott，T.K. *Augustine：His Thought in Context.* Mahwah，NJ：Paulist Press，1995.

40. Spade，Paul Vincent，and Claude Panaccio. "William of Ockham." In *The Stanford Encyclopedia of Philosophy* edited by Edward N. Zalta. Spring 2019 Edition. Metaphysics Research Lab，Stanford University，2019. https：//plato.stanford.edu/archives/spr2019/entries/ockham/.

41. Spade，Paul Vincent.*The Cambridge Companion to Ockham.* Cambridge：Cambridge University Press，1999.

42. Williams, Thomas. "John Duns Scotus." In *The Stanford Encyclopedia of Philosophy edited by Edward N. Zalta. Winter* 2019 Edition. Metaphysics Research Lab, Stanford University, 2019. https://plato. stanford. edu/archives/win2019/entries/duns-scotus/.

43. Williams, Thomas. *The Cambridge Companion to Duns Scotus*. Cambridge: Cambridge University Press,2003.

44. Wolfson, H.A.*The Philosophy of the Church Fathers*. Cambridge, Mass.: Harvard University Press,1964.

45. 奥古斯丁:《忏悔录》,周士良译,北京:商务印书馆 1987 年版。

46. 奥古斯丁:《独语录》(内含《论意志的自由选择》),成官泯译,上海:上海社会科学院出版社 1997 年版。

47. 奥古斯丁:《论三位一体》,周伟驰译,上海:上海人民出版社 2005 年版。

48. 奥古斯丁:《上帝之城》,王晓朝译,北京:人民出版社 2006 年版。

49. 保罗·奥斯卡·克里斯特勒:《文艺复兴时期的思想与艺术》,邵宏译,北京:东方出版社 2008 年版。

50. 保罗·奥斯卡·克里斯特勒:《意大利文艺复兴时期八个哲学家》,姚鹏、陶建平译,上海:上海译文出版社 1987 年版。

51. 布克哈特:《意大利文艺复兴时期的文化》,何新译,北京:商务出版社 1979 年版。

52. 加尔文:《基督教要义》,钱曜诚等译,北京:三联书店 2010 年版

53. 加林:《意大利人文主义》,李玉成译,北京:三联书店 1998 年版

54. 克利斯坦:《宗教改革:路德、加尔文和新教徒》,花绣林译,上海:汉语大辞典出版社 2003 年版。

55. 马丁·路德:《路德三檄文和宗教改革》,李勇译,上海:上海人民出版社 2010 年版。

56. 梦格夫:《宗教改革运动思潮》,陈佐人译,香港:基道出版社 1997 年版。

57. 穆萨·穆萨威:《阿拉伯哲学》,张文建、王培文译,北京:商务印书馆 1997 年版。

58. 皮科·米兰多拉《论人的尊严》,顾超一等译,北京:北京大学出版社 2010 年版。

59. 托马斯·阿奎那:《反异教大全》,段德智等译,北京:商务印书馆 2017 年版。

60. 托马斯·阿奎那：《论存在者与本质》，段德智译，北京：商务印书馆 2013 年版。

61. 托马斯·阿奎那：《论独一理智——驳阿维洛伊主义者》，段德智译，北京：商务印书馆 2015 年版。

62. 托马斯·阿奎那：《神学大全》，段德智等译，北京：商务印书馆 2013 年版。

63. 约翰·马仁邦主编：《中世纪哲学》，孙毅、查常平、戴远方、杜丽燕、冯俊等译，冯俊审校，北京：中国人民大学出版社 2009 年版。

64. 张荣：《神圣的呼唤——奥古斯丁的宗教人类学研究》，石家庄：河北教育出版社 1999 年版。

65. 赵敦华：《基督教哲学 1500 年》，北京：人民出版社 2004 年版。

66. 周伟驰：《奥古斯丁的基督教思想》，北京：中国社会科学出版社 2005 年版。

67. 周伟驰：《记忆与光照——奥古斯丁神哲学研究》，北京：社会科学文献出版社 2001 年版。

文艺复兴时期哲学编

1. Boulting, William. *Giordano Bruno: His Life, Thought, and Martyrdom*. London and New York: Routledge, 2013.

2. Bruno, Giordano. *Jordani Bruni Nolani Opera Latine Conscripta*. Faksimile-Neudruck der Ausgabe von Fiorentino, Tocco und anderen, Neapel und Florenz 1879–1891.3 Bde.Stuttgart: Friedrich Frommann Verlag Günther Holzboog, 1962.

3. Bruno, Giordano. "On the Infinite Universe and Worlds." Translated by Dorothea Waley Singer. In *Giordano Bruno: His Life and Thought: With Annotated Translation of His Work: On the Infinite Universe and Worlds*. New York: Schuman, 1950.

4. Bruno, Giordano. *Cause, Principle, and Unity*. Translated by Jack Lindsay. New York: International Publishers, 1964.

5. Bruno, Giordano. *The Expulsion of the Triumphant Beast*. Translated by Arthur D.Imerti.New Brunswick, N.J.: Rutgers University Press, 1964.

6. Cassirer, Ernst, Paul Oskar Kristeller, and John Herman Randall Jr. *The Re-*

naissance Philosophy of Man：Petrarca，Valla，Ficino，Pico，Pomponazzi，Vives. Chicago and London：University of Chicago Press，2011.

7. Cassirer，Ernst. _The Individual and the Cosmos in Renaissance Philosophy._ Translated by Mario Domandi.Chicago：University of Chicago Press，2010.

8. Jacobi，Klaus，Hrsg._Nikolaus von Kues：Einführung in sein philosophisches Denken_.Freiburg und München：Karl Alber，1979.

9. Jill，Kraye，ed. _The Cambridge Companion to Renaissance Humanism._ Cambridge：Cambridge University Press，1996.

10. Kerrigan，William，and Gordon Braden. _The Idea of the Renaissance._ Baltimore：Johns Hopkins University Press，1989.

11. Kristeller，Paul Oskar. _Renaissance Thought and Its Sources._ Edited by Michael Mooney.New York：Columbia University Press，1979.

12. Kristeller，Paul Oskar. _The Philosophy of Marsilio Ficino._ Translated by Virginia Conant.New York：Columbia Universiy Press，1943.

13. Kues，Nikolaus von._Die Kunst der Vermutung：Auswahl aus den Schriften._ Besorgt und eingeleitet von Hans Blumenberg.Bremen：Verlag Carl Schünemann，1957.

14. Kues，Nikolaus von._Gespräch über das Globusspiel._ Übersetzt von Gerda von Bredow.Hamburg：Felix Meiner Verlag，2000.

15. Kues，Nikolaus von. _Werke._ Hrsg. von Paul Wilpert. Vol. 1，Berlin：De Gruyter，2011.

16. Library of Congress.“Humanism.”_In Rome Reborn：The Vatican Library & Renaissance Culture_，Library of Congress.https：//www.loc.gov/exhibits/vatican/humanism.html.

17. Nauert，Charles G._Humanism and the Culture of Renaissance Europe._ Cambridge：Cambridge University Press，2006.

18. Pico della Mirandola，Giovanni.“Oration on the Dignity of Man.” In _The Renaissance Philosophy of Man：Petrarca，Valla，Ficino，Pico，Pomponazzi，Vives_，edited by Ernst Cassirer，Paul Oskar Kristeller and John Herman Randall Jr.Chicago and London：University of Chicago Press，2011.

19. Schmitt，C.B.，Jill Kraye，Eckhard Kessler，and Quentin Skinner，eds. _The Cambridge History of Renaissance Philosophy._ Cambridge：Cambridge University Press，1990.

20. Watts, Pauline Moffitt. *Nicolaus Cusanus: A Fifteenth-Century Vision of Man.* Leiden: Brill, 1982.

Yates, Frances. *Giordano Bruno and the Hermetic Tradition.* London: Routledge, 2002.

21. 保罗·奥斯卡·克里斯特勒:《文艺复兴时期的思想与艺术》,邵宏译,北京:东方出版社 2008 年版。

22. 保罗·奥斯卡·克里斯特勒:《意大利文艺复兴时期八个哲学家》,姚鹏、陶建平译,上海:上海译文出版社 1987 年版。

23. 布克哈特:《意大利文艺复兴时期的文化》,何新译,北京:商务印书馆 1979 年版。

24. 布鲁诺:《飞马的占卜——布鲁诺的哲学对话》,梁禾译,北京:东方出版社 2005 年版。

25. 布鲁诺:《论原因、本原与太一》,汤侠声译,北京:商务印书馆 2011 年版。

26. 布鲁诺:《论无限、宇宙和诸世界》,田时纲译,北京:人民出版社 2010 年版.

27. 布鲁诺:《论英雄热情》(节译),见周辅成编:《西方伦理学名著选辑》(上),北京:商务印书馆 1964 年版。

28. 加尔文:《基督教要义》,钱曜诚等译,北京:三联书店 2010 年版。

29. 加林:《意大利人文主义》,李玉成译,北京:三联书店 1998 年版。

30. 克利斯坦:《宗教改革:路德、加尔文和新教徒》,花绣林译,上海:汉语大辞典出版社 2003 年版。

31. 库萨的尼古拉:《论隐秘的上帝》,李秋零译,北京:三联书店 1996 年版。

32. 库萨的尼古拉:《论有学识的无知》,尹大贻、朱新民译,北京:商务印书馆 1997 年版。

33. 李秋零:《上帝·宇宙·人》,北京:中国人民大学出版社 1992 年版。

34. 马丁·路德:《路德三檄文和宗教改革》,李勇译,上海:上海人民出版社 2010 年版。

35. 梦格夫:《宗教改革运动思潮》,陈佐人译,香港:基道出版社 1997 年版。

36. 努乔奥尔迪内:《驴子的占卜——布鲁诺及关于驴子的哲学》,梁禾译,北京:东方出版社 2005 年版。

37. 皮科·米兰多拉:《论人的尊严》,顾超一等译,北京:北京大学出版社 2010 年版。

38. 施捷克里:《布鲁诺传》,侯焕闳译,北京:三联书店 1986 年版。

39. 汤侠生:《布鲁诺及其哲学》,上海:上海人民出版社 1985 年版。

40. 赵敦华:《基督教哲学 1500 年》,北京:人民出版社 2004 年版。

经验主义和理性主义哲学编

1. Anderson, Fulton H. *The Philosophy of Francis Bacon.* Chicago: University of Chicago Press, 1948.

2. Bacon, Francis, James Spedding, and Robert Leslie Ellis. *The Philosophical Works of Francis Bacon.* Edited by John M. Robertson. London: George Routledge & Sons, 1905.

3. Bacon, Francis. *Selected Philosophical Works.* Edited by Rose-Mary Sargent. Indianapolis and Cambridge: Hackett Publishing Company, 1999.

4. Bacon, Francis. *The Advancement of Learning.* The Oxford Francis Bacon. Oxford: Clarendon Press, 2000.

5. Berkeley, George. *The Works of George Berkeley: Including His Posthumous Works. With Prefaces, Annotations, Appendices, and an Account of His Life.* Edited by Alexander Campbell Fraser. 4 vols. Oxford: Clarendon Press, 1901.

6. Boucher, Wayne. *Spinoza in English: A Bibliography from the Seventeenth Century to the Present.* Bristol: Thoemmes Press, 1999.

7. Descartes, René. *Oeuvres de Descartes.* Publié par Charles Adam et Paul Tannery. 11 vols. Paris: Librairie Philosophique J. Vrin.

8. Descartes, René. *The Essential Descartes.* Edited and Translated by Margaret D. Wilson. New York: New American Library, 1969.

9. Descartes, René. *The Philosophical Writings of Descartes.* Translated by John Cottingham, Robert Stoothoff and Dugald Murdoch. 2 vols. Cambridge: Cambridge University Press, 1985.

10. Dunn, John. *Locke: A Very Short Introduction.* Oxford: Oxford University Press, 2003.

11. Farrington, Benjamin. *Francis Bacon; Philosopher of Industrial Science.* Life of Science Library. New York: Henry Schuman, 1949.

12. Fogelin, Robert J. *Hume's Skepticism in the Treatise of Human Nature.* London

and Boston：Routledge & Kegan Paul，1985.

13. Garrett，Don，ed. *The Cambridge Companion to Spinoza*. Cambridge：Cambridge University Press，1996.

14. Hobbes，Thomas. *Leviathan*：*With Selected Variants from the Latin Edition of 1668*.Edited by Edwin Curley.Indianapolis，Ind.：Hackett Publishing Company，1994.

15. Hobbes，Thomas. *The English Works of Thomas Hobbes of Malmesbury*.Edited by William Molesworth.11 vols.London：John Bohn，1845.

16. Hume，David. *A Treatise of Human Nature*.Edited by David Fate Norton and Mary J.Norton.2 vols.Oxford：Clarendon Press，2007.

17. Hume，David. *An Enquiry Concerning Human Understanding*. Edited by Tom L.Beauchamp.Oxford：Clarendon Press，2000.

18. Hume，David. *An Enquiry Concerning the Principles of Morals*. Edited by Tom L.Beauchamp.Oxford：Clarendon，2006.

19. Huxley，Thomas Henry. *Hume*. Cambridge：Cambridge University Press，2011.

20. Johnston，George Alexander. *The Development of Berkeley's Philosophy*. London：Macmillan，1923.

21. Jolley，Nicholas，ed. *The Cambridge Companion to Leibniz*. Cambridge：Cambridge University Press，1995.

22. Leibniz，Gottfried Wilhelm. *Die philosophischen Schriften*.Hrsg. von Carl Immanuel Gerhardt. 7 Bde. Berlin：Weidmann，1875 – 1890. Neuauflage：Hildesheim：Olms，1965.

23. Leibniz，Gottfried Wilhelm. *Discourse on Metaphysics and Related Writings*. Edited and Translated by R.Niall D.Martin and Stuart C.Brown.Manchester and New York：Manchester University Press，1988.

24. Leibniz，Gottfried Wilhelm. *Philosophical Essays*. Edited and Translated by Roger Ariew and Daniel Garber.Indianapolis and Cambridge：Hackett Publishing Company，1989.

25. Leibniz，Gottfried Wilhelm. *Philosophical Texts*. Translated by Richard Francks and R.S.Woolhouse.Oxford and New York：Oxford University Press，1998.

26. Leibniz，Gottfried Wilhelm. *Sämtliche Schriften und Briefe*.Hrsg. von Deutsche Akademie der Wissenschaften zu Berlin u.a.Darmstadt，Leipzig，Berlin：O.Reichl，Koehler und Amelang，Akademie Verlag，1923.

27. Lloyd, Genevieve. *Routledge Philosophy Guidebook to Spinoza and the Ethics.* Routledge Philosophy Guidebooks. London and New York: Routledge, 1996.

28. Locke, John. *An Essay Concerning Human Understanding.* 2 vols. New York: Dover Publications, 1959.

29. Locke, John. *The Works of John Locke.* 10 vols. New York: Cosimo, 2008.

30. Locke, John. *Two Treatises of Government.* Cambridge Texts in the History of Political Thought. Student ed. Edited by Peter Laslett. Cambridge and New York: Cambridge University Press, 1988.

31. Mackie, J. L. *Hume's Moral Theory.* London and New York: Routledge, 2003.

32. Malebranche, Nicolas. *Recherche de la vérité.* Œuvres complètes. Édité par Geneviève Rodis−Lewis. Vol. 1, Paris: Librairie Philosophique J. Vrin, 1972.

33. Marion, Jean−Luc. *Cartesian Questions: Method and Metaphysics.* Chicago and London: University of Chicago Press, 1999.

34. Nadler, Steven. *Spinoza: A Life.* 2nd ed. Cambridge: Cambridge University Press, 2018.

35. Nadler, Steven. *Spinoza's "Ethics": An Introduction.* Cambridge Introductions to Key Philosophical Texts. Cambridge and New York: Cambridge University Press, 2006.

36. Norton, David Fate, and Jacqueline Taylor, ed. The Cambridge Companion to Hume. Cambridge: Cambridge University Press, 2009.

37. Norton, David Fate. *David Hume: Common−Sense Moralist, Sceptical Metaphysician.* Princeton: Princeton University Press, 1982.

38. Passmore, J. A. *Hume's Intentions.* Cambridge: Cambridge University Press, 2013.

39. Radcliffe, Elizabeth S., ed. *A Companion to Hume.* Chichester: Wiley−Blackwell, 2011.

40. Rescher, Nicholas. G. W. *Leibniz's Monadology: An Edition for Students.* Pittsburgh: University of Pittsburgh Press, 1991.

41. Russell, Paul. *The Riddle of Hume's Treatise: Skepticism, Naturalism, and Irreligion.* New York: Oxford University Press, USA, 2010.

42. Savile, Anthony. *Routledge Philosophy Guidebook to Leibniz and the Monadology.* London and New York: Routledge, 2000.

43. Smith, Norman Kemp. *The Philosophy of David Hume: A Critical Study of Its Origins and Central Doctrines.* London: Macmillan, 1966.

44. Sommerville, Johann P. *Thomas Hobbes: Political Ideas in Historical Context.* Houndsmills, Basingstoke, Hamsphire and London: Macmillan, 1992.

45. Spellman, W. M. *John Locke and the Problem of Depravity.* Oxford: Clarendon Press, 1988.

46. Spinoza, *Benedictus de. Spinoza Opera.* Edited by Carl Gebhardt. Vol. 5, Heidelberg: Carl Winter, 1925, 1972 [volume 5, 1987].

47. Spinoza, Benedictus de. *The Collected Works of Spinoza.* Translated by Edwin Curley. 2 vols. Princeton: Princeton University Press, vol. 1: 1985, vol. 2: 2016.

48. Warrender, Howard. *The Political Philosophy of Hobbes: His Theory of Obligation.* Oxford: Clarendon Press, 1957.

49. Watkins, John W. N. *Hobbes's System of Ideas: A Study in the Political Significance of Philosophical Theories.* London: Hutchinson, 1965.

50. Yolton, John W. *Locke: An Introduction.* Oxford: Blackwell, 1985.

51. 贝克莱:《人类知识原理》,北京:商务印书馆 1975 年版。

52. 贝克莱:《视觉新论》,北京:商务印书馆 1957 年版。

53. 贝克莱:《西利斯》,北京:商务印书馆 2000 年版。

54. 贝克莱:《哲学对话三篇》,北京:商务印书馆 1957 年版。

55. 彼得·拉斯莱特:《洛克〈政府论〉导论》,北京:三联书店 2007 年版。

56. 陈乐民编著:《莱布尼茨读本》,南京:江苏教育出版社 2006 年版。

57. 陈修斋、段德智:《莱布尼茨》,台北:东大图书公司 1994 年版。

58. 笛卡尔:《第一哲学沉思集》,庞景仁译,北京:商务印书馆 1986 年版。

59. 笛卡尔:《哲学原理》,关文运译,北京:商务印书馆 1958 年版。

60. 冯俊:《从现代走向后现代——以法国哲学为重点的西方哲学研究》(当代中国哲学文库·冯俊卷),北京:北京师范大学出版社 2008 年版。

61. 冯俊:《开启理性之门——笛卡尔哲学研究》,北京:中国人民大学出版社 2005 年版。

62. 弗朗西斯·培根:《论古人的智慧》,李春长译,北京:华夏出版社 2006 年版。

63. 弗朗西斯·培根:《培根论说文集》,水天同译,北京:商务印书馆 1984 年版。

64. 弗朗西斯·培根:《新工具》,许宝骙译,北京:商务印书馆 1997 年版。

65. 弗朗西斯·培根:《学术的进展》,刘运同译,孙宜学校,上海:上海人民出版社 2007 年版。

66. 傅有德:《巴克莱哲学研究》,北京:人民出版社 1999 年版。

67. 高新民:《贝克莱哲学及其重构》,武汉:华中师范大学出版社 1993 年版。

68. 韩东晖:《天人之境:斯宾诺莎道德形而上学研究》,北京:中国人民大学出版社 2008 年版。

69. 洪汉鼎:《斯宾诺莎哲学研究》,北京:人民出版社 1993 年版。

70. 卡尔·施密特:《霍布斯国家学说中的利维坦》,上海:华东师范大学出版 2008 年版。

71. 昆廷·斯金纳:《霍布斯与共和主义自由》,上海:上海三联书店 2011 年版。

72. 莱布尼茨、克拉克:《莱布尼茨与克拉克论战书信集》,陈修斋译,北京:商务印书馆 1996 年版。

73. 莱布尼茨:《单子论》,见《西方哲学原著选读》上册,北京大学外国哲学教研室编译,北京:商务印书馆 1983 年版,第 476—493 页。

74. 莱布尼茨:《莱布尼茨自然哲学著作选》,祖庆年译,北京:中国社会科学出版社:1985 年版。

75. 莱布尼茨:《人类理智新论》,陈修斋译,北京:商务印书馆 1982 年版。

76. 莱布尼茨:《神义论》,朱雁冰译,北京:三联书店 2007 年版。

77. 莱布尼茨:《新系统及其说明》,陈修斋译,北京:商务印书馆 1999 年版。

78. 莱布尼茨:《中国近事:为了照亮我们这个时代的历史》,[法]梅谦立、杨保筠译,郑州:大象出版社 2005 年版。

79. 列奥·施特劳斯:《霍布斯的政治哲学》,南京:译林出版社 2001 年版。

80. 洛克:《教育片论》,熊春文译,上海:上海人民出版社 2005 年版。

81. 洛克:《论宗教宽容》,吴云贵译,北京:商务印书馆 1996 年版。

82. 洛克:《人类理解论》上、下卷,关文运译,北京:商务印书馆 1997 年版。

83. 洛克:《政府论》上、下卷,瞿菊农、叶启芳,北京:商务印书馆 1993 年版。

84. 马蒂尼奇:《霍布斯传》,上海:上海人民出版社 2007 年版。

85. 纳坦·塔科夫:《为了自由:洛克的教育思想》,北京:三联书店 2001 年版。

86. 帕斯卡尔:《思想录》,何兆武译,北京:商务印书馆 1986 年版。

87.庞景仁:《马勒伯朗士"神"的观念和朱熹"理"的观念》,冯俊译,北京:商务印书馆 2005 年版。

88.斯宾诺莎:《笛卡尔哲学原理》(附形而上学思想),王荫庭、洪汉鼎译,北京:商务印书馆 1980 年版。

89.斯宾诺莎:《简论上帝、人及其心灵健康》,顾寿观译,北京:商务印书馆 1999 年版。

90.斯宾诺莎:《伦理学》,贺麟译,北京:商务印书馆 1983 年版。

91.斯宾诺莎:《神、人及其幸福简论》,洪汉鼎、孙祖培译,北京:商务印书馆 1987 年版。

92.斯宾诺莎:《神学政治论》,温锡增译,北京:商务印书馆 1963 年版。

93.斯宾诺莎:《斯宾诺莎书信集》,洪汉鼎译,北京:商务印书馆 1993 年版。

94.斯宾诺莎:《政治论》,冯炳昆译,北京:商务印书馆 1999 年版。

95.斯宾诺沙:《知性改进论》,贺麟译,北京:商务印书馆 1960 年版。

96.谭鑫田:《知识·心灵·幸福——斯宾诺莎哲学思想研究》,北京:中国人民大学出版社 2008 年版。

97.汤姆·索雷尔:《笛卡尔》,冯俊译,北京:中国社会科学出版社 1992 年版。

98.托马斯·霍布斯:《利维坦》,黎思复、黎廷弼译,杨昌裕校,北京:商务印书馆 1996 年版。

99.托马斯·霍布斯:《论公民》,应星、冯克利译,贵阳:贵州人民出版社 2003 年版。

100.托马斯·霍布斯:《哲学家与英格兰法律家的对话》,姚中秋译,上海:上海三联书店 2006 年版。

101.魏因伯格:《科学、信仰与政治》,北京:三联书店 2008 年版。

102.休谟:《道德原则研究》,曾晓平译,北京:商务印书馆 2001 年版。

103.休谟:《人类理智研究》,吕大吉译,北京:商务印书馆 1999 年版。

104.休谟:《人性论》上、下册,关文运译,郑之骧校,北京:商务印书馆 1983 年版。

105.余丽嫦:《培根及其哲学》,北京:人民出版社 1997 年版。

106.周晓亮:《休谟哲学研究》,北京:人民出版社 1999 年版。

107.邹化政:《〈人类理解论〉研究》,北京:人民出版社 1987 年版。

启蒙哲学编

1. Diderot, Denis.*Denis Diderot's the Encyclopedia: Selections.* Edited and Translated by Stephen J.Gendzier.Harper Torchbooks the Academy Library.1st ed.New York: Harper & Row,1967.

2. Edwards, Paul. *The Encyclopedia of Philosophy.* 8 vols. New York: Macmillan,1967.

3. Verene,Donald Phillip.*Vico's Science of Imagination.* Ithaca and London: Cornell University Press,1991.

4. Vico,Giambattista.*Universal Right.* Edited and Translated by Giorgio A.Pinton and Margaret DiehlAmsterdam and Atlanta,GA: Rodopi,2000.

5. Vico, Giambattista. *On Humanistic Education: (Six Inaugural Orations,* 1699−1707). Translated by Giorgio A.Pinton and Arthur W.Shippee.With and intruduction by Donald Phillip Verene.Ithaca and London: Cornell University Press,1993.

6. Vico,Giambattista.*On the Most Ancient Wisdom of the Italians: Unearthed from the Origins of the Latin Language.* Translated with an introduction and notes by L.M. Palmer.Ithaca and London Cornell University Press,1988.

7. Vico, Giambattista. *Vico: Selected Writings.* Translated by Leon Pompa. Cambridge: Cambridge University Press,1982.

8. Vico, Giambattista. *The First New Science.* Translated by Leon Pompa. *Cambridge Texts in the History of Political Thought.*Cambridge and New York: Cambridge University Press,2002.

9. Vico,Giambattista.*The New Science of Giambattista Vico.* Translated by Thomas Goddard Bergin and Harold Fisch Max.*Cornell Paperbacks. Unabridged translation of the 3rd ed.*Ithaca: Cornell University Press,1984.

10. Warrender,Howard.*The Political Philosophy of Hobbes: His Theory of Obligation.* Oxford: Clarendon Press,2000.

11. Broadie, Alexander.*The Cambridge Companion to the Scottish Enlightenment.* Cambridge and New York: Cambridge University Press,2003.

12. Hutcheson,Francis.*An Inquiry into the Original of Our Ideas of Beauty and Virtue: In Two Treatises.* Revised ed.Edited by Wolfgang Leidhold.Indianapolis: Liberty

Fund,2008.

13. Hutcheson,Francis.*System of Moral Philosophy*. Published from the original Manuscript by his son Francis Hutcheson,M.D.3 vols.London:Foulis,1755.

14. Reid,Thomas."Essays on the Intellectual Power of Man." In *The Works of Thomas Reid*,edited by William Hamilton.Edinburgh:James Thin,1863.

15. Haakonssen,Knud ed.*The Cambridge History of Eighteenth-Century Philosophy*. 2 vols.Cambridge:Cambridge University Press.

16. Broadie,Alexander.*The Tradition of Scottish Philosophy:A New Perspective on the Enlightenment*. Edinburgh:Polygon,1990.

17. Frank,Manfred."*Unendliche Annäherung*":*Die Anfänge Der Philosophischen Frühromantik*. Frankfurt am Main:Suhrkamp,1997.

18. Rousseau, Jean - Jacques. *Les Rêveries du promeneur solitaire*. Paris: Gallimard,2005〔1776 - 1778〕.

19. Burns, Robert. *The Jolly Beggars:A Cantata*. Portland:T. B. Mosher, 1914〔1785〕.

20. Wordsworth, William. "Book Ⅵ.Cambridge and the Alps." In *The Prelude*: *Or*,*Growth of a Poet's Mind（Text of* 1805）,p.105,lines 681-685.Edited from the manuscripts with an Introduction and Notes by Ernest de Sélincourt.Corrected by Stephen Gill.Oxford:Oxford University Press,1970.

21. Mitchell,Robert.*Sympathy and the State in the Romantic Era:Systems*,*State Finance*,*and the Shadows of Futurity*. Routledge Studies in Romanticism.New York:Routledge,2007.

22. Murray,Chris.*Encyclopedia of the Romantic Era*,1760-1850. New York and London:Fitzroy Dearborn,2004.

23. Baudelaire,Charles.*Salon de* 1846. Paris:Michel Lévy frères,1846.

24. Chateaubriand, François - René de.*Atala*, *René*. Paris: Le Livre de Poche, 2012〔1802〕.

25. Constant,Benjamin.*Adolphe*. Paris:Flammarion,2013〔1817〕.

26.阿尔塔莫诺夫(С.Артамонов):《伏尔泰传》,张锦霞、苏楠译,北京:商务印书馆1987年版。

27.安德烈·比利:《狄德罗传》,张本译、管震湖校,北京:商务印书馆1984年版。

28. 北京大学哲学系外国哲学史教研室编译:《十八世纪法国哲学》,北京:商务印书馆 1963 年版。

29. 北京大学哲学系外国哲学史教研室编译:《西方哲学原著选读》下册,北京:商务印书馆 1983 年版。

30. 贝奈戴托·克罗齐:《维柯的哲学》,陶秀璈、王立志、[英]R.G.柯林伍德译,郑州:大象出版社、北京:北京出版社 2009 年版。

31. 狄德罗:《狄德罗选集》,江天骥、陈修斋、王太庆译,北京:商务印书馆 1983 年版。

32. 狄德罗著,丹吉尔(Stephen J.Gendzier)英译:《丹尼·狄德罗的〈百科全书〉》,梁从诫译,沈阳:辽宁人民出版社 1992 年版。

33. 费尔巴哈:《费尔巴哈哲学史著作选》第 3 卷,涂纪亮译,北京:商务印书馆 1984 年版。

34. 伏尔泰:《风俗论》,梁守锵译,北京:商务印书馆 1996 年版。

35. 伏尔泰:《路易十四时代》,吴模信、沈怀洁、梁守锵译,吴模信校,北京:商务印书馆 1982 年版。

36. 伏尔泰:《哲学通信》,高达观译,上海:人民出版社 1961 年版。

37. 高宣扬:《德国哲学通史》第 1—3 卷,上海:同济大学出版社 2007 年版。

38. 亨利·勒费弗尔:《狄德罗的思想和著作》,北京:商务印书馆 1985 年版。

39. 霍尔巴赫:《健全的思想》,王荫庭译,北京:商务印书馆 1985 年版。

40. 霍尔巴赫:《袖珍神学》,单志澄、周以宁译,北京:商务印书馆 1983 年版。

41. 霍尔巴赫:《自然的体系》上册,管士滨译,北京:商务印书馆 1964 年版。

42. 霍尔巴赫:《自然的体系》下册,管士滨译,北京:商务印书馆 1977 年版。

43. 孔狄亚克:《人类知识起源论》,洪洁求、洪丕柱译,北京:商务印书馆 1989 年版。

44. 拉美特里:《人是机器》,顾寿观译,北京:商务印书馆 1959 年版。

45. 里拉:《维柯:反现代的创生》,张小勇译,北京:新星出版社 2008 年版。

46. 列宁:《唯物主义和经验批判主义》,北京:人民出版社 1950 年版。

47. 刘小枫、陈少明编:《维柯与古今之争》,北京:华夏出版社 2008 年版。

48. 卢梭:《爱弥尔》,李平沤译,北京:商务印书馆 1987 年版。

49. 卢梭:《论科学和艺术》,何兆武译,北京:商务印书馆 1963 年版。

50. 卢梭:《论人类不平等的起源和基础》,李常山译,北京:商务印书馆 1962 年版。

51.卢梭：《社会契约论》，何兆武译，北京：商务印书馆 1990 年版。

52.迈克尔·费伯：《浪漫主义》，翟红梅译，南京：译林出版社 2019 年版。

53.梅利叶：《遗书》第 1—2 卷，何清新译，北京：商务印书馆 1960 年版。

54.梅利叶：《遗书》第 3 卷，陈太先等译，北京：商务印书馆 1961 年版。

55.孟德斯鸠：《论法的精神》，张雁深译，北京：商务印书馆 1987 年版。

56.汪堂家、孙向晨、丁耘：《十七世纪形而上学》，北京：人民出版社 2005
年版。

57.维柯：《论人文教育》，王楠译，上海：上海三联书店 2007 年版。

58.维柯：《论意大利最古老的智慧：从拉丁语源发掘而来》，张小勇译，上
海：上海人民出版社 2013 年版。

59.维柯：《新科学》，朱光潜译，北京：商务印书馆 2012 年版。

60.维柯著，利昂·庞帕编译：《维柯著作选》，陆晓禾译，北京：商务印书馆
1997 年版。

61.以赛亚·伯林等：《浪漫主义的根源》，南京：译林出版社 2011 年版。

62.周晓亮主编：《西方哲学史》第四卷，凤凰出版社、江苏人民出版社 2004
年版。

德国古典哲学编

1. Fichte, Johann Gottlieb. *Gesamtausgabe der Bayerischen Akademie der Wissenschaften*. Hrsg. von Erich Fuchs, Hans Gliwitzky, Reinhard Lauth und Peter K. Schneider.42 Bde.Stuttgart−Bad Cannstatt：Frommann−Holzboog，1962−2012.

2. Findlay, J.N.*Hegel：A Re−Examination*. Abingdon, Oxon and New York：Routledge, 2014.

3. Kroner, Richard. *Von Kant bis Hegel*. 2. Aufl. 2 Bde. Tübingen：J. C. B. Mohr（Paul Siebeck），1961.

4. Löwith, Karl.*Die Hegelsche Linke*.Stuttgart：Friedrich Frommann, 1962.

5. Pepperle, Heinz und Ingrid Pepperle. *Die Hegelsche Linke：Dokumente zu Philosophie und Politik im deutschen Vormärz*.Leipzig：Philipp Reclam, 1985.

6. Stace, Walter Terence.*The Philosophy of Hegel：A Systematic Exposition*. London：Macmillan, 1924.

7. Taylor, Charles.*Hegel and Modern Society*. Cambridge：Cambridge University

Press,1979.

8. 北京大学哲学系外国哲学史教研室编译:《十八世纪末—十九世纪初德国哲学》,北京:商务印书馆 1975 年版。

9. 查尔斯·泰勒:《黑格尔》,张国清、朱进东译,南京:译林出版社 2002 年版。

10. 邓晓芒:《康德〈判断力批判〉释义》,北京:三联书店 2005 年版。

11. 邓晓芒:《思辨的张力——黑格尔辩证法新探》,长沙:湖南教育出版社 1992 年版。

12. 恩格斯:《路德维希·费尔巴哈和德国古典哲学的终结》,北京:人民出版 1997 年版。

13. 费尔巴哈:《关于哲学改造的临时纲要》,北京:三联书店 1984 年版。

14. 费尔巴哈:《黑格尔哲学批判》,北京:三联书店 1958 年版。

15. 费尔巴哈:《基督教的本质》,北京:商务印书馆 1984 年版。

16. 费尔巴哈:《未来哲学原理》,北京:三联书店 1957 年版。

17. 费希特:《费希特文集》第 1—5 卷,梁志学编,北京:商务印书馆 2014 年版。

18. 费希特:《全部知识学的基础》,王玖兴译,北京:商务印书馆 1986 年版。

19. 高宣扬:《德国哲学概观》,北京:北京大学出版社 2011 年版。

20. 高宣扬:《德国哲学通史》第 1—3 卷,上海:同济大学出版社 2007 年版。

21. 黑格尔:《精神现象学》,贺麟、王玖兴译,北京:商务印书馆 1979 年版。

22. 黑格尔:《逻辑学》,杨一之译,北京:商务印书馆 2004 年版。

23. 黑格尔:《小逻辑》,贺麟译,北京:商务印书馆 1980 年版。

24. 黑格尔:《哲学科学全书纲要》,薛华译,北京:北京大学出版社 2010 年版。

25. 黑格尔:《哲学史讲演录》,贺麟、王太庆译,北京:商务印书馆 1981 年版。

26. 康德:《纯粹理性批判》,李秋零译,北京:中国人民大学出版社 2004 年版。

27. 康德:《纯然理性界限内的宗教》,李秋零译,见《康德著作全集》第 5 卷,北京:中国人民大学出版社 2007 年版。

28. 康德:《道德形而上学的奠基》,李秋零译,北京:中国人民大学出版社 2005 年版。

29. 康德:《判断力批判》,李秋零译,见《康德著作全集》第 5 卷,北京:中国人民大学出版社 2007 年版。

30. 李泽厚:《批判哲学的批判——康德述评》,北京:三联书店 2007 年版。

31. 罗伯特·皮平:《黑格尔的观念论——自意识的满足》,陈虎平译,北京:华夏出版社 2006 年版。

32. 洛维特:《从黑格尔到尼采》,北京:三联书店 2014 年版。

33. 马克思:《关于费尔巴哈的提纲》,北京:人民出版社 1988 年版。

34. 普列汉诺夫:《从唯心主义到唯物主义》,北京:三联书店 1958 年版。

35. 施蒂纳:《唯一者及其所有物》,北京:商务印书馆 1989 年版。

36. 施特劳斯:《耶稣传》,北京:商务印书馆 1981 年版。

37. 谢林:《布鲁诺对话》,邓安庆译,北京:商务印书馆 2008 年版。

38. 谢林:《先验唯心论体系》,北京:商务印书馆 2006 年版。

39. 谢林:《艺术哲学》,魏庆征译,北京:中国社会出版社 2005 年版。

40. 张世英:《黑格尔〈小逻辑〉绎注》,长春:吉林人民出版社 1982 年版。

41. 张世英:《康德的〈纯粹理性批判〉》,北京:北京大学出版社 1987 年版。

42. 张世英:《论黑格尔的逻辑学》(第 3 版),北京:中国人民大学出版社 2010 年版。

43. 张世英主编:《黑格尔辞典》,长春:吉林人民出版社 1991 年版。

44. 张志伟:《康德的道德世界观》,北京:中国人民大学出版社 1995 年版。

45. 郑昕:《康德学述》,北京:商务印书馆 1984 年版。

后　记

　　单卷本的西方哲学史一般作为本科生学习的教材，8卷本或10卷本共计五六百万字的西方哲学史是写给专门的研究者们看的，要编写一套中等篇幅、百余万字的《西方哲学史》，既可以作为硕士生、博士生深入学习西方哲学史的教材，也可以作为哲学爱好者深入学习西方哲学史的参考书，是编写这本书的初衷。2006年开始着手此计划，那时我任中国人民大学副校长兼哲学院院长，上报并入选普通高等教育"十一五"国家级规划教材。2008年7月我就调离了中国人民大学，十多年间先后又走了几个单位，但是，对于这件事情我一直初心未改。只是这项工作只能在没有经费支持、没有时间保证的条件下来进行，加上写作的专家分布在全国10多个单位，各有各的事情，都很忙，交稿时间不一，拖到现在已经有14年的光阴，也算是"十年磨一剑"，体现了大家对学术的坚守。

　　我们的思路是集中全国西方哲学界同人的共同力量，每一章都找国内在该领域的专家来撰写，他们来自中国社会科学院、中国人民大学、清华大学、复旦大学、武汉大学、浙江大学、上海交通大学、华中师范大学、四川大学、北京第二外国语学院、上海大学和美国的布法罗大学等，我十分感谢80多岁高龄的姚介厚、李毓章、高宣扬先生、70多岁的段德智先生、周晓亮先生等为本书撰写的长篇文字，也感谢其他各位中年好友王晓朝、张志伟、李秋零、高新民、孙向晨、林美茂、曾晓平、孟根龙、章雪富、丁耘、韩东晖等教授对本书不离不弃的支持,也感谢曾为李秋零教授博士生的梁中和副教授、曾为我的博士生的鲍建竹副教授为该书补写了有关章节,感谢我的博士生秦祎帮助翻译了全书的英文目录并整理了全书的参考文献。各人撰写的章节见各章署名。

最后,需要感谢的是曾为我的硕士生和博士生的人民出版社法律与国际编辑部主任洪琼编审,没有他的执着坚持,这套书很难面世。

令人遗憾的是本套书的作者之一、我的老友和老同事余纪元教授未能见到该书的出版,于2016年11月在美国病逝,这套书的出版也算是对他的一种悼念。